DIE WELT DER
PINGUINE

BLV

Dr. Boris M. Culik / Dr. Rory P. Wilson

DIE WELT DER
PINGUINE

Überlebenskünstler in Eis und Meer

Die Deutsche Bibliothek – CIP-Einheitsaufnahme

Die Welt der Pinguine:
Überlebenskünstler in Eis und Meer/
Boris M. Culik; Rory P. Wilson.
– München; Wien; Zürich: BLV, 1993
    ISBN 3-405-14476-0
NE: Culik, Boris M.; Wilson, Rory P.

Seite 2/3: In dieser nördlichsten Adéliepinguinkolonie auf der antarktischen Halbinsel brütet jedes Jahr eine Viertelmillion Tiere, und das in unmittelbarer Nähe zur argentinischen Station Esperanza. Die Pinguine sind auf mehrere kleine Unterkolonien verteilt, die man in der Bildmitte an ihrer bräunlichen Färbung erkennt.

Übersetzung der Kapitel von R. Wilson aus dem Englischen: Barbara Wildhagen-Culik

BLV Verlagsgesellschaft mbH
München Wien Zürich
80797 München

Umschlaggestaltung: Studio Schübel, München
Umschlagfotos: Eckart Pott (Großes Bild Vorderseite und Bild Rückseite)
Rory Wilson (Kleines Bild Vorderseite und Bild auf Buchrücken)

Lektorat: Dr. Friedrich Kögel
Layout: Verlagsservice Dr. Helmut Neuberger & Karl Schaumann GmbH, Heimstetten
Herstellung und DTP: Hermann Maxant

Reproduktion: Repro Ludwig, Zell a. See
Druck: Appl, Wemding
Gedruckt auf chlorfrei gebleichtem Papier
Bindung: Sellier, Freising

Printed in Germany · ISBN 3-405-14476-0

INHALT

Der Pinguin: ein komischer Vogel?   6

Besonderheiten des Pinguinbauplans   27

Von »A« wie Adélie- bis »Z« wie Zügelpinguin   44

Pinguine auf hoher See   68

Familienleben und Mauser: Pinguine an Land   94

Räuber und Feinde   117

Von Menschen und Pinguinen   132

Stichwortverzeichnis   158

VORWORT

Pinguine sind faszinierende Meeresvögel. So faszinierend, daß wir uns mittlerweile seit über 10 Jahren hauptberuflich damit beschäftigen, sie zu untersuchen. Dabei hatten und haben wir mehrere bisher unbeantwortete Fragen im Auge: Wie ernähren sich Pinguine, wieviel Energie benötigen sie in ihrem marinen Lebensraum, wo schwimmen sie hin, um Nahrung zu finden, wie verbringen sie den Winter auf See, was können wir durch sie über das Leben im Meer lernen? Mit jeder halbwegs beantworteten Frage taten sich 10 neue Fragen auf, die mindestens ebenso spannend waren. So hatten wir bisher nie die Befürchtung, jemals alles, ja nicht einmal einen Bruchteil davon zu verstehen, was es heißt, ein Pinguin zu sein.

Im Laufe unserer Untersuchungen haben wir eine ganze Reihe von Expeditionen zu den Pinguinen unternommen. Gemeinsam oder allein waren wir mehrere Male in der Antarktis, in Südafrika, Südamerika, Neuseeland und Australien. Dabei haben wir viele Fotos gemacht und Eindrücke gesammelt und natürlich einige neue Erkenntnisse über diese Vögel gewonnen. Irgendwann stellten wir fest, daß unser ernsthaftes wissenschaftliches Arbeitsgebiet den meisten Menschen nur aus lustigen Strichzeichnungen bekannt war. Mit diesem Buch möchten wir Ihnen, lieber Leser, die faszinierende Welt der Pinguine näher bringen, sie in einige ihrer Geheimnisse einweihen und Ihnen dabei einige Anekdoten über diese Vögel erzählen.

An dieser Stelle möchten wir all jenen unseren Dank aussprechen, die am Entstehen dieses Buches mitwirkten, Fotos oder Illustrationen beisteuerten, Übersetzungen anfertigten oder das Manuskript verbesserten. Wir möchten uns ebenfalls bei allen bedanken, die es uns in den verschiedensten Institutionen ermöglicht haben, Pinguine in ihrem natürlichen Lebensraum zu studieren. Ohne ihre Mithilfe in bezug auf Verwaltung, Logistik, Herstellung von Versuchsapparaturen, finanzielle Förderung und kritische Diskussion unserer Arbeiten wären wir heute noch genauso weit wie am Anfang. Zum Schluß möchten wir uns bei unseren Eltern, Frauen und Kindern bedanken, die uns trotz der vielen langen Expeditionsreisen und der verpaßten Weihnachtsfeiern immer unterstützt haben und uns nie daran hinderten, Pinguinforscher zu sein.

(Links) Nach einem kurzen Nickerchen auf einer Eisscholle ist dieser Zügelpinguin gerade aufgewacht. Er räkelt sich und gähnt. Gleich geht es wieder los!

Kiel im Frühjahr 1993

Boris M. Culik
Rory P. Wilson

BORIS CULIK

DER PINGUIN: EIN KOMISCHER VOGEL?

Wir alle haben sie schon irgendwo einmal gesehen: aufgedruckt auf Postkarten oder in Cartoons zum Beispiel, nicht selten in Verbindung mit Eisbären. Da gibt es z. B. die Pinguine des Zeichners Uli Stein, die bei Eisbären als Dartpfeile herhalten müssen oder von einem Eisbären zum Aufpicken von Papier im Park mißbraucht werden. Durch solche oder ähnliche Abbildungen hat sich bei den meisten von uns die Vorstellung festgesetzt, Eisbären und Pinguine hätten etwas miteinander zu tun. Das ist natürlich Unsinn. Einige Pinguine leben zwar vor einer ähnlich eisigen Kulisse wie Eisbären, aber nicht in derselben Gegend. Ganz einfach: Der Eisbär kommt in der Arktis vor, also auf der Nordhalbkugel, während Pinguine nur auf der Südhalbkugel leben, viele von ihnen in der Antarktis. Wo ist da der Unterschied? Die Arktis im Norden ist größtenteils ein polarer Ozean, umschlossen von Kontinenten wie Amerika, Europa und Asien, und grenzt an

Grönland. Die Antarktis befindet sich dagegen im Süden, südlicher noch als Südafrika, Südamerika oder Australien. Antarktika selbst ist ein eigener Kontinent, umgeben von einem Ring-Ozean, der aus dem Atlantischen, dem Pazifischen und dem Indischen Ozean besteht. Eisbären und Pinguine leben also so weit voneinander entfernt wie nur irgend möglich. Auch wenn man wollte, man könnte sie auf unserer Erde nicht weiter voneinander trennen.

Entdeckung der Pinguine

In England sind Pinguine die beliebtesten Tiere überhaupt, und das schon seit Hunderten von Jahren. Captain James Cook, der berühmte Seefahrer, schrieb bereits 1775, daß die Tiere »den meisten Menschen wohl bekannt« seien. Und auch hierzulande scheinen sie die Fantasie der Spielzeughersteller und Designer zu beflügeln. Unsere Kinderzimmer sind voll mit Plüschpinguinen, wir haben Frühstücksgeschirr mit Pinguinmotiven, T-Shirts, Hemden, Pullover, Kugelschreiber, Glückwunschkarten, Nagelbürsten, Topflappen, Bettwäsche mit Pinguinmotiven oder in Pinguinform. Die Liste ließe sich beliebig fortsetzen. Es gibt sicher wenige Tiere, denen so viel Aufmerksamkeit zuteil wird. Dennoch wissen die wenigsten etwas genaues über sie. Sind es Säugetiere, vielleicht Verwandte des australischen Schnabeltiers? Sind es Fische, die sich zeitweise an Land aufhalten? Oder sind es vielleicht Vögel, die nicht mehr fliegen können?

Nun, Pinguine sind tatsächlich Vögel, und sie können auch sehr gut fliegen. Aber nur unter Wasser. An Land dagegen bewegen sie sich wie

(Rechts) Geschafft! Dieser Magellanpinguin ist zwischen Puerto Madryn (Argentinien) und Puerto Montt (Chile) an den Küsten Südamerikas zu Hause. Nach einem langen Tag im Meer kündigt er lauthals seine Ankunft an.

(Links) Plüschpinguine, Pinguinkalender, Pinguinkarten, Pinguinsalzstreuer, Pinguin-Kinderbücher, Pinguine auf Hemden und T-Shirts: Man begegnet ihnen einfach überall.

schlechtgekleidete Ober. Sie tragen zwar einen Frack, aber der Schritt sitzt zu tief. Dazu kommt ein beeindruckender Bauch und der beim Laufen stolz erhobene Kopf, der von diesen Unzulänglichkeiten wohl ablenken soll. Ihre Proportionen machen sie sehr menschlich, sie sehen aus wie kleine Clowns. Und sie benehmen sich auch so. Einmal beobachtete ich einen Adéliepinguin, der auf einem faustgroßen Stein stand und in dieser Position einen Fuß anhob, um sich damit am Hinterkopf zu kratzen. Der Stein war naß und rutschig, und der Pinguin bewegte sich sehr langsam und vorsichtig. Kurz bevor die Zehen den Kopf erreichten, rutschte er dann doch ab und fiel neben dem Stein um. Sofort erklomm er sein Podest aufs neue und versuchte wieder, sich am Hinterkopf zu kratzen. Natürlich ohne Erfolg. Die Nummer war zirkusreif.

Die Geschichte von Menschen und Pinguinen ist eng mit den großen Seefahrern früherer Jahrhunderte und der Entdeckung der Antarktis verknüpft. Um beim Adéliepinguin, dem »Standardpinguin«, zu bleiben, der als einziger tatsächlich nur schwarz-weiß (ohne Schnörkel und Verzierungen) gefärbt ist: Er verdankt seinen Namen und seine Entdeckung einer französischen Expedition, die am 7. September 1837 mit den Korvetten »Astrolabe« und »Zélée« Toulon verließ. Capitaine Dumont d'Urville, der Leiter der Expedition, war Gründer der Pariser Geographischen Gesellschaft und hatte vom französischen König Louis Philippe den Auftrag erhalten, nach Süden zu segeln, weiter noch als der Engländer Weddell, der gerade erst bis in antarktische Gewässer vorgedrungen war und den südlichen Rekord hielt. Tatsächlich erreichte d'Urville am 22. Januar 1838 die Packeisgrenze, konnte aber zunächst nichts weiter ausrichten, als bis zum 27. Februar an dessen Rande auf und ab zu segeln. An diesem Tag aber fand die Expedition bei 63 Grad südlicher Breite neues Land und stellte damit auch einen neuen Rekord auf.

In diesen Tagen müssen d'Urville und sein Kapitän Jacquinot die ersten Adéliepinguine zu Gesicht bekommen haben. In der Umgebung der Inseln Joinville und d'Urville, die sie entdeckten, brütet eine halbe Million dieser Pinguine in Kolonien von bis zu 250 000 Vögeln. Jacquinot stimmte dem Vorschlag des Arztes und Biologen der Expedition, Hombron, zu, und so benannten sie diese Pinguinart nach dem, was ihnen in der kalten Einsamkeit, 1000 Meilen südlich von Kap Hoorn am meisten fehlte: einer Frau. Zur Überraschung und Freude d'Urvilles wählten sie den Vornamen seiner Frau Adélie, und so wurde dies auch der Name der Adéliepinguine, deren offizieller zoologischer Name nach Prüfung der Systematiker unter den Zoologen auch heute noch *Pygoscelis adeliae* (Hombron und Jacquinot, 1841)

Johann Reinhold Forster, ein deutschstämmiger Naturforscher und 1770 mit an Bord bei Kapitän Cooks Antarktisexpedition, gab dem Kaiserpinguin seinen wissenschaftlichen Namen: *Aptenodytes forsteri*. Das historische Foto zeigt einen Kaiserpinguin vor dem Forschungsschiff der Belgica-Expedition (1897/1899).

lautet. Dieses vollständige Zitat eines wissenschaftlichen Namens birgt für den Fachmann eine ganze Reihe an Informationen: Es beinhaltet den Namen der Gattung, der Art und in Klammern die Namen der Erstentdecker sowie das Jahr der ersten wissenschaftlichen Beschreibung.

Im Gegensatz zur Nordhalbkugel, auf der Pinguine überhaupt nicht vorkommen (wohl aber Eisbären), sind diese flugunfähigen Vögel südlich des Äquators an fast allen Küsten anzutreffen. Sie sind dort auf allen Kontinenten beheimatet, vom Eis der kontinentalen Antarktis bis in die Palmenwälder der Tropen. Mit großer Wahrscheinlichkeit war der portugiesische Entdecker Bartholomeu Diaz der erste Europäer, der einen Pinguin zu Gesicht bekam. Er erreichte als Erster das Kap der Guten Hoffnung an der Südspitze Afrikas im Jahre 1488, doch hinterließ er über seine Entdeckung keine Aufzeichnungen. Die dort vorkommenden Brillenpinguine haben aber mit großer Wahrscheinlichkeit seinen Weg gekreuzt, und er muß sie auch gesehen haben, als er an Land ging, um seine Schiffsvorräte zu ergänzen.

Alvero Vello, der mit Vasco da Gama im Jahre 1497 um das Kap der Guten Hoffnung segelte, war der Erste, der Pinguine in seinem Reisetagebuch erwähnt, obwohl er sie »sotilicarios« nannte wie die Alken des Nordens: »Sie sind so groß wie Enten, aber sie können nicht fliegen, weil sie an den Flügeln keine Federn besitzen. Diese Vögel, von denen wir so viele schlachteten wie wir beliebten ... schreien wie Esel.« Diese erste Begegnung mit Europäern eröffnete eine viereinhalb Jahrhunderte während Epoche der Verfolgung und Dezimierung. Zum Glück erging es ihnen nicht wie dem Riesenalk. Er wurde bereits im letzten Jahrhundert ausgerottet. So gibt es auch heute noch Pinguine rund um das Kap der Guten Hoffnung. Einige Kolonien sind sogar in unmittelbarer Nähe von Kapstadt. Allerdings haben die Seefahrer etwas mit an Bord gehabt, was den Pinguinen bis heute auf ihren Inseln und Inselchen schwer zu schaffen macht: Ratten. Doch davon später.

Mehr als 100 Jahre später wurde in der neuen Welt der erste Pinguin Südamerikas entdeckt.

Er wurde 1519 von einem Mitreisenden Magellans, Antonio Pigafetta, während einer Landung in Patagonien (Süd-Argentinien) in seinem Tagebuch erwähnt. Übrigens beschreibt auch er noch diese Pinguine als »Gänslein«, die den Vorteil hätten, nicht nur sehr schmackhaft zu sein, sondern beim Fang auch nicht allzu schnell wegzulaufen. Die halbverhungerten Seefahrer der damaligen Zeit waren über solche »Geschenke« an fernen Gestaden natürlich hocherfreut. Sie hatten beim Anblick von Pinguinen nichts anderes im Sinn, als ihre Kochtöpfe und später ihre Bäuche zu füllen.

Sir Francis Drake, der bekannte Freibeuter der Meere, notierte 1578 ebenfalls in seinem Tagebuch, daß Patagonien die Heimat einer seltsamen Vogelart sei: »...eine große Menge Geflügel, welches nicht fliegen kann, so groß wie Gänse«. Drake vergaß natürlich auch nicht zu erwähnen, daß diese Tiere »so ähnlich schmecken wie Gänse in England«. Darüber sind sich die Gourmets der damaligen Zeit übrigens nicht ganz einig. Einige bezeichnen Pinguinfleisch als »fischig«, andere finden, daß es, vom Fett getrennt und in Butter gebraten, »einfach köstlich« sei.

Der Adéliepinguin verdankt seinen Namen der Frau des französischen Antarktisforschers Dumont d'Urville und wurde erst 1841 beschrieben.

Die Ehre der Erstentdeckung dieser Vögel gebührte jedoch der Expedition Magellans, und so wurden Pigafettas Gänslein später richtig auf den Namen »Magellanpinguin« getauft, offiziell *Spheniscus magellanicus*.

Pinguin-Beobachtung in freier Natur

Man muß aber nicht unbedingt auf einem der alten Segelschiffe der damaligen Zeit mitgefahren sein, um Pinguine gesehen zu haben. Der Magellanpinguin zum Beispiel brütet jedes Jahr im warmen Argentinien und Chile, rund um die gleichnamige Magellanstraße. Punta Tombo, ein Küstenstrich in Patagonien mit einer »großstadtähnlichen« Kolonie von über 1 Million Tieren, zieht jedes Jahr Scharen von Touristen an. Der Ort ist leicht mit dem Auto zu erreichen, aber nicht ganz so ruhig und naturbelassen wie die nördlichste Magellanpinguinkolonie Argentiniens auf der Valdéz-Halbinsel. Die in der Nähe der Valdéz-Halbinsel befindliche Stadt Puerto Madryn kann von Buenos Aires aus bequem mit dem Flugzeug erreicht werden, und wer sich außer für Pinguine noch für andere Seevögel, Robben und Wale interessiert, wird

für einen Ausflug dorthin zwischen September und Januar mit unvergeßlichen Eindrücken belohnt werden.

Im Süden Chiles überlappen die Brutgebiete der Magellan- und Humboldtpinguine, doch der Lebensraum des Humboldtpinguins zieht sich bis an die Küsten Perus hinauf. Sein Name stammt übrigens daher, daß er zuerst von Alexander von Humboldt um 1800 beschrieben wurde, dessen Südamerikareise (1799–1804) und die Berichte darüber ihn weltberühmt machten. Fast schon am Äquator ist der Galápagospinguin zu finden, die nördlichste Pinguinart.

Aber auch in Australien und Neuseeland kommen die drolligen Vögel vor. Hier sind die nur 30 cm großen Zwergpinguine zu Hause. Auf den Inseln Neuseelands leben darüber hinaus noch 4 weitere Pinguinarten, die nur dort vorkommen und mit zu den seltensten Vertretern ihrer Familie gehören.

Dem Touristen, der Pinguine gerne lebensnah erleben möchte, stehen also eine Vielzahl von Möglichkeiten offen. In Australien, genauer gesagt auf Phillip Island in der Nähe von Melbourne, wurde sogar eine Tribüne errichtet, um von dort aus allabendlich die Rückkehr der Pin-

(Rechts) Die flugfähigen Trottellummen (oben) sehen den Zügelpinguinen (unten) sehr ähnlich. Doch während erstere mit nur ein paar Flügelschlägen von ihrem Brutfelsen aus das Wasser erreichen, müssen die Pinguine den Abstieg mühsam zu Fuß bewältigen. Alke und Lummen sind auf die Nordhalbkugel beschränkt, Pinguine dagegen kommen nur südlich des Äquators vor.

(Links) Eine größere Touristenattraktion als Ayer's Rock ist Australiens Pinguinparade. Sie findet allabendlich auf Philipp Island, südlich von Melbourne statt. Die kleinen Zwergpinguine kehren kurz nach Sonnenuntergang von See zurück und laufen an den Zuschauern vorbei zu ihren Nestern.

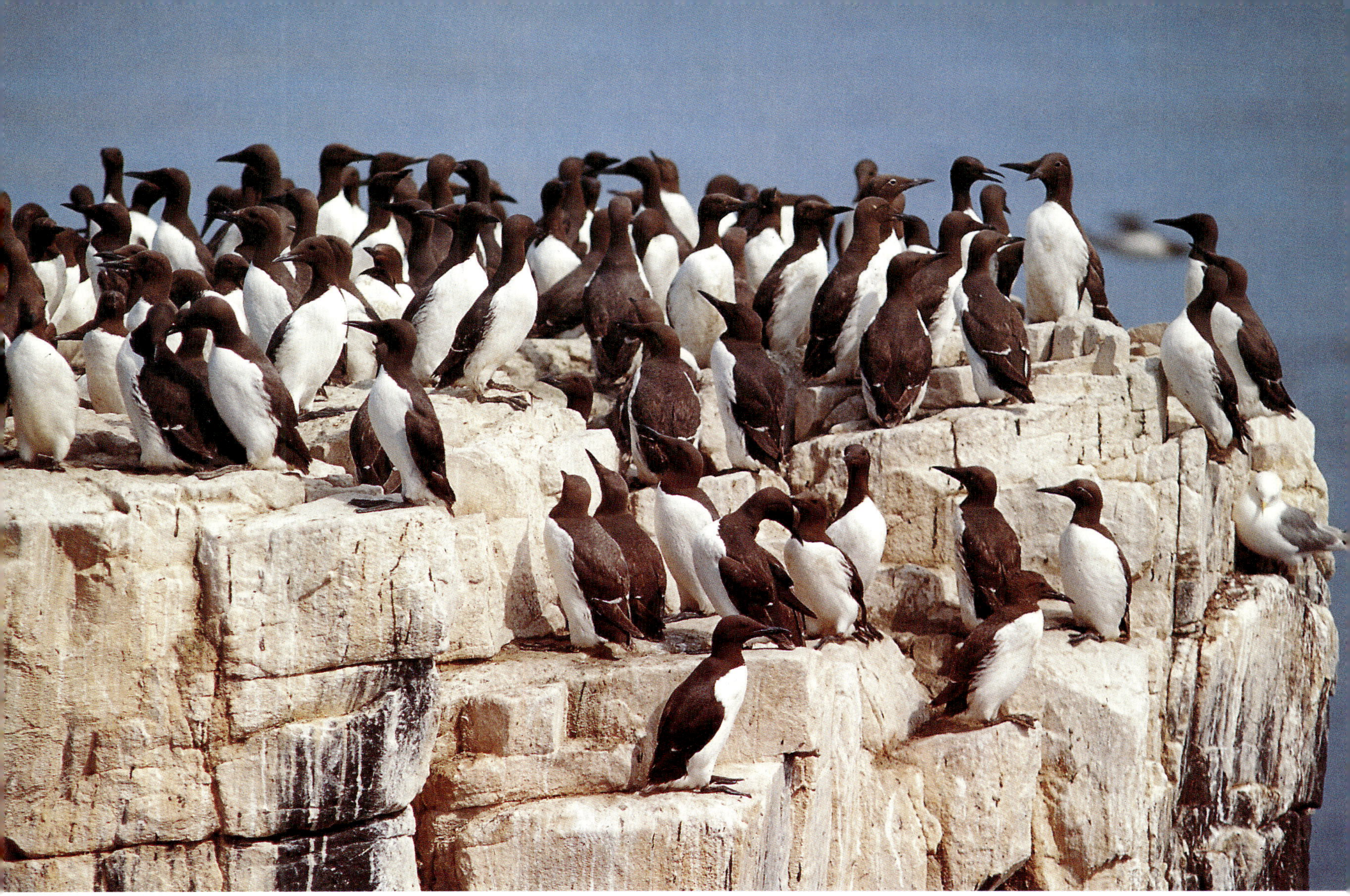

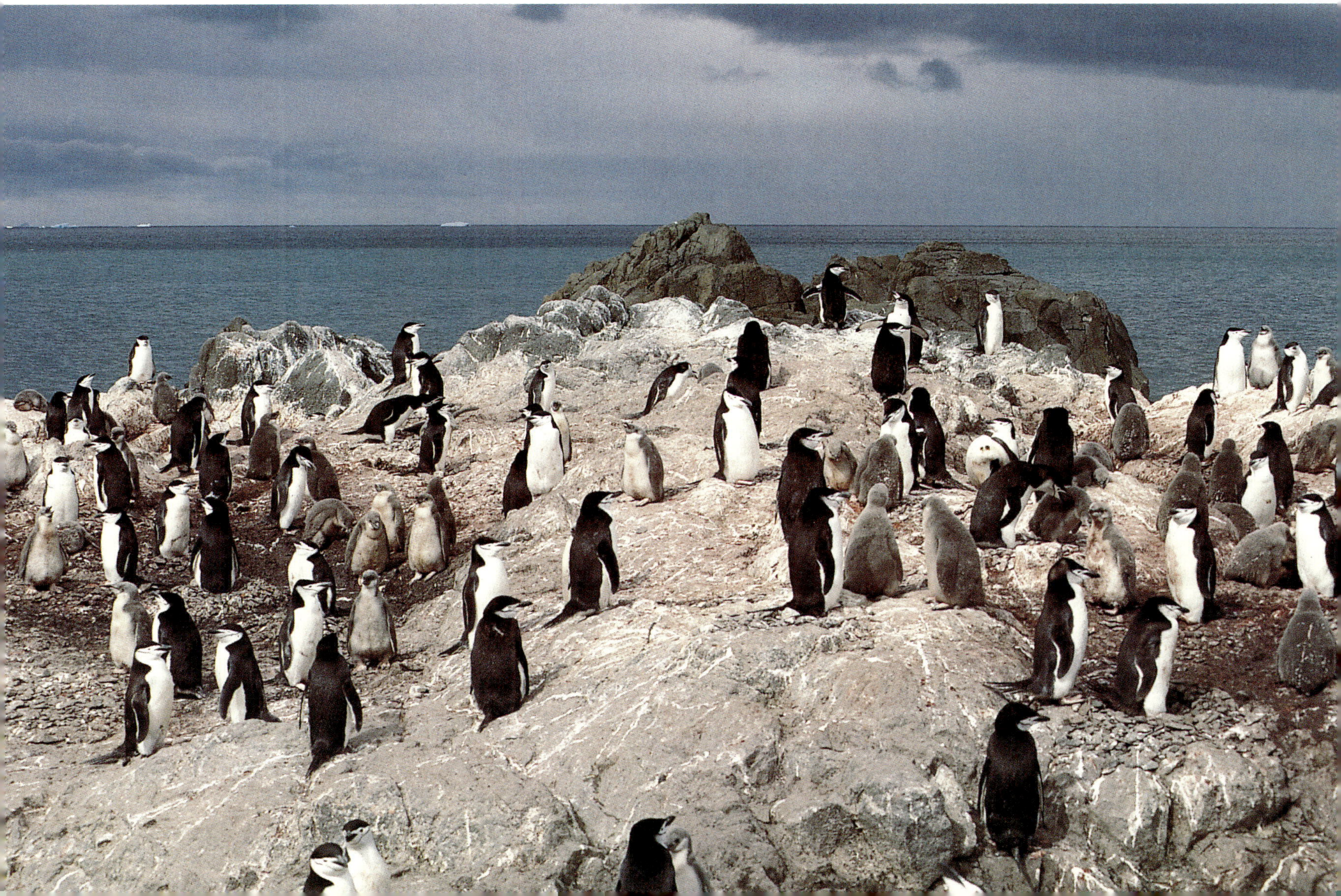

guine zu erleben. Die Anlage wird privat seit 40 Jahren betrieben und gehört zu den größten Touristenattraktionen Australiens. Die Naturschutzbehörde hat natürlich dafür gesorgt, daß die Tiere so wenig wie möglich gestört werden. Fotos mit Blitzlicht sind untersagt und die Besucher bewegen sich auf Holzwegen, die mindestens 40 cm über dem Boden errichtet wurden, damit die Pinguine darunter ungestört zu ihren Nestern gelangen können. Die wehrhaften kleinen Tiere anzufassen und einen Hieb des messerscharfen Schnabels zu riskieren, wagt ohnehin niemand. Daß unkontrollierter Tourismus jedoch großen Schaden anrichten kann, soll im letzten Kapitel noch erwähnt werden.

Who is who?

Obwohl die Taxonomie nicht jedermanns Sache ist, so ist die genaue Benennung der Pflanzen und Tiere doch ungemein wichtig, um ihre genaue Einordnung zu ermöglichen, verwandschaftliche Beziehungen aufzuzeigen und die internationale Verständigung zu erleichtern. Alle Pinguine gehören der Ordnung *Sphenisciformes* an. Dieser Name wurde von den Pinguinen abgeleitet, welche zuerst beschrieben wurden: von den afrikanischen Brillenpinguinen (*Spheniscus demersus*) und den uns ebenfalls schon bekannten südamerikanischen Magellan- (*Spheniscus magellanicus*) und Humboldtpinguinen (*Spheniscus humboldtii*). Sie sind nach Meinung der Zoologen die typischen Vertreter der Ordnung Pinguine. *Spheniscus* ist übrigens griechisch, bedeutet »keilförmig« und bezieht sich wohl auf die Form der Flügel und des Körpers der Pinguine. In der Ordnung *Sphenisciformes* gibt es nur eine Untereinteilung, Familie genannt, nämlich die *Spheniscidae*. In dieser einen Familie sind alle der insgesamt 17 verschiedenen Pinguinarten (und zwei Unterarten) auf der Welt beheimatet (siehe S. 46).

Pinguine werden in England »penguins«, in Spanien »pingüinos« und in Polen »pingwine« genannt. Die Franzosen bilden hier eine Ausnahme: Bei ihnen heißen diese Vögel »manchots«. Den Namen »pingouin« haben sie für die Alken und Lummen, Meeresvögel des Nordens, reserviert. Grund genug sich Gedanken darüber zu machen, woher der Name »Pinguin« eigentlich kommt. Leider gibt es offenbar keine handfesten Beweise, daß der Name von spanischen und portugiesischen Seefahrern geprägt wurde, die den mittlerweile ausgerotteten, flugunfähigen Riesenalk aufgrund seines Fetts (penguigo) so nannten. Der lateinische Name für Fett ist übrigens »penguis«. Im Sinne von Magellans Mitreisenden Pigafetta kommt uns diese Erklärung sehr plausibel vor. Fett war für die Seefahrer ein wichtiges Produkt und diente zur Beleuchtung, zum Heizen oder zum Kochen. Was lag da näher als ein neu entdecktes Tier so zu nennen, wie das, was man aus ihm gewinnen konnte?

Eine alternative Theorie, aufgestellt von Briten, besagt, daß bretonische und walisische Fischer die Ersten waren, die den Namen prägten, und zwar auf der Grundlage zweier walisischer

Wörter, nämlich »pen« (weiß) und »gwyn« (Kopf). Der Riesenalk hatte einen schwarzen Kopf, auf dem sich deutlich ein großer weißer Fleck abhob. Wie dem auch sei, die Franzosen sind diesem Namen treu geblieben und nennen so die Alkenvögel. Ihr Name für Pinguine »manchots« heißt übrigens laut Wörterbuch »armlos« und im weiteren Sinne »unbeholfen« bzw. »behindert«.

Worauf eine solche Namensgebung beruhen mag, können vielleicht folgende Fakten erhellen: Robert Falcon Scott, der Scott, der den Südpol als erster erreichen wollte und dann feststellen mußte, daß Amundsen ihm zuvorgekommen war, beschrieb eine Gruppe Adéliepinguine folgendermaßen:

»Heute Nacht kampieren wir in der Nähe einiger Felsen, auf halbem Wege zur Eiskante; in der Nähe sind einige Robben, und kleine Gruppen von Adéliepinguinen laufen ständig an uns vorbei. Es ist verwunderlich, daß ihre Zahl so groß ist, denn wir haben keine Kolonie in der Nähe gesehen. Noch verwunderlicher ist, daß sie alle nach Süden marschieren, da es in dieser Richtung bis auf ein paar Eisspalten kein offenes Wasser mehr gibt. Wir haben den Eindruck, daß sie nicht genau wissen, was sie tun, vor allem als wir eine kleine Gruppe von ihnen genauer beobachten. Sie marschieren südwärts mit allen Anzeichen es unglaublich eilig zu haben – die Flügel weit abgespreizt, die Köpfe nach vorne geneigt, und die kleinen Füße trippeln so schnell sie nur können. Ihr geschäftiger Ausdruck ist unglaublich komisch; man kann sich vorstellen, wie sie undeutlich murmeln, ›Keine Zeit, hab's eilig‹.«

Der Hintergrund der Geschichte ist grausam und lehrreich. Die Pinguine scheinen – wie wir heute wissen – nur für uns drollig, unbeholfen und dumm. In Wirklichkeit kommen sie sehr gut zurecht, und das unter den schwierigsten Bedingungen. Scott aber starb in einem aus der Sicht der Pinguine wohl lächerlichen Unterfangen: In dem Versuch, zum Südpol zu marschieren, aus dem einzigen Grund, um dort der Erste zu sein. Außerdem scheint es heute, daß Scott und vier seiner Kameraden ihr Leben lassen mußten, weil der Mann die Expedition nicht

richtig geplant hatte. Unter Einbeziehung dieser Aspekte gibt es für uns keinen Zweifel darüber, welche der beiden Gruppen, Pinguine oder Abenteurer, nicht genau wußte, was sie tat.

Zusätzlich zu den oben erwähnten Pinguinen des warmen Afrikas, Südamerikas und Australiens sind die Vertreter der Familie *Spheniscidae* auf den subantarktischen Inseln östlich und südlich von Tierra del Fuego (Feuerland) sowie im südlichen Indischen und Pazifischen Ozean zu Hause: der Königspinguin, der Felsenpinguin und der Macaronipinguin (letzterer ist auch unter dem Namen »Goldschopfpinguin« bekannt). Auf diesen Subantarktischen Inseln, Falklands, South Georgia, South Orkneys und wie sie alle heißen, kommen auch Zügel- und Eselspinguine vor. Ihr Verbreitungsgebiet reicht allerdings weiter südlich bis hin zur Antarktischen Halbinsel, ein Gebiet das als »maritime Antarktis« bezeichnet wird und zu dem auch die Ardley-Insel gehört (von der später noch die Rede sein wird). Die einzigen Pinguinarten, die auch in der kontinentalen Antarktis bis in Breiten von 77 Grad Süd brüten und daher auch den extremsten Wetterbedingungen trotzen können, sind der Adélie- und der Kaiserpinguin.

Die Namen der verschiedenen Pinguinarten lassen sich alle erklären. Wie der Humboldt-, Magellan- oder der Adéliepinguin zu ihren Namen kamen, wurde bereits erwähnt. So ähnlich war es auch bei der Benennung des Kaiserpinguins, dem größten und majestätischsten unter den Pinguinen. Er verdankt seinen wissenschaftlichen Namen dem ersten Naturforscher, der die Antarktis an Bord von Kapitän Cooks Schiff um 1770 bereiste, dem deutschstämmigen Johann Reinhold Forster, und wurde offiziell *Aptenodytes forsteri* getauft. Forster hat übrigens während dieser Reise Cooks Leben gerettet, indem er dem von Hunger und Kälte geschwächten Kapitän frische Fleischbrühe einflößte, obwohl es auf dem gesamten Schiff außer Zwieback nichts Eßbares mehr gab. Als der Kapitän wieder gesund war, vermißte er allerdings seinen Bordhund... Vielleicht ist das der Grund dafür, daß der Kaiserpinguin nicht auch in der Umgangssprache nach seinem Entdecker be-

Der Adéliepinguin (links) wird mit 55 cm nur etwa halb so groß wie der majestätische Kaiserpinguin. Doch im Vergleich zu fossilen Pinguinen, die immerhin 1,7 m erreichten, sind beide nur Zwerge.

nannt wurde, sondern, in alle Sprachen übersetzt, statt »Forsterpinguin« eben Kaiserpinguin heißt.

Davon abgesehen, gibt es bei der Übersetzung der Artennamen in die Umgangssprachen oft Verwechslungen. So heißt zum Beispiel der Brillenpinguin Südafrikas auf englisch oft »jackass penguin«(aber neuerdings auch »African penguin«), übersetzt also Eselspinguin. Der Eselspinguin im deutschen Sprachgebrauch ist eine ganz andere Art, lebt in der Antarktis und Subantarktis und wird auf englisch »gentoo penguin« genannt. Beiden Arten gemeinsam ist, daß sie schreien wie Esel. Leider ist eine Namensänderung in der Umgangssprache nicht so leicht durchzusetzen wie bei den offiziellen, lateinischen Namen. Bei diesen sind zum Glück inzwischen alle Ungereimtheiten, Doppelbenennungen und Verwechslungen ausgemerzt worden.

Entwicklungsgeschichte: Seit wann gibt es Pinguine?

Wo fängt die Geschichte der Pinguine an? Wie sind sie entstanden? Nach Meinung der Paläontologen haben sich die Vögel vor etwa 200 Millionen Jahren in ihrer Entwicklung von den Reptilien getrennt. Bekanntlich besitzen Vögel, im Gegensatz zu den Reptilien, Federn. Diese Eigenschaft verschaffte ihnen vom Start weg einen Vorteil, da das Federkleid, und hier vor allem die Federn der Flügel, erneuerbar ist. Wäh-

rend fliegende Reptilien (und auch die modernen Fledermäuse) Schäden an ihren Flughäuten nicht mehr »reparieren« können, erneuert jeder Vogel mindestens einmal jährlich seine »Tragflächen« in der Mauser. Nachdem die Vögel bereits über 100 Millionen Jahre lang die Erde bevölkerten, begann vor 65 Millionen Jahren die Entwicklung der Pinguine. Sie wurde vor 45 Millionen Jahren, im späten Eozän, abgeschlossen. So alt sind zumindest die ältesten Pinguinfossilien, die bisher gefunden wurden. Sie hatten bereits all die Merkmale, die wir von den »modernen« Pinguinen kennen. Im Vergleich dazu sind wir Menschen erst von gestern: Unsere Entwicklungsgeschichte blickt nur auf »kurze« 2–3 Millionen Jahre zurück.

Die Evolution der Pinguine hat zu manch hitziger Debatte unter den Ornithologen (Vogelkundlern) geführt: War es ein flugunfähiger Vorfahr, von dem sie abstammten, oder handelt es sich bei den Pinguinen um Vögel, die im Laufe ihrer Evolution ihre Flugfähigkeit verloren? Heute gilt als allgemein anerkannt, daß die Pinguinflosse ein umgebauter Flügel ist und daß Pinguine eher von fliegenden als von flugunfähigen Vögeln abstammen. Detaillierte Untersuchungen der Knochenstruktur und der Zusammensetzung von Eiweißproteinen haben er-

(Oben) Ein aus dem Wasser schnellender Kaiserpinguin kurz vor der Landung auf einer Eisscholle.

(Links) Kaum zu glauben, aber wahr: Moderne Untersuchungsmethoden beweisen, daß die engsten Verwandten der Pinguine die Könige der Lüfte, die Albatrosse, sind. Der hier gezeigte Wanderalbatross ist mit einer Flügelspannweite von über 3 m der größte unter ihnen.

An Land watscheln sie unbeholfen und komisch einher. Im
Wasser zeigen sie jedoch, was
in ihnen steckt. Dieser Brillenpinguin fliegt unter Wasser mit
einer Geschwindigkeit von
8 km in der Stunde.
Um Anchovis, seine Lieblings-
fische zu erbeuten, taucht er bis
zu 130 m tief.

geben, daß Pinguine näher mit der Ordnung der *Procellariiformes,* also mit den Albatrossen, Sturmschwalben und Sturmvögeln verwandt sind, als mit allen anderen Vertretern der Vögel. Sie wären demnach auch nicht mit dem flugunfähigen Riesenalk verwandt, der ihnen doch auf den ersten Blick so ähnlich scheint.

Im Gegensatz zur Vorstellung der meisten Menschen, und hier sind wir wieder durch die eingangs erwähnten Eisbären geprägt, schlossen die Pinguine ihre Entwicklung unter den damals vorherrschenden tropischen Bedingungen ab. Frühere Theorien, nach denen die Antarktis schon seit 15 Millionen Jahren beinahe vollständig eisbedeckt ist, wurden erst im antarktischen Sommer 1990/91 von einem Wissenschaftlerteam unter der Leitung von Prof. Webb, Ohio State University, widerlegt. Sie

fanden versteinerte Blätter in einer Steinwüste nur 400 km vom Südpol entfernt. Diese beweisen, daß der weiße Kontinent noch vor 3 Millionen Jahren waldbedeckt war. Gemeinsam mit anderen Indizien spricht dies dafür, daß die antarktische Eisdecke eine unruhige Geschichte hinter sich hat und sich je nach Veränderung des Erdklimas zusammenzog oder ausdehnte.

Pinguinfossilien wurden bis heute nur auf der Südhalbkugel in den Bereichen gefunden, in denen Pinguine auch heute noch vorkommen. Dabei darf man sich nicht vorstellen, daß etwa ganze Tiere perfekt erhalten geblieben wären. Die bisher gemachten Funde konnten nur durch kriminologische Kleinarbeit den Pinguinen zugeordnet werden, handelt es sich dabei doch nur um Oberarmknochen und Fußknöchel. Zum Glück sind gerade dies die Knochen,

deren Konstruktion im Laufe der Evolution am weitesten den Bedürfnissen der neuen Lebensweise, d.h. dem Leben im Wasser, angepaßt wurde.

Die meisten der 32 fossilen Arten wurden in Neuseeland und Patagonien (Argentinien), in den Provinzen Chubut und Santa Cruz, gefunden. Einige der Versteinerungen stammen auch aus Südafrika und Nordaustralien. Interessanterweise wurden in der Antarktis nur an einer einzigen Stelle bisher ähnliche Versteinerungen gefunden, nämlich auf der Seymour-Insel (von der später noch die Rede sein wird und die in Argentinien »Isla Vicecomodoro Marambio« genannt wird). Die Wiege der Pinguine, dieser einzigartigen Familie von flugunfähigen Vögeln, könnte wohl in dem Seegebiet rund um Neuseeland mit seiner reichhaltigen Meeresvogelwelt zu suchen sein. In diesen subtropischen bis mäßig warmen Gewässern lebt auch heute über die Hälfte der 17 Pinguinarten. Der Kaiser- und sein Lakai, der Adéliepinguin, sind die einzigen Arten, deren Vorkommen ausschließlich auf den Kontinent Antarktika beschränkt ist.

Die bisher gefundenen Versteinerungen ergaben, daß früher mehr Pinguinarten auf der Erde gelebt haben als heute, und daß einige der vor langer Zeit ausgestorbenen Pinguinarten wesentlich größer waren als ihre heutigen Vertreter. Ein fossiler Pinguin namens *Anthropornis nordenskjoeldi* erreichte eine Körpergröße von 1,7 m und war somit ebenso groß wie ein Mensch. Eine andere Art, *Pachydyptes ponderosus,* aus einer Epoche, die Unteres Miozän genannt wird, lebte vor 25 Millionen Jahren, war ungefähr 1,6 m groß und mag 100 kg auf die Waage gebracht haben. Nach Aussage des Paläontologen Professor Simpson war er: »zu klein um Basketball zu spielen, aber schwer genug für (amerikanischen) Football«. Dagegen ist der größte Pinguin unserer Tage fast klein: Mit 1 m ist der Kaiserpinguin nur noch so groß wie ein Kleinkind. Seine Verwandten, der nur etwa 60 cm große Adéliepinguin und der nur 30 cm hohe Zwergpinguin Australiens und Neuseelands, sind dagegen schon Zwerge.

Der Verlust der Flugfähigkeit

Pinguine sind Vögel, die im Laufe ihrer Entwicklung das Fliegen verlernt haben. Sie befinden sich damit in guter Gesellschaft: Man denke nur an Emus, Nandus, Strauße und ähnliche Laufvögel, an Wekas und Kiwis oder den flugunfähigen Kormoran der Galápagosinseln. Fliegen bietet zwar unbestreitbare Vorteile, so zum Beispiel bei der Nahrungssuche, der Flucht vor Räubern oder dem Wanderverhalten. Fallen jedoch diese Vorteile weg, so besteht kein Anlaß mehr, diese Kunst beizubehalten. Die Evolution begünstigt dann Baupläne, die den betreffenden Vögeln andere Vorteile verschaffen.

Fliegende Vögel haben extrem leichte Knochen. Sie sind röhrenförmig und innen hohl, was bei hoher Festigkeit eine große Gewichtsersparnis mit sich bringt. Außerdem besitzen fliegende Vögel ein kompliziertes System von Luftsäcken, mit denen Teile ihres Körpers ausgefüllt sind. Dadurch wird eine Stromlinienform ohne Erhöhung des Körpergewichts erreicht. Dennoch sind diesen Vögeln Grenzen gesetzt: Mit zunehmender Körpergröße verschlechtert sich das Verhältnis von Leistung zu Gewicht, so daß ab etwa 15 kg kein Flug mehr möglich ist. Aus diesem Grunde gehören Höckerschwäne zu den größten und schwersten flugfähigen Vögeln überhaupt. Sie führen einem beim Start auf einem See bildhaft vor Augen, was man unter dem »Verhältnis von Leistung zu Gewicht« zu verstehen hat. Eine Startbahn von 100 m reicht gerade noch aus; der Schwan rennt, mit beiden Füßen auf das Wasser klatschend, los und berührt mit den mächtigen Schwingen bei jedem Schlag die Wasseroberfläche. Auch nach dem Abheben fliegen die Vögel noch sehr lange unmittelbar über der Wasseroberfläche, um den energiesparenden Luftkisseneffekt auszunützen. Im Vergleich dazu scheint der winzige, nur wenige Gramm leichte Kolibri fast mühelos in der Luft zu schweben.

Um beim Beispiel Schwan zu bleiben: Wie sieht es denn mit seiner Tauchfähigkeit aus? Wie gut ist ein Schwan denn zu Fuß? Nun, offensichtlich gibt es da Schwierigkeiten. Noch schwerere Vögel als Schwäne haben sich entweder in Richtung Laufvogel entwickelt – und die Strauße sind ein bekanntes Beispiel für diese Art der »Konstruktionsänderung« – oder sie sind, wie im Falle des Kaiserpinguins, zwar schlechte Läufer geblieben (obwohl, wie wir noch sehen werden, Kaiserpinguine beachtliche Strecken zurücklegen) und watscheln scheinbar unbeholfen an Land, sind dafür im Wasser aber unübertroffen. Sie tauchen bis in große Tiefen und schwimmen, nein fliegen, von ihren Flügeln angetrieben, pfeilschnell unter Wasser dahin.

Um zu den Knochen zurückzukommen: Sie sind bei den Pinguinen nicht mehr luftgefüllt und extrem leicht, sondern, im Gegenteil, markgefüllt und schwer. Außerdem ist das System der Luftsäcke zugunsten eines riesigen Magens zurückgebildet, der, wenn er voll ist, bis zu einem Drittel des Körpergewichts der Tiere ausmachen kann. Ein Pinguin hat durch diese »Konstruktionsänderungen« an der Wasseroberfläche nur noch etwas mehr Auftrieb als sein eigenes Körpergewicht. Deshalb sitzt er auch nicht auf dem Wasser, wie ein Schwan, sondern liegt tief im Wasser, beinahe wie ein

U-Boot: Nur sein Rücken, Hals und Kopf schauen hervor. Der Vorteil liegt darin, daß ein Pinguin daher mit wenig Kraftaufwand abtauchen kann, da die Auftriebskräfte, die dem entgegenwirken, gering sind. Ähnlich einem U-Boot besitzen Pinguine einen Tauchretter: Die Luft in ihren Luftsäcken und ihrem Gefieder erlaubt es ihnen nämlich, ohne Anstrengung an die Wasseroberfläche zurückzukehren. Mit zunehmender Tiefe nehmen die Aufriebskräfte zwar ab, aber auch ein Pinguin, der auf 180 m abgetaucht ist, würde durch diesen Tauchretter ohne Antrieb wieder langsam an die Oberfläche gelangen.

Auch andere Merkmale der Pinguinfortbewegung lassen sich durch ihr Leben in dem neuen Element erklären. Wenn fliegende Vögel starten oder landen, sind sie auf die Auftriebskräfte, die an ihren Flügeln und am Schwanz einwirken, angewiesen. Dies erfordert eine waagerechte Stellung dieser »Tragflächen«, während die Füße senkrecht dazu auf den Boden zeigen, um das Körpergewicht noch zu tragen oder gleich aufzunehmen. Daher befinden sich die Beine fliegender Vögel in etwa in der Mitte des Rumpfes. Wenn ein Schwan schwimmt, bedient er sich seiner Füße, um für den Vortrieb zu sorgen. Sie sind seine Paddel.

Beim Pinguin hingegen konnte die Stromlinienform dadurch verbessert werden, daß die Beine möglichst weit hinten »eingebaut« wurden. Sie werden nicht zum Paddeln benötigt, sondern wirken dort als Höhenruder, während der kurze Schwanz hauptsächlich die Funktion des Seitenruders erfüllt. Eine Landung wie bei fliegenden Vögeln findet nicht mehr statt. Stattdessen schwimmen Pinguine auf den Strand zu und stellen sich dann, ähnlich wie ein Mensch, auf die Beine, um die letzten Meter aufrecht zu Fuß zurückzulegen. Viel aufsehenerregender ist es allerdings, wenn sie mit hoher Geschwindigkeit aus dem Wasser schießen, um dann aufrecht auf einem Felsen oder einer Eisscholle stehend zu landen. Die aufrechte, menschenähnliche Körperhaltung, ein Hauptgrund für ihre Beliebtheit, ist also nur ein Nebenprodukt ihrer Anpassung an das Wasser.

Pinguine haben ihre Flugfähigkeit verloren, weil

Der Frack des Adéliepinguins überzeugt durch seine schlichte Eleganz: Im Vergleich zu anderen Pinguinarten fehlen ihm jegliche Schnörkel, wie zum Beispiel Kehl- oder Seitenstreifen. Am Kopf trägt er nur schwarz, ohne Häubchen, Schopf oder »Lippenstift«.

diese sich nicht mit dem neuen und höchst erfolgreichen Lebensstil vertrug. In ihrem Element, dem Meer, finden sie all ihre Nahrung und verbringen darin, außer zur Zeit der Mauser oder bei der Aufzucht ihrer Jungen, den größten Teil ihres Lebens. Im Gegensatz zu den meisten fliegenden Meeresvögeln können Pinguine tiefer und länger tauchen und sich so Nahrungsquellen erschließen, die den anderen verborgen bleiben. Aber vielleicht gibt es noch andere Gründe für ihre Flugunfähigkeit. Warum sind Pinguine auf die Südhalbkugel begrenzt? Warum gibt es sie nicht auch im Norden, wo ihre »Kollegen«, die Alken, so erfolgreich sind?

Der Galápagospinguin lebt beinahe am Äquator und hat doch den relativ kurzen Weg zur Nordhalbkugel nicht geschafft. Eine Erklärung hierfür wäre, daß die Strömung, in diesem Fall der Südamerikanische Humboldtstrom, wohl seine Vorfahren aus dem Süden bis zu den Galápagosinseln getragen hat, der nördlich der Inseln wirksame Äquatoriale Gegenstrom aber eine weitere Verfrachtung nach Norden verhinderte. Viel plausibler scheint eine andere Erklärung: Viele Inseln der Nordhalbkugel sind entweder von schroffen Felsen umgeben, so daß eine Landung von Pinguinen unmöglich wäre, oder sind von Räubern bewohnt, die den Pinguinen schwer zu schaffen machen könnten. Letzteres trifft vor allem auch für die Küsten der Kontinente zu. Alken hingegen können an Felshängen nisten, außer Reichweite der meisten Räuber. Im Vergleich zu Pinguinen sind Alken jedoch klein und unter extremen klimatischen Bedingungen, die für Adélie- und Kaiserpinguine noch durchaus verträglich sind, müssen sie kapitulieren.

So sind also die Alken und die Pinguine jeweils an ihren eigenen Lebensraum optimal angepaßt. Ein »Umzug« würde keine Vorteile bringen, höchstens Nachteile. In einem Experiment britischer Ornithologen soll angeblich vor 40 Jahren eine Gruppe Königspinguine auf den Lofoten, vor der Küste Nord-Norwegens, freigelassen worden sein. Anfangs wurden sie noch von Fischern gesichtet und für überlebende Riesenalken gehalten, doch bald verloren sich ihre Spuren im Nebel.

Der Frack

Die frühen Seefahrer sahen in den Pinguinen nur eine Bereicherung für den Speisezettel. Keinem von ihnen fiel auf, daß sie gekleidet waren wie Opernbesucher. Der Grund hierfür liegt in unserer Mode: Zur Zeit der ersten Entdeckungen waren die Menschen ganz anders gekleidet als heute. Der Frack kam erst Mitte des letzten Jahrhunderts auf und ist auch heute noch der Inbegriff der distinguierten Bekleidung zu besonderen Anlässen. Da die Pinguine wohl kaum seit 45 Millionen Jahren darauf gewartet haben, endlich gesellschaftsfähig zu sein, muß es mit der Wahl ihrer Kleider etwas anderes auf sich haben. Um es mit den Worten des Journalisten James Gormann zu sagen: »Im Grunde sind die Pinguine nicht so elegant, ungeschickt und komisch, wie man erwarten würde. Sie stehen nicht herum und halten Tischreden oder bieten Drinks an. Stattdessen paaren sie sich, hacken sich und prügeln sich mit ihren Flossen wie aufgeregte Zwerge. Sie steigen über mit Guano (Vogelmist) bedeckte Felsen, rutschen darauf aus, würgen Futter für ihre Küken hoch, krähen, trompeten und schreien, als ob sie keine Ahnung davon hätten, daß wir sie für alberne kleine Leute halten. Sie scheinen manchmal entschlossen zu sein, sich so zu benehmen, als ob sie nichts als laute, übelriechende und aggressive Vögel wären. Die meisten von ihnen verbringen ihre Zeit nicht damit, dumm herumzustehen oder -zulaufen, sondern damit, in den Ozeanen der Südhalbkugel zu schwimmen und zu tauchen, wie man es von den Meerestieren, die sie in Wirklichkeit sind, auch erwarten sollte. Im Wasser, möchte ich betonen, sehen sie weder wie Vögel noch wie Menschen aus.«

Die Färbung des Federkleids dient bei Vögeln entweder der Tarnung oder um Angehörige einer Art leichter zu erkennen bzw. mit Hilfe speziell gefärbter Körperteile miteinander zu kommunizieren. Man denke zum Beispiel nur an das Rad eines Pfaus.

Die Kommunikation im Meer könnte auch für Pinguine wichtig sein. Hierbei wäre ein grell

Schopfpinguine, hier eine Felsenpinguinkolonie, lenken vom strengen Schwarz-Weiß ihres Fracks durch einen auffallenden Kopfschmuck ab. Unter Wasser perfekt getarnt, dient der beim Auftauchen gut sichtbare Kopfschmuck den Pinguinen als Erkennungsmerkmal, wenn sie gemeinsam im Meer auf Jagd sind.

gefärbter Körper aber von geringem Vorteil, da ja ohnehin nur der Kopf und der Hals über die Wasseroberfläche ragen. Tatsächlich können viele Pinguinarten ausschließlich durch ihre Kopf- und Halsfärbung voneinander unterschieden werden. Der Adéliepinguin und seine Verwandten die Zügel- und Eselspinguine brüten teilweise in gemischten Kolonien rund um die Antarktische Halbinsel. Letztere unterscheiden sich vom »unauffällig« gefärb-

ten Adéliepinguin dadurch, daß der Zügelpinguin einen schwarzen Kehlstreifen auf dem Hals trägt, während den Eselspinguin ein oranger Schnabel und ein weißer Fleck auf dem Kopf auszeichnet.

In Wirklichkeit sind sie also nicht nur schwarz-weiß, die Pinguine. Den Schopfpinguinen zum Beispiel wird viel zu wenig Aufmerksamkeit geschenkt. Sie haben zwar den traditionell dunklen Rücken und den weißen

Bauch. Aber über ihren Augen haben sie auch lange, ausgefranste, gelbe Federn, die den Eindruck von schreiend gefärbten Augenbrauen erwecken. Der Goldschopf- oder Macaronipinguin wurde, nach Aussage von Prof. Simpson, bereits im späten 18. Jahrhundert mit Menschen und ihrer Mode in Verbindung gebracht. Seefahrer nannten die Art nach dem Londoner »Macaroni Club«, dessen Mitglieder »sich von anderen in ihrer sehr hohen Perücke unterschieden, auf deren Spitze ein kleiner Hut saß, den sie zum Gruße mit Hilfe eines Stocks anhoben«.

Unter der Wasseroberfläche sehen alle Pinguine gleich aus: weiße Weste, schwarzer Frack. Wenn sie schwimmen oder tauchen, ist ihre Oberseite dunkel und ihre Unterseite hell. Für einen an der Oberfläche lauernden Räuber, einen Seeleoparden zum Beispiel, ist ein tauchender Pinguin gegen den dunklen Meeresgrund kaum zu erkennen. Andererseits ist der Pinguin von unten gegen die helle Wasseroberfläche auch nicht gut auszumachen. Die Vögel sind also im Wasser perfekt getarnt. Außer diesem eher passiven Einsatz der Schwarz-Weiß-Färbung benutzen Brillenpinguine sie auch auf der Jagd. Sie nähern sich dabei in der Gruppe zum Beispiel einem Schwarm Fische, indem sie von unten, unsichtbar, vorsichtig von allen Seiten heranschwimmen, und lassen dann ihre schwarz-weißen Bäuche aufblitzen, um die Fische zu erschrecken und die Schwarmstruktur aufzubrechen. Davon später mehr.

Aus dem Tagebuch einer Antarktisexpedition

Im Zoo oder, schlimmer noch, an ausgestopften Tieren kann man die vielfältigen Anpassungen der Pinguine an einen so extremen Lebensraum wie die Antarktis kaum untersuchen. Wenn man, wie wir, mehr über diese Vögel erfahren will, muß man sie in ihrer natürlichen Umgebung studieren. Das ist leichter gesagt als getan. Deutschland verfügte bislang über keine Station im Bereich der Antarktischen Halbinsel, so daß wir dort als Pinguinforscher mehrfach auf

der polnischen Station Arctowski oder der argentinischen Station Esperanza zu Gast waren. Und obwohl heute, statt der hölzernen Segelschiffe von damals, moderne Eisbrecher und Transportflugzeuge zum Einsatz kommen, ist eine Reise in die Antarktis ein Abenteuer geblieben. Davon handelt der nachfolgende Tagebuchauszug:

...Der Aufenthalt in Buenos Aires war kurz, und schon am nächsten Tag ging es um 7 Uhr früh zum Militärflughafen »El Palomar«. Hugo und Coco, unsere argentinischen Kollegen, hatten alles bestens organisiert, das Wetter war herrlich und wir hatten alle beste Laune. Bis wir am Flugplatz ankamen. Dort standen vor einem Hangar drei »Herkules«-Transportflugzeuge der argentinischen Luftwaffe. Die Maschine außen rechts hatte keine Motoren mehr. Das zweite Flugzeug hatte nur zwei Motoren, beide auf der gleichen Seite. Das dritte Flugzeug war gerade aufgetankt worden. Es sah etwas besser aus als die anderen, hatte auch die vorgesehenen vier Motoren. Da das Rollfeld nicht abgesperrt war, sahen wir uns die Maschine genauer an: Aus dem Spalt der Heckklappe flogen gerade zwei Schwalben heraus. Undeutlich konnte man von unten ihr Nest erkennen. Aus den Überlaufventilen in beiden Tragflächen floß Kerosin, welches sich unter der starken Sonneneinstrahlung ausgedehnt hatte. Das Flugzeug stand bereits in einer ziemlich großen Pfütze. Überall standen Männer herum. Einige rauchten. In der Nähe ging gerade eine Kindergärtnerin mit 20 Kleinkindern vorbei, alle in rosa Uniformen, vermutlich Kinder der auf dem Gelände stationierten Soldatenfamilien.

Es ging auf Mittag zu und ich versuchte in der Cantina ein paar Brötchen für uns zu besorgen. Über der Bar stand »Las Malvinas son Argentinas« (Die Falklands gehören Argentinien). Es dauerte eine ganze Weile, weil ich mit dem Angestellten ins Gespräch kam, über dies und das und die Zuverlässigkeit der argentinischen Flugzeuge im Falkland-Krieg. Er schaffte es, einige meiner Zweifel zu zerstreuen, gilt doch die »Herkules« als das sicherste Flugzeug überhaupt. Inzwischen beobachtete Rory, der bei unserer Maschine geblieben war, wie ein so-

Soeben ist ein »Herkules«-Transportflugzeug auf dem Flugplatz der chilenischen Antarktisstation »Tte. Marsh« auf der King George Insel (Süd-Shetland-Inseln) gelandet. In wenigen Minuten ist die Maschine entladen und wieder aufgetankt, um nach Punta Arenas (Chile) zurückzufliegen. Bis London sind es genau 13 649 km.

eben an dem Nachbarflugzeug montiertes Triebwerk Feuer fing. Unter lautem Tatü-tata kamen mehrere Feuerlöschfahrzeuge angefahren und konnten zum Glück sofort den Brand löschen. Während Rory fassungslos zusah, fiel von der Tragfläche ein Stück Aluminiumprofil ab. Von der Tragfläche unseres Flugzeugs! Ein daraufhin angesprochener Mechaniker sah sich das Teil sorgfältig an, blickte nach oben zur Tragfläche und entschied dann »... sollten wir sicherheitshalber mitnehmen«. Dann warf er das Teil in den Frachtraum.

Nach wie vor gab es keinerlei Anzeichen dafür, daß die Reise nun bald losgehen würde. Die »Herkules« war bereits zur Hälfte beladen und mit sechs Segeltuchsitzen versehen worden. Man sagte uns, daß noch eine Ladung Gefrierfleisch erwartet würde für die Mannschaft von »Marambio«, dem argentinischen Luftwaffenstützpunkt in der Antarktis. Gegen 2 Uhr nachmittags kam wider Erwarten doch noch das Gefrierfleisch. Inzwischen waren wir etwas beunruhigt und machten uns Gedanken über die Sicherheit der »Herkules«, über Sein und

Nicht-Sein und dergleichen mehr und wieso gerade wir in eine solche Lage geraten waren. Eine kurze Überschlagsrechnung des Gewichts der riesigen Gefrierfleischpalette ergab etwa 2,5 Tonnen. Rory fragte den Ladeoffizier, wieviel, bitteschön, das Gefrierfleisch wiegen würde. »Eintausendfünfhundert Kilo und kein Gramm mehr!« antwortete der Mann. Als wir versuchten, ihm zu erklären, daß auf jeder Kiste 25 kg aufgedruckt war, es sich um ungefähr 100 Kisten handelte und folglich ein Gesamtgewicht von 2500 kg anzunehmen sei, antwortete er nur: »Die Herkules ist unser stärkstes Flugzeug, kein Grund zur Beunruhigung!«

Das Gefrierfleisch wurde verladen, und, damit nicht genug, die verbleibende Lücke im Frachtraum mit einer Straßenwalze aufgefüllt. Es sah eng aus, aber wenigstens gab es ja die sechs Sitze. Das Ladegeschäft, unter reger Anteilnahme von ungefähr 50 Schaulustigen, unter ihnen auch Frauen und Kinder, war noch nicht ganz abgeschlossen, als der Pilot bereits die Motoren anließ. Die Schaulustigen waren auf einmal weg, und man winkte uns aus der Flugzeug-

tür, endlich einzusteigen. Kaum waren wir eingestiegen, wurde die Tür geschlossen und die nächsten zwei Motoren gestartet. Es dauerte ein paar Sekunden, ehe wir im dunklen Bauch der Frachtmaschine etwas erkennen konnten. Transportflugzeuge haben leider keine Fenster. Welch ein Schreck, als wir feststellten, daß alle, die den ganzen Morgen draußen herumgestanden hatten, nun auf einmal im Flugzeug waren! Der Laderaum war voller Fracht und die Segeltuchsitze waren von den Frauen und ihren Kindern besetzt worden. Der Rest der Passagiere lag überall auf der Ladung verstreut, zwischen den obersten Kisten Eisbein und der Decke.

Ich dachte nur noch: »Das überlebst du nicht, die Maschine ist doch völlig überladen!«. Ich wollte raus, aber die Tür war zu und wir rollten bereits zur Startbahn. Der Lärm im Frachtraum war ohrenbetäubend. Da man mich nicht dazu veranlaßte, mich hinzusetzen und mich anzuschnallen, sah ich mich erst einmal gründlich um, um meine Überlebenschancen nach einem mißglückten Start zu optimieren. Ich ging nach hinten, denn die Ladung würde bei einem Crash nach vorne rutschen und alles zermalmen, was sich ihr in den Weg stellte. Meine Befürchtungen wurden bestätigt, als ich sah, wie die Straßenwalze mit nur zwei Gurten auf ihrer Palette befestigt war. An einer rückwärtigen Tür, gleich neben der Latrine (ein Pissoir, das mit einer Klappe nach außen versehen ist, das muß man sich mal vorstellen!), war ein kleines Fenster. Ich war nun hinter der Walze und fast auf der Heckklappe und meinte, so am besten geschützt zu sein, falls beim Start etwas schiefgehen sollte. Die Motoren dröhnten nun noch lauter, und das Flugzeug nahm langsam, sehr langsam Fahrt auf. Das ist bei Propellerflugzeugen ganz normal, tröstete ich mich. Der Pilot sagte noch etwas über den Lautsprecher wie: »Achtung, es geht los, halten sie sich an einem gefrorenen Steak fest«, und wir hoben ab. War das nicht eben ein Lastwagen, der unter dem Fenster vorbeifuhr? Wir hatten gerade eine Autobahn überquert, vielleicht 10 m über den Autos, aber wir hatten es geschafft!

Der Pilot verkündete soeben über den Bordlautsprecher, daß wir aufgrund des mitgeführten

Gefrierfleisches auf eine Heizung des Frachtraums würden verzichten müssen. Da wir auf einem Flug in die Antarktis waren, und alle bequemen Zugang zu ihrem Gepäck hatten, war das aber nicht weiter schlimm. Wir zogen uns einfach warm an. Auf einem Stapel Seesäcke, neben den sechs Sitzen, lagen obenauf drei Fallschirme. Ich legte mich sicherheitshalber auf einen von ihnen, nicht ohne mich vorher vergewissert zu haben, daß es kein Rucksack war. Ein Soldat riet mir aber zur Vorsicht, ich solle ja nicht an irgendeiner Strippe ziehen, und außerdem wäre es sein Fallschirm. Zum Glück machte er mir den Platz nicht streitig...

Die Landung auf dem antarktischen Flugplatz Marambio, 18 Stunden später, verlief ebenso glatt wie die Zwischenlandung in Rio Gallegos. Nach einem Frühstück in der Behelfskantine – der Hauptteil des Stützpunkts war erst kürzlich dem Feuer zum Opfer gefallen – diskutierten wir mit dem kommandierenden Offizier und den beiden Piloten über unseren Weiterflug nach Esperanza. Kurz darauf hoben wir mit dem Flugzeug der Station, einer kleinen »Twin

Die meisten Expeditionen in die Antarktis werden mit Schiffen durchgeführt. Der deutsche Forschungseisbrecher »Polarstern« startet jedes Jahr im Oktober von Bremerhaven aus. Auf mehreren Fahrtabschnitten in antarktischen Gewässern werden vom Schiff aus Messungen und Proben gewonnen, Landexpeditionen unterstützt und die deutschen Antarktisstationen versorgt.

(Seite 22/23) Nach dem Aufbrechen des Packeises im Frühjahr werden die Umrisse der Inseln und des Festlandes wieder sichtbar. Die vielen umherdriftenden Eisschollen werden von müden Pinguinen (manchmal) zum Ausruhen genutzt.

Otter«, von Marambio wieder ab. Aus der Luft sah der Stützpunkt aus wie ein Krümel im Eis. Wir flogen über riesige Tafeleisberge entlang der Antarktischen Halbinsel nach Nordwesten. Zuweilen sah man etwas Felsgestein zwischen dem Eis, eine Insel oder das Festland, dann wieder Risse in der Eisdecke und dazwischen Wasser. Nach einer Dreiviertelstunde landeten wir auf einem Gletscher am Fuße eines Berges mit dem poetischen Namen »Monte Flora« (Blumenberg). Wir waren angekommen. Ein Rekord: Deutschland-Antarktis in nur 3 Tagen! Doch wo war die Station? Außer Eis, dem Berg und dem offenen Meer im Hintergrund war weit und breit nichts zu sehen. Da sahen wir in der Ferne einen kleinen orangen Punkt. Er entpuppte sich als Kettenraupe. Ein dahinter folgendes zweites Gefährt hatte eine Kabine, und man bat uns in dieses »Stationstaxi« einzusteigen. Die Twin Otter hob wieder ab. Wir waren am Ende der Welt. Ohne Hilfe von außen war keine Rückkehr mehr möglich.

Als die Pistenraupe mit uns den Abhang des Gletschers hinunterfuhr und langsam die Station vor uns auftauchte, mit ihren freundlichen, orangen Häusern und ihren bellenden Schlittenhunden, fühlten wir uns langsam besser. Am Ende wurde es, dank der Herzlichkeit der argentinischen Familien, fast ein zweites Zuhause...
Man hörte und roch sie schon auf der Station, und von einem kleinen Hügel aus konnten wir sie auch sehen: Adéliepinguine, soweit das Auge reichte. Die Kolonie erstreckte sich von der Station entlang der Bucht (von den Engländern auch »Hope Bay« genannt) bis zum Fuß des Monte Flora. Ein riesiges, vom Kot der Tiere rosa gefärbtes Gebiet, teilweise in dorfähnliche Unterkolonien unterteilt, vom felsigen Strand aus über eine »autobahnähnliche Pinguin-Hauptverkehrsader« zu erreichen. Eine Viertelmillion Tiere, in der Einwohnerzahl vergleichbar mit unserer Heimatstadt Kiel, der Landeshauptstadt von Schleswig-Holstein!

Auf der argentinischen Antarktisstation Esperanza sind die Bewohner – vor einer abwechslungsreichen und atemberaubenden Kulisse von 50 m hohen Tafeleisbergen – in einzelnen, mit Strom, Wasser, Zentralheizung und Telefon versorgten Häusern komfortabel untergebracht.

BORIS CULIK

BESONDERHEITEN DES PINGUINBAUPLANS

(Links) Adéliepinguine können bis 2 m hoch aus dem Wasser springen, um sich auf einer Eisscholle auszuruhen. Sie beginnen sofort damit, ihr Gefieder in Ordnung zu bringen, es mit ihrem Schnabel durchzukämmen und zu trocknen. Danach fetten sie es mit dem Öl der an der Schwanzwurzel befindlichen Bürzeldrüse ein, um es zu imprägnieren und wasserabweisend zu machen.

Antarktische Pinguine sind extrem gut an das Leben im Meer angepaßt und haben die speziellen Anforderungen an diesen extremen Lebensraum mit neuartigen Entwicklungen gemeistert. Ihre Flügel sind dünn und fest wie ein Lineal, an den Kanten scharf und ideal für das »Fliegen« im Wasser geeignet. Ihr Körper ist von kurzen, nur etwa 3 cm langen Federn dicht überzogen. Sie sind wasserabweisend und halten dicht am Körper eine isolierende Luftschicht fest. Wie alle Vögel haben Pinguine einen Schnabel, der, je nach Art, unterschiedlich ausgebildet ist und bei einigen mit einer sehr scharfen Spitze abschließt. Damit fangen sie ihre Beute, Fische und Krebstierchen, im Wasser. Wie andere Seevögel besitzen Pinguine eine »Entsalzungsanlage«, die es ihnen ermöglicht, aus salzreichem Meerwasser für ihren Körper Süßwasser herzustellen. Ihre Augen erlauben es ihnen durch eine trickreiche Konstruktion, sowohl über als auch unter Wasser scharf zu sehen. Und schließlich haben Pinguine die Fähigkeit, tief und lange zu tauchen, und das bei sparsamstem Energieverbrauch.

Perfekte Wärmedämmung

(Rechts) Dieser Eselspinguin ist soeben aus dem Wasser gekommen. Seine Körpertemperatur hat sich beim Schwimmen von 39°C auf etwa 41°C erhöht. Die Flügelunterseiten und die Füße sind noch rosa, was auf eine erhöhte Durchblutung und damit verbundene hohe Wärmeabgabe schließen läßt.

Unbegreifbar, daß die nur 4 – 5 kg leichten Adéliepinguine in der Lage sind, in den eisigen Gewässern der Antarktis bei Wassertemperaturen von –1°C zu schwimmen und an Land sogar noch wesentlich kälteren Temperaturen, bis 40°C unter Null, zu trotzen. Ein erwachsener Mensch könnte ohne Kleidung unter diesen Bedingungen nur wenige Minuten überleben, obwohl er wesentlich schwerer ist und im Vergleich zu seinem Körpergewicht eine wesent-

lich kleinere Oberfläche als ein Pinguin hat. Wie nun gelingt es den Pinguinen, ihre Körpertemperatur von 39°C in diesem lebensfeindlichen Klima aufrechtzuerhalten?

Alle Tiere erhalten die zum Leben notwendige Energie durch die Verbrennung von Nahrungsstoffen. Für die Verbrennungsvorgänge in den Zellen unseres Körpers benötigen wir Sauerstoff, der durch die Atmung in den Körper gelangt. Beim Menschen erzeugen im Ruhezustand die wichtigsten inneren Organe, das heißt Leber, Niere, Herz und Gehirn, die zusammen nur wenige Kilogramm wiegen, fast drei Viertel der gesamten Körperwärme. Diese freigesetzte Wärme wird ständig nach außen transportiert und an die Umgebung abgegeben. Die Körpertemperatur bleibt konstant, wenn die im Körper erzeugte Wärmemenge der Menge entspricht,

Auch bei Schneetreiben muß das Gefieder immer in Ordnung gehalten werden. Der Zügelpinguin im Bild beugt sich gerade weit nach hinten, um sich mit dem Schnabel ein Tröpfchen Öl aus der Bürzeldrüse zu holen.

die nach außen abgegeben wird. Wird weniger Wärme erzeugt oder mehr Wärme abgegeben, sinkt die Körpertemperatur.

Menschen und Tiere können ihren Wärmehaushalt dadurch beeinflussen, daß sie eine angenehme Umgebungstemperatur wählen, sich also nicht unnötig der Kälte aussetzen. Das ist natürlich in der Antarktis leichter gesagt als getan. Weiterhin kann die Wärmeproduktion je nach Bedarf gesenkt oder erhöht werden. Letz-

teres wird durch starke Aktivität oder durch Zittern erreicht. Schließlich, und darauf kommt es hier an, kann die Wärmeleitfähigkeit der äußeren Körperschichten (Fettgewebe und Haut) beeinflußt werden. Durch eine verstärkte oder verminderte Durchblutung oder durch ein »Aufplustern« der Haare oder Federn wird die Wärmeisolation verändert, so daß bei Hitze mehr und bei Kälte weniger Wärme den Körper verläßt.

Die Wärmeisolierung der Pinguine beruht auf ihrem Federkleid und dem unter der Haut befindlichen Fettgewebe. Die Federn bedecken den gesamten Körper und stehen so dicht, daß pro Quadratzentimeter 12 Stück von ihnen gezählt werden. Die Federn sind etwa 3 cm lang, leicht gekrümmt und tragen an der Basis einen umfangreichen Dunenanteil. Die Federspitzen überlagern einander wie Dachziegel und werden von den Tieren regelmäßig gepflegt und gefettet, so daß sie eine wasserundurchlässige Hülle bilden. Darunter bildet der Dunenteil der Federn ein wasserdichtes Unterkleid, das eine isolierende Luftschicht direkt über der Haut festhält und damit zur Erhaltung der Körperwärme beiträgt. An Land kann der Vogel das

Die Öl- oder Bürzeldrüse ist eine erbsengroße Erhebung an der Oberseite der Schwanzwurzel. Sie stellt ein Gemisch aus Ölen und Wachsen her, welches der Pflege und Erhaltung des Gefieders dient.

Der Pinguinflügel ist perfekt den Erfordernissen des Unterwasserfliegens angepaßt: Er ist schmal, kurz und sehr dünn und ähnelt einem Lineal. Damit wird der hohen Viskosität des Wassers im Vergleich zur Luft Rechnung getragen. Im Wasser fliegen Pinguine bei einer Geschwindigkeit von etwa 8 Kilometern pro Stunde. Um mit ihren Flügeln in der Luft zu fliegen, müßten sie auf 145 Kilometer pro Stunde beschleunigen.

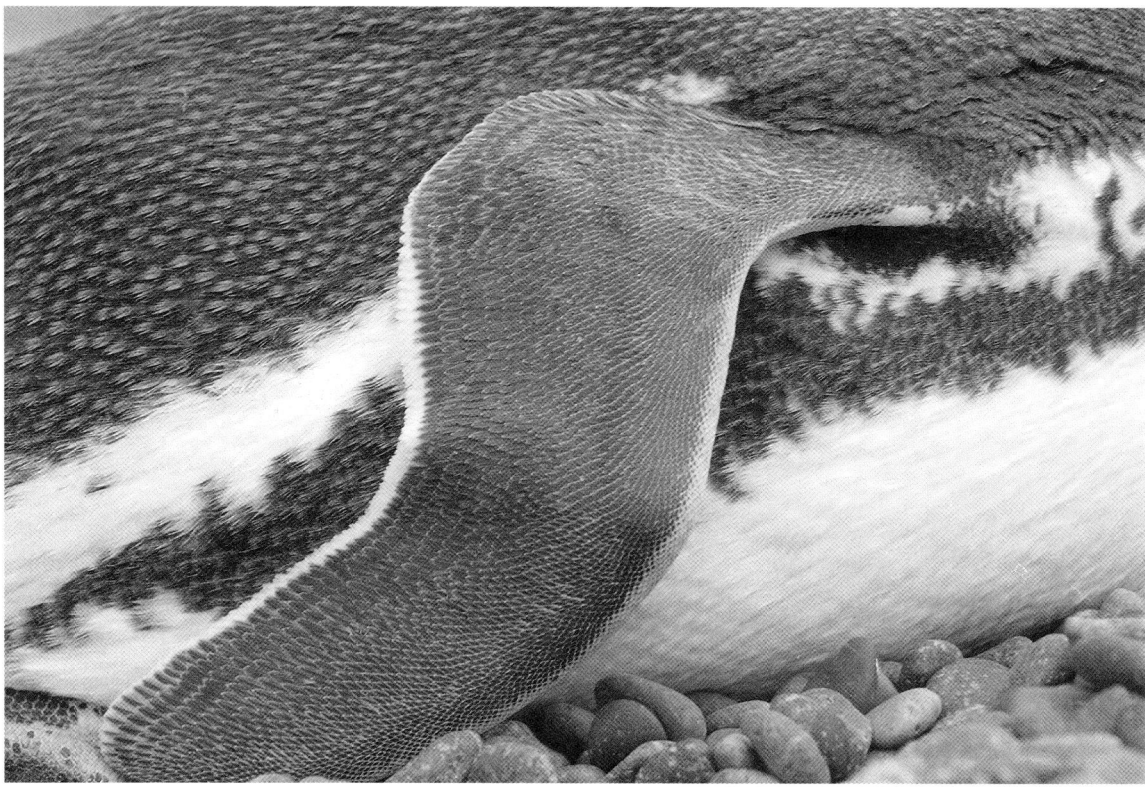

Die Federn der Pinguine sind am Körper etwa 3 cm lang, an den Flügeln jedoch kurz und sehr steif. Die Körperfedern haben an der Basis einen flauschigen Dunenanteil, die »Thermo-Unterwäsche«. An den Enden überlagern die geölten Federn einander perfekt, so daß das Wasser nicht bis auf die Haut dringen kann. Deutlich sieht man auch die hellen, fransigen Enden, die Reibungsverluste beim Schwimmen herabsetzen.

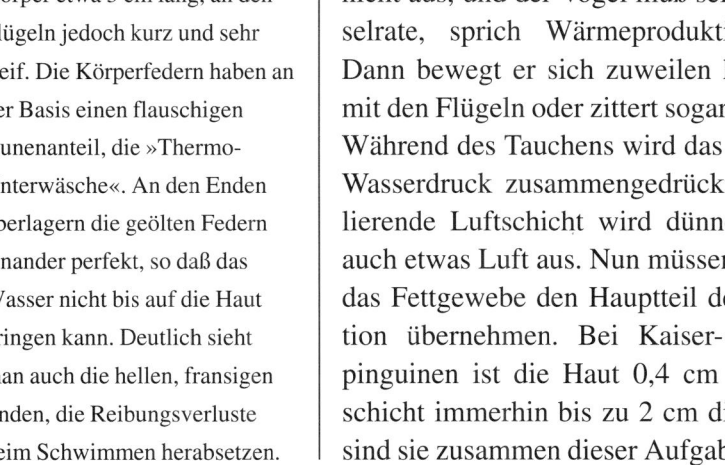

Gefieder aufrichten und damit die Isolationswirkung noch verstärken.

Bei Windstille ist die Oberfläche des Pinguins nicht wärmer als die umgebende Luft. So kann sich auf einem brütenden Pinguin Schnee ansammeln ohne zu schmelzen. Statt dem Pinguin Wärme zu entziehen, schützt der Schnee das Tier gegen den eisigen Wind und verhindert, daß zwischen Körperoberfläche und umgebender Luft ein zu großes Temperaturgefälle entsteht. Dennoch reicht das – bei sehr niedrigen Temperaturen an schneefreien Tagen oder bei hoher Windgeschwindigkeit und Nässe – oft nicht aus, und der Vogel muß seine Stoffwechselrate, sprich Wärmeproduktion, erhöhen. Dann bewegt er sich zuweilen heftig, schlägt mit den Flügeln oder zittert sogar.

Während des Tauchens wird das Gefieder vom Wasserdruck zusammengedrückt und die isolierende Luftschicht wird dünner. Dabei tritt auch etwas Luft aus. Nun müssen die Haut und das Fettgewebe den Hauptteil der Isolierfunktion übernehmen. Bei Kaiser- und Adéliepinguinen ist die Haut 0,4 cm und die Fettschicht immerhin bis zu 2 cm dick, und somit sind sie zusammen dieser Aufgabe gut gewach-

sen. Allerdings sind die Vögel im Wasser auch nicht ruhig und kühlen aus, sondern sie schwimmen aktiv umher auf ihrer Suche nach Nahrung. Durch ihre starke Aktivität wird in den Muskeln genügend Wärme erzeugt, um die Körpertemperatur aufrechtzuhalten. Diese Wärme wird vermutlich auch genutzt, um die beim Tauchen aufgenommene Nahrung von 0°C auf Körpertemperatur aufzuwärmen. Die Körpertemperatur eines Pinguins bleibt dabei

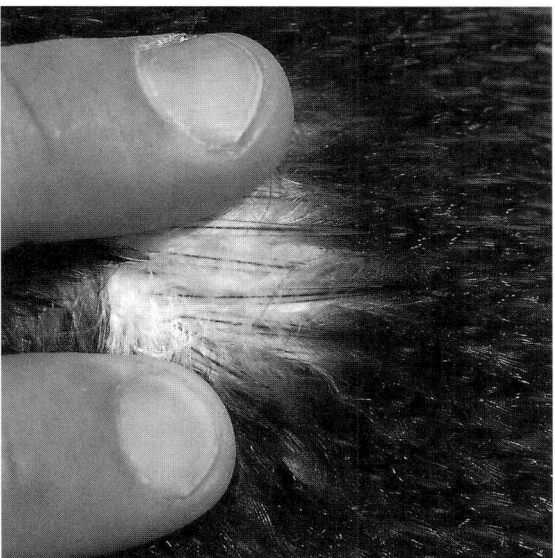

nicht so konstant wie bei uns Menschen. Sie beträgt im Mittel 39°C und kann um bis zu 3 Grad nach oben oder nach unten schwanken.

Das Eiswasser besitzt gegenüber der antarktischen Luft eine 25-fach höhere Wärmeleitfähigkeit. Einfach ausgedrückt kann ein Pinguin bei gleicher Temperatur entweder eine Minute im Wasser oder 25 Minuten an Land ausruhen: Der Wärmeverlust ist der gleiche. So scheinen es die Tiere auch zu empfinden: Messungen mit neuartigen elektronischen Geräten haben gezeigt, daß zum Beispiel Adéliepinguine nach Beendigung einer Schwimmphase das Meer verlassen, um sich fernab der Kolonie entweder auf einem Eisberg oder einem Strand zu erholen. Erstaunlicherweise ruhen sich Zügelpinguine auch im Wasser aus. Wieso sie dabei nicht erfrieren, wissen wir (noch) nicht.

Sobald sie im Trockenen sind, widmen sich die Pinguine hingebungsvoll der Pflege ihres Gefieders. Mit ihrem Schnabel fahren sie durch die Federn als hätten sie einen Kamm. Sie gehen dabei in gleichmäßigen Bahnen über den ganzen Körper und schütteln ab und zu den Kopf, um herausgekämmtes Wasser abzuschütteln. Ihr Hals ist so beweglich, daß sie mit ihrem Schnabel fast überall hinkommen. Nach jeder Bahn wird der Schnabel zur Öldrüse geführt, einer erbsengroßen Erhebung an der Schwanzwurzel. Mit leichtem Druck des Schnabels wird Öl von der Drüse an die benachbarten Federn abgegeben und auf dem Schabel verteilt, um über diesen Umweg gleichmäßig in das Gefieder eingearbeitet zu werden. Der Kopf wird gepflegt, indem das Öl vom Schnabel auf den Flügel gestreift wird und dann mit dem Flügel in die Federn auf dem Kopf einmassiert.

Das Öl der Pinguine ist ein kompliziertes Gemisch von Ölen und Wachsen, welche die Federn pflegen, vor Austrocknung schützen und wasserdicht machen. Außerdem besitzt das Öl »antifouling«-Eigenschaften, ähnlich einem

Es ist Dezember, also Hochsommer in der Antarktis. Einige Eselspinguine bebrüten noch ihre 2 Eier und liegen auf ihrem Nest, während andere halb aufrecht stehend ihre Küken vor dem eisigen Schneesturm schützen. Die Durchschnittstemperatur liegt hier, auf der Ardley-Insel, im Dezember bei plus 5°C, mit Höchsttemperaturen um 10°C und Tiefsttemperaturen um minus 6°C.

Bootsanstrich, und verhindert, daß sich Pilze, Bakterien oder Algen im Gefieder festsetzen. Dennoch kann man manchmal veraltete Pinguine an den Stränden von Galápagos oder Südafrika sehen. Vielleicht haben sie sich nicht gut gepflegt oder waren wochenlang auf See.

Das Luftpolster im Gefieder und die Fettschicht unter der Haut schützen den Pinguin so perfekt gegen die Kälte, daß er Gefahr läuft, sich bei schönem Wetter zu überhitzen. Wenn sich kein Lüftchen regt und die Sonne auf den schwarzen Frack brennt, oder wenn die Pinguine sich an Land – etwa bei einem Spießrutenlauf durch die Kolonie – lebhaft bewegen, kann die überschüssige Wärme oft nicht schnell genug abgegeben werden. Man beobachtet dann, wie die Tiere die Flügel abspreizen, um ihre Körperoberfläche zu vergrößern. Bei einigen Arten kann man sogar beobachten, wie die Unterseite der Flügel und die Füße mit warmem Blut vollgepumpt werden und sich rosa verfärben. An diesen Körperteilen ist fast keine Isolation vorhanden, die Wärme kann ungehindert abgestrahlt werden. Reicht das nicht aus, so hecheln die Pinguine, ähnlich wie Hunde, und geben dabei zusätzlich Wärme über ihre feuchten Schleimhäute ab.

Bei Kälte dagegen werden Füße und Flügel nur gering mit Blut versorgt. Ihre Temperatur ist dann nur noch um wenige Grade höher als Null, wodurch der Wärmeverlust über diese Körperteile auch im Eiswasser auf ein Mindestmaß reduziert wird. Bei den Kaiserpinguinen, die auf dem Eis stehend ihr einziges Ei ausbrüten, wird der Wärmeverlust an den Füßen aktiv reduziert. Sie berühren den eisigen Untergrund nur mit den Fersen. Die Füße ragen dabei in die Luft. Ihre Kontaktfläche mit dem Eis ist dadurch auf ein Minimum reduziert.

In Adélieland in der Ostantarktis, wo eine französische Expedition die Lebensgewohnheiten der Kaiserpinguine untersucht hat, brüten die Vögel bei Temperaturen bis zu minus 40°C und ertragen Schneestürme mit einer Windgeschwindigkeit bis zu 130 Stundenkilometern. Bei solchen Stürmen ist der Wind angefüllt mit winzigen Eiskristallen, die bei diesen Lufttemperaturen dem Körper soviel Wärme abführen wie stehende Luft bei minus 180°C! Antarktische Eisstürme sind daher die extremsten Kältebedingungen, denen warmblütige Tiere überhaupt ausgesetzt werden können. Der französische Biologe Sapin-Jaloustre schreibt: »Der Mensch ist geblendet durch die Eismaske, die sich in wenigen Sekunden auf seinem Gesicht

Keine Sorge: Dieser Adéliepinguin ist nicht tot. Bei einer Lufttemperatur von 15°C und starker Sonneneinstrahlung ist ihm nur zu warm. Er streckt alle Viere von sich, um seine Körperoberfläche zu vergrößern und so die Wärmeabgabe über Flügel und Füße zu optimieren. Gleichzeitig hechelt er, um durch Verdunstung über den Mundraum noch mehr Wärme loszuwerden.

bildet, wie gut er auch ausgerüstet sei. Sein Atem geht schwer und jede körperliche Anstrengung ist ihm unmöglich. Eine kleine Fläche nackter Haut gefriert in 40 Sekunden. Nach 50 Metern vergeht ihm Hören und Sehen, er verliert jede Orientierung und findet seine Unterkunft nicht mehr.«

Und dennoch legt das Kaiserpinguinweibchen unter solchen Bedingungen ihr einziges Ei, 450 g schwer und 11 cm lang. Es ist im Vergleich zu ihrem Körpergewicht das kleinste Ei unter den Vögeln. Liebevoll gibt sie es ab, an das nur einen Schritt vor ihr stehende Männchen, welches das Ei sofort mit dem Schnabel auf seine Füße rollt, oder richtiger »bugsiert«, und seine Brutfalte darüberstülpt. Das »Rollen« des Eies ist nämlich gar nicht so einfach, denn das Ei ist sehr spitz, damit es bei einer Unachtsamkeit nicht wegrollen kann, sondern sich nur im Kreis dreht. Dann verläßt das geschwächte Weibchen die Kolonie, um mit anderen Weibchen zum offenen Meer zu marschieren. Mitten im tiefsten Winter müssen sie dabei hundert Kilometer und mehr zurücklegen, um eine Polynia zu finden, eine vom Meereis gesäumte offene

Stelle, wo sie ins Wasser springen können. Das Männchen bleibt zurück. Zwei Monate wird es dauern, bis das Küken aus dem Ei geschlüpft ist und die Mutter mit Nahrung zurückkommt. Dann werden die Männchen ein Drittel und mehr ihres Körpergewichts verloren haben, haupsächlich Fett und Muskelgewebe, Energie die sie verbraucht haben, um ihre Körpertemperatur zu erhalten.

Der Wasserhaushalt

Die große Adéliepinguinkolonie bei der argentinischen Station Esperanza (Antarktische Halbinsel) ist im antarktischen Sommer manchmal eingeschneit. Dann kann man einige Pinguine beobachten, die Schnee fressen. Der Schnee taut aber sehr schnell weg, und dann stehen die Vögel wieder auf dem nackten Fels. Das Eis der umliegenden Gletscher können sie mit ihren Schnäbeln nicht zerkleinern, um es zu fressen. Manchmal regnet es zwar, aber die Pfützen, die sich dann bilden, sind vom Kot der Tiere verseucht, sie trinken nicht daraus. Im Meer haben die Pinguine nur Zugang zu Salzwasser. Wie verhindern Pinguine also, daß sie vertrocknen? Woraus gewinnen sie das zum Überleben notwendige Wasser? Müssen Pinguine trinken?

Der Mensch scheidet Salze mit Hilfe der Nieren aus. Über ein raffiniertes System von feinsten Gefäßen, angeordnet im Gegenstromprinzip, werden der aus dem Blut herausgefilterten Flüssigkeit je nach Bedarf Salze entzogen bzw. wieder dem Blut zugeführt. Die menschliche Niere ist jedoch nicht in der Lage, im Urin einen Salzgehalt von mehr als 2,6% anzureichern. Das ist weit weniger als der Salzgehalt des Meerwasssers, der 3,5% beträgt, wodurch erklärt wäre, wieso Menschen kein Seewasser trinken können. Ein Beispiel: Wenn ein Mensch 1 Liter Seewasser trinkt, muß er zur Ausscheidung der überschüssigen Salze 1,35 Liter Harn produzieren. Er verliert also dabei 0,35 Liter Wasser.

Die Vogelniere ist ähnlich aufgebaut wie die menschliche Niere: Vögel können über die Nie-

(Rechts) Die Antarktis ist schon lange keine »Terra Incognita« mehr. Man muß nicht unbedingt Scott oder Amundsen heißen, um den beeindruckenden 7. Kontinent zu bereisen. Die »World Discoverer« ist eines der ersten Schiffe, die kleinen Touristengruppen mit größtmöglichem Komfort und wissenschaftlicher Betreuung Zugang zum Kühlschrank der Erde ermöglichen.

(Links) Pinguine, hier ein Zügelpinguin, haben nur sehr sporadisch Zugang zu Süßwasser. Da Meerwasser mehr Salz enthält, als die Vögel über die Niere ausscheiden können, haben Seevögel ein zusätzliches Organpaar entwickelt. Die erdnußgroßen Salzdrüsen sitzen oberhalb der Augen und filtern aktiv Salz aus dem Blut. Das Sekret, etwa dreimal so salzhaltig wie Meerwasser, wird über die Nasenlöcher abgegeben und tropft dann von der Schabelspitze.

ren nicht mehr Salz abgeben, als sie mit dem Meerwasser aufnehmen würden. Da es aber 265 Arten von Meeresvögeln gibt, die nie oder nur selten Zugang zu Süßwasser haben, muß die Evolution sich hier eine Lösung ausgedacht haben.

Die Lösung heißt Salzdrüsen, ein Paar spezieller Organe zur Ausscheidung überschüssigen Salzes. Sie befinden sich bei Meeresvögeln im Kopf, oberhalb der Augen, und sind über ein Gefäß mit der Nasenhöhle verbunden. Mit ihrer Hilfe wird das überschüssige Salz wieder ausgeschieden, das nicht nur mit dem getrunkenen Meerwasser, sondern auch mit der salzreichen Kost in den Körper gelangt. Die klare Flüssigkeit, die von den Salzdrüsen produziert wird, tritt aus den Nasenlöchern aus und tropft schließlich von der Schnabelspitze ab. Wir alle kennen den Anblick von Möwen, denen ein Tropfen Flüssigkeit an der Schnabelspitze hängt. Sie leiden also nicht an Schnupfen, sondern scheiden Salze aus, um Wasser zu gewinnen. Die Salzkonzentration des Sekrets kann bei Silbermöwen bis zu 10% betragen, also rund das dreifache des Meerwassers. Obwohl Pinguine zuweilen auch Schnee fressen, können sie also auch sehr gut Seewasser trinken.

Sehen im Wasser

Sehen ist für Pinguine genauso wichtig wie für andere Vögel. Ihre Augen sind so groß, daß sich die Augäpfel im Schädel beinahe berühren. Während des Tauchens haben die Pinguine ihre Augen weit geöffnet. Sie vertrauen bei der Jagd auf ihre Sehschärfe und Lichtempfindlichkeit. Neueste Untersuchungen haben gezeigt, daß die Tauchtiefe, die Pinguine im Laufe des Tages erreichen, direkt von der Helligkeit abhängt: Mittags tauchen die Vögel viel tiefer als abends oder nachts. Königspinguine zum Beispiel ernähren sich fast ausschließlich von Hochseefischen. Diese Fische scheinen ebenfalls dem Licht zu folgen: Tagsüber wandern sie in größere Tiefen als in der Nacht. Vermutlich versuchen sie so, ihren Räubern, den Pinguinen, zu entgehen. Da die Fische aber ihre Nahrung in den oberen Wasserschichten und nicht in der Tiefe finden, können sie nicht so tief tauchen, bis sie außer Reichweite der Pinguine wären. Dies wäre für sie ein viel zu hoher Energieaufwand. Sie sind in Tiefen von 200 m und mehr zwar schwer zu erreichen, fallen den Pinguinen dort aber trotzdem noch zum Opfer.

Wenn wir im Wasser die Augen öffnen, ohne vorher eine Schwimmbrille anzulegen, sehen wir alles verschwommen. Das hängt damit zusammen, daß der Lichtbrechungsindex des Wassers anders ist als der der Luft. Unsere Augen sind so konstruiert, daß vor der Hornhaut Luft sein muß, damit wir scharf sehen können. Pinguine haben natürlich keine Taucherbrillen. Sind ihre Augen nur für das Sehen unter Wasser gebaut, oder sehen sie auch an Land scharf?

Mehrere Untersuchungen haben sich mit diesem Thema beschäftigt. Als wichtigstes Ergebnis hat sich herausgestellt, daß die Hornhaut der Pinguine weniger gewölbt ist als die anderer Vögel. Dadurch ist der Unterschied zwischen Wasser und Luft für das Pinguinauge nicht so gravierend. Der Rest wird von der Linse im Pinguinauge ausgeglichen, welche von starken Muskeln umspannt ist und in ihrer Form so weit verändert werden kann, bis das Bild wieder scharf ist. Der Nachteil dieser Konstruktionsänderung liegt darin, daß wegen der geringeren Wölbung der Hornhaut der Sehwinkel des Pinguinauges reduziert ist. Die Gesichtsfelder der beiden Augen überlappen daher nur wenig, und deshalb können Pinguine nur in einem sehr begrenzten Bereich räumlich sehen.

Im Wasser umfaßt dieses Blickfeld in der Waagerechten nur etwa einen Winkel von 17 Grad, ein schmales V vor dem Schnabel (Menschen haben an Land ein beidäugiges Gesichtsfeld von 60 Grad). Mit derart beschränktem räumlichen Sehen mangelt es den Pinguinen aber an Tiefenschärfe. Wie können Pinguine dann mit solchem Erfolg unter Wasser jagen?

Hier hat sich die Evolution offenbar ebenfalls einen Trick ausgedacht. Man hat oft beobachtet, daß Pinguine ihren Kopf drehen und ein Objekt mal mit dem einen und dann wieder mit dem anderen Auge fixieren. Offenbar können die Vögel in der Senkrechten, oberhalb des Schnabels, einen viel größeren Bereich mit beiden Augen erfassen, nämlich 80 Grad im Wasser. Demnach würden die beobachteten Kopfbewegungen dazu dienen, mit diesem Bereich des Gesichtsfeldes die Umwelt »abzutasten«, eben um räumlich sehen zu können und die genaue Entfernung zu ihrer Beute einzuschätzen.

Nachdem ein Beutetier fixiert wurde, müßte der Pinguin den Kopf so drehen, daß er die Beute in das Blickfeld des räumlich auflösenden »Zielfernrohres« oberhalb seines Schnabels bekäme, um sicher zuschnappen zu können. Dafür spricht, daß Brillenpinguine zum Beispiel ihre Beute immer von unten angreifen und Fische immer durch einen Biß in die Bauchgegend, direkt hinter den Kiemen töten.

Farben sind ein weiteres Problem im Wasser. Wer je getaucht hat oder auch nur ein Unterwasserobservatorium besuchte, wird sich erinnern, daß ab etwa 5 m Tiefe alles nur noch blau-grün gefärbt ist. Die spektakulären Farben der Jacques-Cousteau-Filme werden erst durch die unter Wasser mitgeführten Lampen sichtbar. Die roten und gelben Farbtöne des Tageslichts werden vom Wasser in den oberen Schichten herausgefiltert und verändern so die Farbzusammensetzung in der Tiefe.

Die Evolution hat auf diese veränderten Bedingungen geantwortet und keine Energie darauf verschwendet, Pinguine unter Wasser rot sehen zu lassen. An den Humboldtpinguinen Perus wurde festgestellt, daß diese Vögel zwar Farben sehen können, aber nicht im roten Bereich. Ihre größte Farbempfindlichkeit ist im blau-grünen Spektrum angesiedelt. Dies ermöglicht ihnen eine hohe Auflösung der feinsten Schattierungen in diesem Farbbereich, ungemein wichtig um blau-grüne, gut getarnte Beute gegen den blau-grünen Hintergrund auszumachen.

Die Lichtbedingungen im Wasser sind sehr viel schlechter als an Land. Zusätzlich zu der Farbveränderung kommt noch, daß das Wasser Licht schluckt. Je mehr Trübstoffe im Wasser schwimmen, desto weniger Licht kann in die Tiefe dringen. Da Pinguine aber auf Licht angewiesen sind, um Beute zu machen, müssen ihre Augen außergewöhnlich lichtempfindlich sein. Vor 25 Jahren hat ein Kollege von uns, T. C. Poulter, in Kalifornien den Versuch angestellt, ein Schwimmbecken mit toten Fischen zu besetzen und dann völlig abzudunkeln. Danach ließ er einige Pinguine ins Wasser und wartete ab, was passiert. Nach kurzer Zeit hatten die Vögel alle im Wasser befindlichen Fische gefressen. Der Forscher sah für das Ergebnis nur eine Erklärung: Die Pinguine mußten über ein Sonarsystem verfügen, ähnlich dem der Wale und Fledermäuse, um ihre Nahrung auch ohne Hilfe der Augen zu orten.

Es folgten jahrelange Untersuchungen, um die von den Pinguinen vermeintlich ausgesendeten Schallwellen zu registrieren und ihr Gehör genauestens zu untersuchen. Die Ergebnisse waren niederschmetternd und es konnten keine Beweise für die Echolottheorie erbracht werden. Vor 10 Jahren bewies Graham Martin an Humboldtpinguinen, daß sie auch noch unter den schlechtesten Lichtverhältnissen gut sehen können: Die Lichtempfindlichkeit ihrer Augen entspricht fast der nachtaktiver Vögel wie Eule oder Uhu. So hatte vermutlich eine kleine Unachtsamkeit, eine unbemerkte, weil sehr schwache Lichtquelle ausgereicht, um T. C. Poulter auf den Holzweg zu führen – ein unbekanntes Ortungssystem gibt es wohl nicht.

Das Gesicht eines Zügelpinguins, fotografiert aus der Position der Beute. Deutlich erkennt man, daß Pinguine nur in einem engen Bereich oberhalb des Schnabels mit beiden Augen gleichzeitig und somit räumlich ein Objekt sehen können.

Die auffallende Färbung der Königspinguine (links) und die Zeichnung der Brillenpinguine (rechts) erleichtert den Vögeln das gegenseitige Erkennen an der Wasseroberfläche. Sowohl über als auch unter Wasser können Pinguine, auch ohne Taucherbrille, scharf sehen.

(Unten) Eine Pelzrobbe, auch Seebär genannt, gesellt sich zu einer Gruppe Adéliepinguine, die es sich auf einer Eisscholle gemütlich gemacht hat. Wie die Pinguine kann auch die Robbe wiederholt tief und lange tauchen, ohne die bei Menschen so gefürchtete Taucherkrankheit zu bekommen.

Taucherkrankheit bei Pinguinen?

Bevor Badeschwämme aus Kunststoff auf den Markt kamen, benutzte man natürliche Schwämme, die man am Meeresboden sammelte. Der Taucher steckte dazu in einem Anzug, der mit einem schweren Helm versehen wurde, und war mit dem Schiff durch einen Schlauch verbunden. An Deck wurde mit Hilfe einer Pumpe stets Frischluft zugeführt, wodurch der Taucher mehrere Stunden am Meeresboden, in Tiefen um 20 m Schwämme ernten konnte. Aber kaum war der Taucher wieder an Deck, entwickelte er Krankheitssymptome, die in ihrer Schwere von der Tauchdauer und -tiefe abhingen und Taucherkrankheit genannt werden.

Die Taucherkrankheit, fand man später heraus, entsteht durch Gasblasen in den Geweben und im Blut, die ähnlich entstehen wie die Blasen in einer Mineralwasserflasche, wenn der Deckel abgeschraubt wird. In beiden Fällen treten Gase aus einer übersättigten Flüssigkeit aus, sobald der Außendruck vermindert wird. Bei den Blasen in der Sprudelflasche handelt es sich um Kohlensäure, im Falle der Taucherkrankheit ist es Stickstoff. Um die Taucherkrankheit zu verhindern, müssen Sporttaucher peinlichst darauf achten, daß sie beim Aufstieg in den vorgesehenen Tiefen Pausen einlegen, um den Stickstoff in ihren Geweben wieder abzubauen. Bei Berufstauchern werden hierfür Kompressionskammern verwendet, in denen die Taucher nach einem längeren Einsatz in großen Tiefen langsam wieder auf Normaldruck gebracht werden. Diese sogenannte Dekompression kann Tage dauern.

Die Tiefe, bis zu der ein Mensch mit Geräten tauchen kann, wird auch durch die narkotisierende Wirkung des Stickstoffs begrenzt. Es dauert zwar einige Zeit, bis die Wirkung einsetzt, aber jenseits von 100 m Tiefe kann aufgrund dieser Gefahr keine normale Atemluft mehr für Tauchgänge eingesetzt werden. Unter einem Druck von mehreren Atmosphären hat Stickstoff eine ähnliche Wirkung wie das in der Anästhesie eingesetzte Lachgas. Es kommt zum Tiefenrausch, der Taucher verliert Orientierung und Zeitgefühl, fühlt sich unverwundbar und wird zur Gefahr für sich selbst und seine Kameraden.

Nun tauchen Pinguine nicht mit Flaschen oder führen Tauchhelme mit sich. Dennoch trifft das oben Gesagte auch für Taucher ohne Atemgerät zu, wie folgende Begebenheit, die von dem Physiologen Knut Schmidt-Nielsen berichtet wurde, beweist: »Ein dänischer Arzt untersuchte Unterwasser-Rettungstechniken in einem 20 m tiefen Tauchtank. Er benutzte hierfür die sogenannte Falltechnik, in der ein Schwimmer sich von der Oberfläche abstößt. Nach 2–3 m Tiefe ist sein Brustkorb so zusammengepreßt, daß er danach weiterhin und mit erhöhter Geschwindigkeit absinkt. Nach 5 Versuchsstunden und 60 Tauchgängen, in denen sich der Schwimmer jeweils 2 Minuten am Boden aufgehalten hatte, entwickelte er die typischen Symptome: Gelenkschmerzen, Atembeschwerden, Sehbeschwerden und Bauchschmerzen. Er wurde sofort in eine Kompressionskammer überführt und der Druck auf 6 Atmosphären (entspricht 50 m Wassertiefe) erhöht, woraufhin sich seine Beschwerden schnell besserten. Er wurde dann innerhalb von 20 Stunden auf Normaldruck gebracht und war danach völlig beschwerdenfrei.«

Wenn ein Mensch also die Taucherkrankheit von wiederholten Tauchgängen bekommt, bei denen er die Luft anhält, wie können dann Pinguine diese Gefahr umgehen? Immerhin konnten wir zeigen, daß Zügelpinguine auch 6 Stunden lang immer wieder bis in Tiefen von 120 m tauchen und das offensichtlich ohne Beschwerden. Es gibt drei Möglichkeiten zur Vermeidung der Krankheit: Die Pinguine könnten »immun« gegen Gasbläschen sein, sie könnten einen Mechanismus besitzen, wodurch Gasbläschen auch bei Übersättigung nicht entstehen, oder sie könnten die Übersättigung einfach umgehen. Untersuchungsergebnisse an Robben und Walen zum Beispiel deuten auf letzteres hin.

Wale und Robben atmen vor einem Tauchgang aus. Sie führen also keine Luft in ihren Lungen mit sich, aus der sich bei erhöhtem Außendruck Stickstoff im Blut lösen könnte. Allerdings,

Der Galápagospinguin hat an der Wasseroberfläche die Luftsäcke mit Luft gefüllt, um ausreichend Sauerstoff für seinen Tauchgang zur Verfügung zu haben. Bisher ist unklar, ob diese Luft während des Tauchens über die Lungen geführt wird und wie dabei verhindert wird, daß sich Stickstoff im Blut löst. Aus dem vom Wasserdruck zusammengepreßten Gefieder treten Luftblasen aus.

Obwohl Pinguine unter Wasser aktiv schwimmen, erhöht sich dabei nicht ihr Puls. Im Gegenteil: die Herzschlagrate nimmt ab, da die Vögel beim Tauchen Sauerstoff einsparen, indem sie nur noch die wichtigsten Organe mit Blut versorgen. Erst kurz vor dem Auftauchen werden alle »Ventile« wieder geöffnet, um den Gasaustausch zu optimieren: Der Puls steigt dann extrem an.

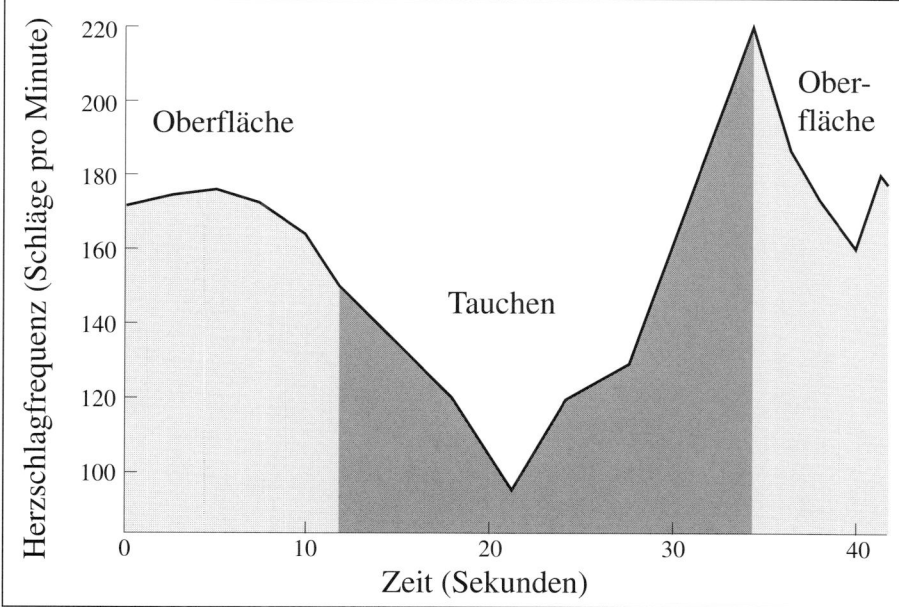

wird man einwenden, verbleibt immer ein Anteil Restluft. Das Problem wird also nur herausgezögert. Bei Walen und Robben wird diese Restluft aber aus der Lunge während des Abtauchens herausgedrückt. Ihr Brustkorb ist nicht starr wie bei uns Menschen, sondern flexibel und komprimierbar. Die Restluft kann sich daher in den oberen Luftwegen sammeln und dort findet keine Gasaufnahme statt: Die Luftröhre und die Bronchien sind mit Knorpeln verstärkt, bieten eine geringe Oberfläche und sind kaum durchblutet.

Leider gilt diese Erklärung nicht für Pinguine. Im Gegensatz zu den Meeressäugern atmen sie vor einem Tauchgang ein, nicht aus. Statt das Gasvolumen vor dem Tauchgang zu vermindern, erhöhen sie es noch. Zum Vergleich: Eselspinguine führen während des Tauchens 160 ml Luft pro Kilogramm Körpergewicht mit sich, bei Menschen sind es 70 und bei Robben sind es nur 20 bis 40. Pinguine müßten also noch mehr an der Taucherkrankheit leiden als wir Menschen.

Bei Vögeln ist die Lunge jedoch ganz anders konstruiert: Sie besteht nicht, wie bei Säugetieren, aus immer feiner werdenden Verästelungen, an deren Enden sich dann die Lungensäckchen befinden. Stattdessen haben Vögel in ihren Lungen ein komplizertes System von Luftkanälchen, die nicht blind enden, sondern an beiden Enden mit einem System von weit in den Körper reichenden Luftsäcken verbunden sind. Während der Atmung wird ein Teilstrom der Luft sowohl beim Ein- als auch beim Ausatmen über die Lunge geführt. Dieses Atmungssystem ist im Tierreich einzigartig. Anatomen und Physiologen sind sich mittlerweile darüber einig, daß die Funktion der Luftsäcke die ist, einen hohen Austausch von Sauerstoff und Kohlendioxyd in der Lunge zu erreichen. Der Luftstrom in der aufgrund ihrer Effektivität sehr kleinen Vogellunge fließt stets in dieselbe Richtung und wird konstant aufrechterhalten. Dieses System bietet Vögeln große Vorteile bei der Sauerstoffaufnahme. An Zwergpinguinen Australiens hat man herausgefunden, daß diese bei Ruhe der Atemluft 50% des Sauerstoffs entziehen. Andere Vögel kommen da nur auf 30% und Säuger, wir Menschen eingeschlossen, entziehen der Atemluft lediglich 15% Sauerstoff. Zwergpinguine und ihre Verwandten sind daher in der Lage, nach einem Tauchgang in sehr kurzer Zeit ihre Sauerstoffvorräte wieder aufzufüllen. Wie aber funktioniert dieses effiziente System unter Wasser?

Taucht der Pinguin ab, so befindet sich die mitgeführte Luft nicht in den Lungen, deren Volumen sehr klein ist, sondern in den Luftsäcken. Dort findet, ähnlich wie bei den Luftwegen der Meeressäuger, keine nennenswerte Gasaufnahme statt. Leider wird die Geschichte dadurch kompliziert, daß zum einen der Brustkorb der Pinguine nicht komprimierbar ist, also theoretisch die Möglichkeit besteht, daß die Luft während des Tauchgangs wieder in die Lunge gelangt. Zum anderen wird nach Berechnungen des Physiologen Gerald Kooyman diese Luft während des Tauchens als Sauerstofflieferant gebraucht, muß also mit den Lungen in Berührung kommen. Er hat herausgefunden, daß Pinguine die für das Schwimmen unter Wasser benötigte Energie zwar ohne Schwierigkeiten bereitstellen können, aber nicht genügend Sauerstoff in ihrem Blut und ihren Muskeln mitführen, um diese Energie in ihren Zellen auch freizusetzen. Um dies zu gewährleisten, müßte demnach auch während des Tauchens ein Gasaustausch in der Lunge stattfinden.

Tauchende Tiere, Pinguine sind hier keine Ausnahme, haben aber eine Reihe von Anpassungen entwickelt, um Sauerstoff zu sparen. Obwohl die Tiere unter Wasser aktiv schwimmen, ist ihre Pulsrate herabgesetzt. Ihr Herz schlägt weniger oft als an der Wasseroberfläche. Aufgrund von Untersuchungen an Robben wird angenommen, daß die Hauptabnehmer des Sauerstoffs, die Schwimmuskeln, nur noch schwach mit Blut versorgt werden. Stattdessen würde das Blut nur noch in den wichtigsten Organen Gehirn, Herz und Lunge kreisen, die ohne konstante Sauerstoffzufuhr Schaden nehmen würden. Der Sauerstoff, der für den Antrieb verbraucht wird, würde größtenteils aus dem Muskelgewebe selbst geliefert. Bei Pinguinen sind die Brustmuskeln fast schwarz von eingelagertem, sehr eisenhaltigem Blutfarbstoff (Myoglobin). Wieviel Blut aber tatsächlich noch während des Tauchens in die Muskeln fließt und ob tauchende Pinguine ihren Stoffwechsel drosseln können, ihre anderen Organe also in den »Schlaf schicken«, um Sauerstoff zu sparen, ist nicht bekannt.

Auf diesem Gebiet der Tauchphysiologie sind also noch einige Fragen offen. Vielleicht gibt es Ventile zwischen Luftsäcken und Lunge, die den unkontrollierten Rückstrom der Luft zur Lunge verhindern, um so der Taucherkrankheit zu entgehen. Möglicherweise hat Kooyman

Wie ein Vogel in der Luft, so fliegt dieser Galápagospinguin unter Wasser. Seine Flügel befinden sich gerade im Aufschlag, die Vorderkante zeigt nach oben. Im Gegensatz zu fliegenden Vögeln erzeugen die Pinguinflügel auch in dieser Phase des »Fluges« Vortrieb.

Die Hauptnahrung aller antarktischen Pinguine ist der Krill. Krill, hier die Leuchtgarnele *Euphausia superba*, ernährt sich von kleinsten Tieren und Pflanzen, dem Plankton, und bildet Schwärme, deren Durchmesser mehrere Kilometer erreichen können.

auch einen zu hohen Energieverbrauch und daher zu hohen Sauerstoffbedarf bei schwimmenden Pinguinen angenommen. Unsere Forschungsergebnisse haben jedenfalls gezeigt, daß der Energieverbrauch der Pinguine im Wasser wesentlich geringer ist, als früher vermutet wurde. Der in ihren Luftsäcken gespeicherte Sauerstoff wäre demnach nur ein Notvorrat. Sie würden ihn nur gebrauchen, wenn sie zum Beispiel durch Eis am Auftauchen gehindert würden.

Stromlinienförmiger Körperbau

Die Familie der *Spheniscidae* (Pinguine) verdankt ihren Namen der Keilform ihres Körpers und ihrer Flügel. Unser Berliner Kollege Rudolf Bannasch befaßt sich schon seit längerer Zeit mit dem Strömungswiderstand dieser Tiere im Wasser. Im Versuchskanal des Instituts für Wasserbau und Schiffbau in Berlin, in dem sonst Schiffsmodelle vermessen werden, um die optimale Form für Neubauten zu ermitteln, konnte er zeigen, daß der Strömungswiderstand eines Pinguins dreimal geringer ist als der eines modernen U-Boots. Sein Strömungswiderstandsbeiwert (eine dimensionslose Größe), auch C_W-Wert genannt, beträgt nur etwa 0,03. Ein windschnittiger Sportwagen hat einen zehnmal höheren Luftwiderstand, nämlich einen C_W-Wert von 0,3. Aufgrund dieser Meß-

ergebnisse erwarteten wir, daß Pinguine während des Schwimmens extrem wenig Energie verbrauchen müßten.

Wir wollten es genau wissen und bauten auf der argentinischen Station Esperanza einen 21 m langen Wasserkanal auf, der es uns erlauben sollte, den Energieverbrauch schwimmender Pinguine direkt vor Ort am lebenden Tier zu messen und ihre Flugbewegungen unter Wasser zu filmen. Wie sich herausstellte, verbraucht ein schwimmender Adéliepinguin bei einer normalen Reisegeschwindigkeit von 8 Kilometern pro Stunde nur etwa 60 Watt, also soviel wie eine normale Glühbirne.

Die Hauptnahrung der Adéliepinguine ist Krill, eine in der Antarktis in großen Schwärmen vorkommende Leuchtgarnele. In Größe und Aussehen ist ein Krill vergleichbar mit einer Nordseekrabbe. Umgerechnet in diese »Energie-Währung«, die für den Adéliepinguin sehr viel mehr Sinn ergibt als das abstrakte »Watt«, benötigt er zum Schwimmen 10 Gramm Krill pro Kilometer. In den Magen eines Adéliepinguins passen ungefähr 1200 Gramm. Eine »Füllung« reicht also für maximal 120 Kilometer. Wie kommt dieser extrem niedrige Energieverbrauch zustande? Wieso ist der Antrieb der Pinguine so effektiv?

Die Körperform der Pinguine entspricht beinahe der einer idealen Spindel und gleicht dabei in der Form einem U-Boot oder einem Zeppelin. Im Gegensatz zu diesen ist der Pinguinkör-

Beinahe mühelos gleitet ein Galápagospinguin durch das Wasser. Seine Höchstgeschwindigkeit liegt mit 15 Kilometern pro Stunde doppelt so hoch wie die eines menschlichen Athleten beim Freistil. Der Fischschwarm vor ihm ist etwas in Unordnung geraten, schwimmt hinter ihm jedoch wieder in Formation.

per aber nicht gleichmäßig breit über seine gesamte Länge, sondern weist eine Wellenstruktur auf. Nach dem schmalen Schnabel kommt der abgerundete breite Kopf, dann wieder der etwas dünnere Hals gefolgt vom dicken Körper. In Zusammenhang mit den Federn scheint dieser Körperbau dafür zu sorgen, daß die Strömung am Körper eng anliegt und nicht zu früh abreißt. Das bedeutet, daß sich keine störenden und bremsenden Wirbel ausbilden, die den schwimmenden Pinguin stark abbremsen würden.

Wer je einem Pinguin oder einer Robbe beim Schwimmen zugesehen hat, weiß, mit wie wenig Anstrengung diese Tiere ihre Geschwindigkeit im Wasser beibehalten. Sie schlagen einmal kurz mit den Flossen und gleiten danach mühelos und ohne auch nur die Wasseroberfläche zu kräuseln dahin. Im Vergleich dazu ein menschlicher Schwimmer, der im Freistil sein Äußerstes gibt, um einen Wettkampf zu gewinnen: eine Energieverschwendung ohnegleichen. Das Wasser spritzt in alle Richtungen und sobald er aufhört sich abzumühen, bleibt er schon nach ein paar Metern stehen. Der Mensch schafft gerade einmal 2 Meter pro Sekunde (oder 7,2 km/h). Der Adéliepinguin erreicht dagegen mehr als das Doppelte. In Körperlängen ausgedrückt, ist ein Pinguin im Wasser sogar siebenmal schneller als ein Mensch!

Der Motor

Obwohl der Bauplan eines Pinguinflügels bzw. einer Pinguinflosse dem eines fliegenden Vogels ähnelt, sind die Knochen massiv, kurz und abgeflacht. Dies ergibt im Vergleich zu fliegenden Vögeln ein steifes Paddel mit wenig Beweglichkeit im Handgelenk. Die Flügel sind mit sehr kurzen, steifen Federn überzogen, die von den Naturforschern früherer Zeiten mit Schuppen verwechselt wurden. Im Gegensatz zu den Körperfedern sind die Federn der Flügel nicht wasserdicht, sonst wären die Flügel zu dick. Aufgrund der geringen Durchblutung der Flügel ist es auch nicht erforderlich, diese gegen Wärmeverlust zu isolieren. Außerdem sind

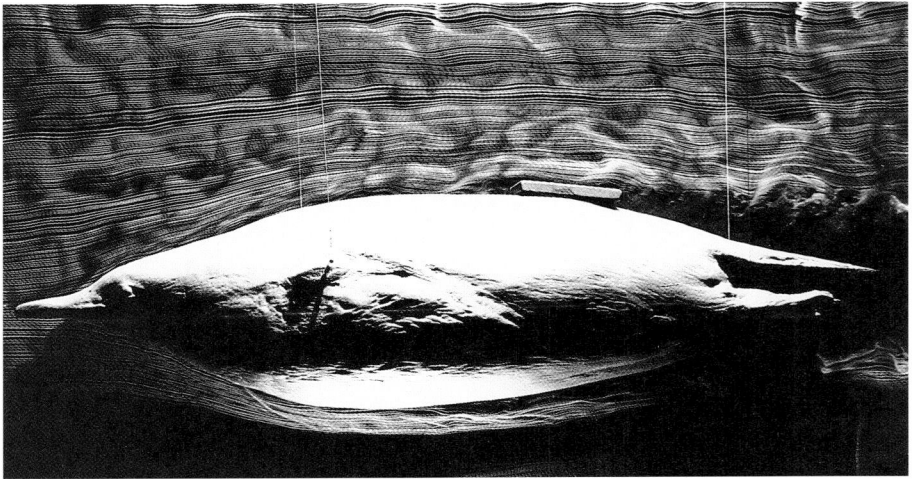

die Flügel und Füße der Pinguine die einzigen Oberflächen, an denen die Tiere überschüssige Wärme abgeben können (siehe S. 31).

Der Antrieb der Flügel und gleichzeitig das auffallendste Merkmal der Vogelanatomie ist die kräftige Brustmuskulatur. Sie ist aus zwei Muskeln zusammengesetzt, die übereinander liegen. Der große Brustmuskel (Pectoralis) auf der Außenseite zieht den Flügel hinunter, während der kleine Brustmuskel (Supracoracoideus) den Flügel mit Hilfe einer Sehne, die über das Schultergelenk geht wie ein Seil über einen Flaschenzug, wieder hochzieht. Der Vorteil dieser Muskelanordnung gegenüber einer umfangreichen Schultermuskulatur zum Heben des Flügels ist, daß die Hauptmuskelmasse und somit der Schwerpunkt des Pinguins weit unten am Körper liegt, wodurch die Stabilität während des Unterwasserfluges verbessert wird. Beide Brustmuskeln sind am Brustbein mit seinem Kiel verankert, welcher auch beide Muskeln voneinander trennt, damit sie sich nicht gegenseitig behindern. Um zu verhindern, daß der Körper in sich zusammenbricht und die Organe gequetscht werden, wenn sich die mächtigen Brustmuskeln zusammenziehen, ist der Brustkorb mit Streben verstärkt und starr.

Bei fliegenden Vögeln leistet der große Brustmuskel die meiste Arbeit: Er zieht den Flügel nach unten und liefert dadurch den Auftrieb und den Vortrieb zum Fliegen. Der Aufschlag der Flügel wird größtenteils passiv durch die Luftströmung erzielt. Bei Pinguinen sieht der Flügelschlag unter Wasser ähnlich aus wie bei flie-

Die perfekte Stromlinienform der Pinguine (Cw = 0,03) wird erst im Rauchwindkanal deutlich. Die parallelen Linien zeigen an, daß hier die Strömung eng am Modell anliegt. Erst weit hinten bildet sich eine bremsende Wirbelschleppe aus. Dieser Bereich eignet sich daher optimal für das Anbringen von Meßgeräten, sogenannten Fahrtenschreibern, am Pinguin in der freien Natur: durch das Gerät bedingte Reibungsverluste sind hier am geringsten.

genden Vögeln. Doch im Gegensatz zu ihren luftigen Verwandten setzen die Pinguine ihre Muskelkraft sowohl beim Ab- als auch beim Aufschlag ein, um ihren Körper im Wasser zu beschleunigen. Ihr »kleiner« Brustmuskel ist daher sehr gut ausgebildet. Diese Art des Antriebs ist natürlich äußerst effektiv. Wenn ein Pinguin beschleunigt, hat ein Fisch keine Chance mehr zu entkommen.

Optimal ausgerüstet zum Beutefang

Vögel haben keine Zähne, und Pinguine fangen ihre Beute, indem sie sie mit ihrem Schnabel ergreifen und festhalten. Der Kopf der Vögel ist mit dem starren Brustkorb über eine lange Reihe sehr beweglicher Wirbel verbunden. Belinda Cannell hat in Melbourne (Australien) ein Schwimmbecken aufgebaut, um zu filmen, wie Zwergpinguine Fische fangen. Sie sind dabei so wendig, daß sie jede Bewegung des flüchtenden Fisches mitmachen. Meistens erwischen sie ihre Beute, nachdem sie einen Haken geschlagen hat. Wenn der Fisch schon

Vögel haben keine Zähne, und Pinguine bilden hier keine Ausnahme. Dennoch ist ihr Schnabel bestens für den Beutefang ausgerüstet: Ein spitzer Haken an seinem Ende und scharfe Seiten ermöglichen das Festhalten und Töten der rutschigen Beute. Damit die Fische beim Schlucken nicht wieder entkommen, werden sie von Fortsätzen an Zunge und Gaumen nur in eine Richtung gelassen: in den Magen.

beinahe in entgegengesetzter Richtung an den Füßen des Pinguins vorbeigeschwommen ist, dreht dieser sich blitzartig herum, um ihn mit einer schnellen Kopfbewegung doch noch zu packen.

Der Schnabel der Pinguine hat ein Knochengerüst, das von den Kieferknochen gebildet wird. Darüber befinden sich mehrere eng sitzende Hornplatten aus Keratin, dem gleichen Material, aus dem unsere Fingernägel und unsere Haare bestehen. Dieser Schnabelaufbau ähnelt dem der Albatrosse und deren Verwandten und unterscheidet sich von dem anderer Vögel, deren Kiefer nur mit einer einfachen Hornschicht überzogen sind. Am Ende des Schabels befindet sich bei vielen Arten ein gut ausgebildeter Haken, und die Schneidekanten des Schnabels sind sehr scharf. Diese Anpassungen ermöglichen das Festhalten und Töten rutschiger Beute. Auf ihrer Zunge und ihrem Gaumen besitzen alle Pinguine nach hinten gerichtete Fortsätze. Diese steifen Strukturen übernehmen die gleiche Funktion wie Widerhaken und verhindern, daß sich ihre Beute wieder befreit. Ein einmal gefangener Krill kann in diesem Schnabel nur in eine Richtung: in den Magen.

Da Pinguine keine Zähne haben, müssen sie ihre Nahrung als Ganzes verschlucken. Dazu müssen große Fische erst einmal in die richtige Lage gebracht werden. Die Beute wird vom Pinguin mit eckigen Kopfbewegungen Kopf voran in den Schlund manövriert, um ein Verhaken von Flossen und Stacheln zu verhindern. Der Schlund kann dabei sehr weit geöffnet werden, da sogar der Oberkiefer hochgeklappt werden kann. Ein nur 30 cm großer Zwergpinguin kann auf diese Weise bis zu 20 cm lange Fische verschlucken!

Die Anpassungen der Pinguine an ihren Lebensraum, das Meer, sind vielfältig, einfallsreich und kompliziert. Sie ermöglichen es ihnen erst, sich im Meer gegenüber anderen Tieren, die schon wesentlich länger diesen Lebensraum für sich beanspruchen, zu behaupten. Nachdem wir nun einige dieser Fähigkeiten kennengelernt haben, wird es langsam Zeit, daß uns die Hauptdarsteller endlich vorgestellt werden. Vorhang auf!

BORIS CULIK

VON »A« WIE ADÉLIE-
BIS »Z« WIE ZÜGELPINGUIN

Im Laufe der Evolution entfremdeten sich die Pinguine durch immer umfangreichere Bauplanänderungen von ihren Vorfahren, von den primitiven Urvögeln und von der Mehrheit der heute lebenden Vögel. Irgendwie hat sich eine Legende erhalten, daß Pinguine primitive Vögel wären oder sogar die ursprünglichsten aller heute lebenden Vögel. Dies ist einfach falsch. Sie gehören zu den spezialisiertesten aller heute lebenden oder mittlerweile ausgestorbenen Vögeln. Sie leben überall auf der Südhalbkugel der Erde, in den unterschiedlichsten Lebensräumen. Unsere Standardvorstellung von schwarzweißen Adélie- oder Kaiserpinguinen vor einer Kulisse aus Gletschereis wird dieser Tiergruppe nicht gerecht. Wir müssen uns auch Pinguine in hohem Gras vorstellen, Pinguine in Erdhöhlen, Zwergpinguine, nachtaktive Pinguine, Schopf-

pinguine mit schreiend-gelben Irokesenfrisuren und sogar Pinguine, die ihre Nester in den untersten Zweigen im Urwald von Neuseeland errichten. So gesehen sind die Kaiserpinguine der Antarktis nicht mehr und nicht weniger beispielhaft für diese Vögel wie die Galápagospinguine auf den Lavafelsen am Äquator.

Im Laufe der Evolution haben sich Tiere und Pflanzen weiterentwickelt, an veränderte Umweltbedingungen angepaßt und neue Lebensräume erobert. Dabei kam es immer wieder vor, daß Angehörige einer Art getrennt wurden, oder daß sehr entfernte Orte nur einmal von einer Art kolonisiert wurden. Ein Beispiel hierfür wäre die Kolonisierung der Galápagosinseln durch Pinguine vom südamerikanischen Festland. Die nunmehr getrennt lebenden Populationen in Südamerika und auf Galápagos waren

(Rechts) Der Kaiserpinguinvater trägt sein Küken frostsicher auf den Füßen, nur einen Zentimeter über dem Eis. Gewärmt wird es durch die gut durchblutete Bauchfalte. Bis zur Rückkehr der Mutter, die schon seit 2 Monaten auf See ist, kann es nun nicht mehr lange dauern.

(Links) Kein Südseetraum, sondern Pinguinland, genauer gesagt Fjordland auf der Südinsel Neuseelands. Der Milford Sound ist der erste einer Reihe von Fjorden, in denen die Dickschnabelpinguine (englisch: Fjordland penguins) zu Hause sind.

natürlich weiterhin den unterschiedlichen evolutionären Prozessen in ihrer eigenen Umwelt unterworfen. Über kurz oder lang fanden sie die jeweilige Antwort an diese Herausforderungen und entwickelten sich daher voneinander weg. Ein Austausch zwischen den ehemals zur gleichen Art gehörenden Organismen fand nicht mehr statt. Der Prozeß der Artenbildung setzte ein.

Obwohl dies für den Betrachter auf den ersten Blick unverständlich sein mag, führen verschiedene Arten ein völlig unterschiedliches Leben und das im wahrsten Sinne des Wortes. In den gemischten Kolonien von Adélie-, Zügel- und Eselspinguinen auf der Antarktischen Halbinsel findet zwischen den Arten kein »Partnertausch« statt. Bei anderen Arten, wie zum Beispiel den eng verwandten Brillen-, Humboldt- und Magellanpinguinen kann die Not schon mal Männchen und Weibchen verschiedener Arten zusammenbringen. Dies geschieht meist nur in Zoos. Die genetischen Unterschiede, also die Unterschiede zwischen den in Ei und Sperma gespeicherten Bauplänen, sind so gravierend, daß aus der Verbindung verschiedener Arten entweder überhaupt keine befruchteten Eier entstehen, oder aber Pinguine, die ihrerseits unfruchtbar sind. Das gleiche gilt zum Beispiel auch für die Kreuzung zwischen einer Eselin und einem Pferd, den Maulesel. Verschiedene Arten sind also nicht mit Rassen zu vergleichen. Bei Rassen, zum Beispiel bei verschiedenen Hunderassen, ist eine Kreuzung ja bekannterweise möglich und führt zu fruchtbaren, normalen Jungen.

Unter den Vögeln, die sich in ihrer Umwelt hauptsächlich visuell, also mit den Augen orientieren, ist es wie bei anderen Organismen natürlich sehr wichtig, daß sich Angehörige einer Art erkennen. Mit den Angehörigen der gleichen Art kann man jagen, Brutkolonien gründen und Junge aufziehen, während man mit anderen Pinguinen meist nur Ärger bekommt. Ich erinnere mich deutlich an einen Zügelpinguin, der allein in eine ungefähr 50 Nester zählende Adéliepinguinkolonie einmarschierte. Er pflanzte sich in der Mitte der Kolonie auf und

wer immer ihm zu nahe kam, bezog Prügel von seinen schmalen, scharfen Flügeln.

Pinguine erkennen die Angehörigen der gleichen Art hauptsächlich an der charakteristischen Zeichnung von Kopf und Oberkörper. Diese Merkmale sind auch an der Wasseroberfläche leicht zu erkennen. Verwandte Pinguinarten, die sich erst vor relativ kurzer Zeit in ihrer Entwicklung voneinander getrennt haben, haben ähnliche Zeichnungen. In der Klassifizierung der Pinguine unterscheidet man zunächst 6 Gattungen, unter denen die jeweils verwandten Arten zusammengefaßt sind. Eine Art kann weiterhin in Unterarten aufgeteilt sein. Sie verbindet eine größere Ähnlichkeit miteinander als verwandte Arten einer Gattung. Bei ihnen ist eine Kreuzung zwar selten, aber noch möglich. Bei den Pinguinen wird zur Zeit nur eine Unterart des Zwergpinguins, der Weißflügelpinguin anerkannt. Hier zur besseren Übersicht eine Zusammenstellung aller Pinguinarten:

Das Baby der Kaiserpinguine ist das Hübscheste, mit seinem kuscheligen Flaum, seinem schwarzen Köpfchen und seinen weißen Ringen um die Augen. Kein Wunder also, daß es mittlerweile in keinem Plüschtierzoo mehr fehlt.

Gattung *Aptenodytes*

Aptenodytes forsteri	Kaiserpinguin
Aptenodytes patagonicus	Königspinguin

Gattung *Pygoscelis*

Pygoscelis adeliae	Adéliepinguin
Pygoscelis antarctica	Zügelpinguin
Pygoscelis papua	Eselspinguin

Gattung *Megadyptes*

Megadyptes antipodes	Gelbaugenpinguin

Gattung *Spheniscus*

Spheniscus magellanicus	Magellanpinguin
Spheniscus humboldti	Humboldtpinguin
Spheniscus mendiculus	Galápagospinguin
Spheniscus demersus	Brillenpinguin

Gattung *Eudyptes*

Eudyptes chrysolophus	Macaronipinguin
Eudyptes chrysolophus schlegeli	Haubenpinguin
Eudyptes crestatus	Felsenpinguin
Eudyptes sclateri	Kronenpinguin
Eudyptes pachyrhynchus	Dickschnabelpinguin
Eudyptes robustus	Snares-Dickschnabelpinguin

Gattung *Eudyptula*

Eudyptula minor	Zwergpinguin
Eudyptula minor albosignata	Weißflügelpinguin

Kaiserpinguin

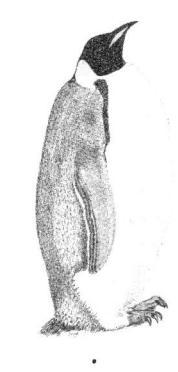

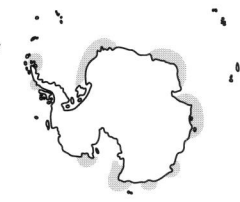

Kaiserpinguin

Der Kaiserpinguin ist der größte unter den Pinguinen und erreicht eine Höhe von 100 cm, hat also die Körpergröße eines 4-jährigen Kindes und mit 30–40 kg auch sein Gewicht. Zusammen mit dem Adéliepinguin lebt er am weitesten südlich, weiter südlich noch als der Polarkreis. Das klassische Bild der Kaiserpinguine ist eines, auf dem die Vögel einzeln oder in engen Gruppen herumstehen, beinahe bewegungslos, bei Temperaturen bis zu 40°C unter Null, mitten im antarktischen Winter. Im Gegensatz zu den Königspinguinen tragen sie nur eine schwach-orange Färbung auf dem Hals. Sie sehen sehr majestätisch aus, wenn sie so ruhig dastehen. Dies ist natürlich eine weitere Anpassung an das Leben unter extremen Bedingungen: Je weniger man sich bewegt, desto weniger Energie verbraucht man. Und diese Energie ist im sonnenlosen antarktischen Winter, den sich die Kaiserpinguine zum Brüten ausge-

sucht haben, lebenswichtig: Sie können nicht im Sommer brüten, wie ihre kleinen Verwandten, sondern müssen bereits im Winter (Mai bis Juni) damit beginnen, damit ihre Küken bis zum Hochsommer (Januar), 7 Monate später, genug Zeit haben, um ihre beachtliche Größe zu erreichen und »flügge« zu werden. Doch sie sind keine Snobs, diese Kaiser. Im Gegenteil. Kaiserpinguine stellen unter den Pinguinen die geringsten Ansprüche an ein eigenes Territorium. Kein Wunder. Auch das spart Energie: Je weniger Körperoberfläche man dem eisigen Wind aussetzt, desto weniger Wärme geht einem verloren. Man geht also auf Tuchfühlung mit seinem Nachbar. Denn, wie James Gorman sagen würde: »Wo der Kaiserpinguin lebt, ist immer Stromausfall«.

Dennoch verlieren Kaiserpinguinmännchen während der 2 Monate dauernden Brutphase über ein Drittel ihres Körpergewichts. Ihre Weibchen haben nach der Eiablage die Brutkolonie verlassen und sind ins Meer zurückgekehrt, um sich für ihre »Schicht« bei den Küken genügend Speck anzulegen. Während im Körper der Männchen zunächst nur Körperfett abgebaut wird, wird gegen Ende der Fastenzeit auf Muskelsubstanz umgeschaltet. Durch ein biologisches Alarmsignal wird verhindert, daß die Vögel Hungers sterben: Bevor sie völlig erschöpft sind, verlassen sie die Kolonie, um ihre Reserven im Meer wieder aufzufüllen. Meistens ist bis dahin sowieso das Weibchen zurückgekehrt und kümmert sich um das frischgeschlüpfte Küken. Das Baby der Kaiserpinguine ist eines der hübschesten unter den Pinguinen, mit seinem grauen kuscheligen Flaum, seinem schwarzen Köpfchen und seinen weißen Ringen unter den Augen und Wangen.

Königspinguin

Der Königspinguin gehört zur gleichen Gattung wie der Kaiserpinguin, ist also eng mit ihm verwandt. Er ist vielen von uns aus dem Zoo bekannt. Im Tierpark Hellabrunn kann man die Tiere jeden Winter beim täglichen Spaziergang begleiten. Dabei erfährt man auch, daß einige von ihnen schon das stolze Alter von 28 Jahren überschritten haben, was auf gute Pflege

schließen läßt. In der freien Natur werden Pinguine natürlich nicht so alt. Ungefähr 80 cm groß (im Stehen) und im Vergleich zu seinem Verwandten dünn und mit langem Schnabel, wiegt der Königspinguin nur 10–20 kg. Diese Art wurde, wie der Kaiserpinguin, ebenfalls von dem Naturforscher Johann Forster entdeckt. Sie lebt weiter nördlich und wurde 1775 zuerst auf Südgeorgien gesichtet. Peterson schreibt darüber: »Die Hauptkolonie ist vom Meer durch einen kleinen Hügel aus Sand und Tussockgras verdeckt, der bei Sturm vermutlich etwas Schutz bietet. Von den Felshängen aus, die die Kolonie säumen, konnten wir die Pinguine beobachten ohne sie zu stören. Es gibt kaum einen anderen Anblick in der Welt der Vögel, der so aufsehenerregend wäre wie dieser Teppich aus Pinguinen. Von unserem Aussichtspunkt aus konnten wir jeden Vogel in der Kolonie sehen, alle 10 000 Stück. Die Vögel waren gleichmäßig verteilt und standen eine Flügellänge voneinander entfernt. Zwischen den erwachsenen Pinguinen standen kleine Gruppen von braunen, teddybärartigen Jungvögeln herum.«

Das Verbreitungsgebiet des Königspinguins ist maritim-antarktisch, er bervorzugt also die Inseln im Seegebiet rund um die Antarktis: Südgeorgien, Heard, Crozet, Kerguélen, Marion, Macquarie und wie sie alle heißen. Königspinguine wurden auch auf Feuerland gesichtet, aber nie in Patagonien, obwohl ihr offizieller Nachname doch *patagonicus* lautet. Wie der Kaiser- brütet der Königspinguin sein einziges, grünlich-weißes Ei stehend und auf den Füßen aus, wobei er es mit seiner Bauchfalte bedeckt. Von weitem sehen die Königspinguine aus wie eine Gruppe buckliger Quasimodos, die in die Ferne sehen, während sie ihr Ei warmhalten. Sie stehen nicht dicht zusammen wie die Kaiserpinguine, sondern verteidigen vehement ihren Platz gegenüber ihren Artgenossen. Von »Nistplatz« kann man in diesem Zusammenhang nicht reden, denn ein Nest oder etwas, das nur im entferntesten an ein Nest erinnern würde, gibt es bei ihnen nicht. Um sich die lieben Nachbarn vom Leib zu halten, schlagen Königspinguine mit den Flügeln und teilen Schnabelhiebe aus. Manchmal fließt dabei sogar Blut. Wie die Kaiserpinguine legen sie nur 1 Ei. Sie brauchen 13 Monate für die Jungenaufzucht, da ihr Küken noch langsamer wächst als das des Kaiserpinguins und sie im Winter nicht genügend Nahrung heranschaffen können, damit das Küken »flügge« wird. So stehen den ganzen Winter über Unmengen hungernder Küken in den Kolonien und warten auf Futter und den Sommer. Da die Jungenaufzucht länger als 1 Jahr dauert, schaffen es Königspinguine bestenfalls, zweimal in 3 Jahren zu brüten, oft aber nur einmal alle 2 Jahre.

Adéliepinguin

Der Adéliepinguin ist der kleine Kerl im Frack, der den meisten Grafikern Pate gestanden hat und den jedermann kennt. Man schätzt, daß es ungefähr 40 Millionen Adéliepinguine rund um die Antarktis gibt. Somit wäre der Adéliepinguin die am weitesten verbreitete und häufigste Art unter den Pinguinen. Seine Erkennungsmerkmale sind der schwarze Kopf, die weißen Ringe um die Augen, die er im Zorn stark vergrößern kann, und der schwarze Schnabel, der an seiner Wurzel von schwarzen Federn bedeckt ist. Er wird nur ungefähr 55 cm hoch und wiegt nur 4 – 5 kg, und dennoch ist er neben dem Kaiserpinguin der einzige, den auch die Hochantarktis nicht schreckt. Die südlichste Adéliepinguinkolonie liegt immerhin auf Cape Royds, McMurdo Sound, auf 77,5 Grad Süd, 10 Grad südlicher als der Polarkreis und nur noch rund 1400 km vom Südpol entfernt!

Aber es hat auch Vorteile so klein zu sein: Sein nur 80 g schweres Ei ist bereits nach 6 Wochen ausgebrütet und nach weiteren 6 Wochen ist das Küken »flügge«. Daher bleibt dem Adéliepinguin der antarktische Winter erspart. Er läßt sich erst an der Küste blicken, wenn die Sonne 24 Stunden am Tag scheint, das Packeis aufbricht und der Schnee von den Hängen geschmolzen ist. Anders als die »aristokratischen« Kaiser- und Königspinguine legt sich der Adéliepinguin selbstverständlich zum Brüten hin und wärmt in seiner Brutfalte 2 Eier. Sein Nest baut er aus Kieseln, die er überall aufsammelt. Er ist sehr höflich und immer darauf

Königspinguin

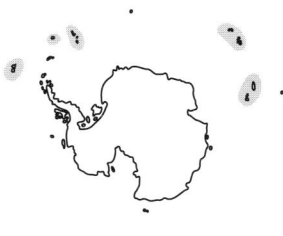

Adéliepinguin

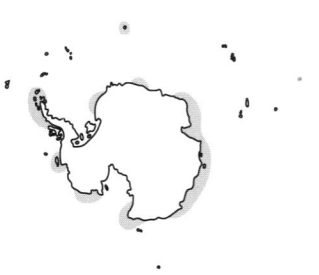

(Seite 48/49) »La grande manchotière«, die große Kolonie der Königspinguine, liegt auf der Crozet-Insel im südlichen Indischen Ozean. Die meisten Vögel bebrüten gerade ihr Ei. Richtige Nester gibt es keine, dennoch weiß jeder Vogel ganz genau, wo sein Platz ist. Zwischen den brütenden Pinguinen eingestreut sieht man die großen braunen Küken des Vorjahres, die in wenigen Monaten erwachsen sein werden.

(Rechts) Keine Kolonie, sondern ein Rastplatz für Adéliepinguine. Hier an der Eiskante, in sicherer Entfernung vom Nest, kann man als Pinguin etwas verschnaufen, bevor man den Partner ablöst oder ins eiskalte Wasser steigt, um Nahrung für die Brut zu holen.

Zügelpinguin

bedacht, nicht ohne ein kleines Geschenk zum Nest und zum Partner zurückzukommen. Die Geschenke sind immer Kieselsteine, und wenn der Tag schlecht war, wird eben schnell einer vom Nest des Nachbarn geklaut. Dort kann man bei der Gelegenheit mit ein paar Flügelhieben auch gleich seinen Frust abladen.

Zügelpinguin

Der Zügelpinguin trägt auf dem weißen Hals einen charakteristischen schwarzen Streifen, der ihm auch den Namen »Kehlstreifenpinguin« eingebracht hat. Sein Gesicht ist ebenfalls weiß, doch auf Kopf und Rücken trägt er schwarz. Er ist etwas kleiner (bis 53 cm hoch) und mit nur 4 kg auch leichter als der Adéliepinguin. Im Gegensatz zum Adéliepinguin, dessen Verbreitungsgebiet zirkumpolar (rund um die Antarktis) ist, kommt der Zügelpinguin nur im Bereich der Antarktischen Halbinsel und den umliegenden Inseln vor. Das Klima ist dort an Land etwas milder als in der Hochantarktis. Dieser Bereich liegt aber ebenfalls südlich der antarktischen Konvergenz und seine Gewässer sind mit Temperaturen um 0°C genauso eisig wie bei Cape Royds (McMurdo Sound).

Während seine nächsten Verwandten, der Adélie- und der Eselspinguin (siehe unten), im Winter nur ab und zu in See stechen, um Nahrung zu suchen, scheint der Zügelpinguin die 9 Monate außerhalb der Brutperiode überwiegend im eiskalten Meer zu verbringen. Während einer Winterexpedition an Bord des amerikanischen Forschungsschiffes »Polar Duke« hat Dave Ainley, ein amerikanischer Pinguinforscher, Zügelpinguine nur auf See gesichtet. Eselspinguine fand er hingegen an den Stränden subantarktischer Inseln, während Adéliepinguine die viel weiter südlich gelegene Packeisgrenze bevorzugten. Wie Zügelpinguine den Wärmeverlust durch das Eiswasser ausgleichen, woher sie die notwendige Nahrung für diesen verschwenderischen Umgang mit ihrer Energie hernehmen, ob und wie sie dabei schlafen können: Wir wissen es nicht.

Eselspinguin

Der letzte der drei Musketiere ist der Eselspinguin. Sein Verbreitungsgebiet reicht am weitesten nach Norden, denn er brütet nicht nur im Bereich der Antarktischen Halbinsel, sondern auch auf den Inseln rund um die Antarktis, auf denen auch der Königspinguin beheimatet ist. Wie der Königspinguin trägt auch er einen verwirrenden offiziellen »Nachnamen«: *Pygoscelis papua*. Bisher wurde kein Eselspinguin je auf Papua-Neuguinea gesehen. Dennoch kann die Umgebung der Brutkolonien des Eselspinguins außerordentlich vielfältig sein: Sie reicht von den steinigen Stränden der Antarktischen Halbinsel, wo, wie in der Paradiesbucht bei 65 Grad Süd, die Kolonien vom ewigen Eis der Gletscher gesäumt sind, bis hin zu den grünen Wiesen der Falklands und dem buschigen Büschelgras der subantarktischen Inseln (auf 52 Grad Süd).

Von seinen zwei Verwandten unterscheidet sich der Eselspinguin durch sein größeres Gewicht (5 – 7 kg), seinen dickeren Bauch und seinen etwas größeren Körperwuchs (58 cm hoch). Die auf der Antarktischen Halbinsel brütenden Eselspinguine sind etwas kleiner und haben kürzere Schnäbel und Flossen als ihre nördlicheren Verwandten. Einige Wissenschaftler haben die Art daher in zwei Unterarten eingeteilt. Vielleicht stehen wir hier ganz am Anfang der Bildung zweier neuer Arten.

Der Eselspinguin ist der freundlichste unter den drei *Pygoscelis*-Pinguinen und nicht annähernd so aggressiv wie der Zügelpinguin. Auf dem Kopf trägt er ein weißes Häubchen und sein Schnabel ist leuchtend orange, genau wie seine Füße. Durch diese Farben bringt er Leben in die ansonsten langweilig schwarz-weißen Brutkolonien auf der Antarktischen Halbinsel. Genau wie seine zwei Verwandten legt der Eselspinguin 2 Eier. Seine Küken sind aber nicht einfach grau wie die der Zügelpinguine oder grau und dann braun wie Adéliepinguinküken, sondern haben schon als Küken die gleiche Färbung wie ihre Eltern. Außerdem sind sie viel reinlicher: Man sieht selten ein beflecktes Eselspinguinküken, während Adélie- und Zügelpinguinküken oft ein schlimmes Bild bieten. Meistens sind sie von den Füßen bis zum Bauch genauso schmut-

(Rechts) Magellanpinguine mit ihrem am Hals zusammengefügten Cape zwischen Tussockgras an der Südspitze Südamerikas.

Eselspinguin

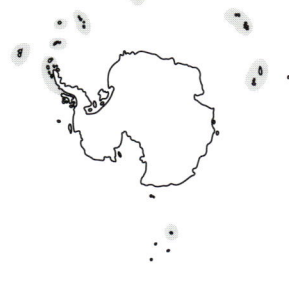

(Links außen) Blitzsauber und bis zum Rand voll Krill: ein soeben angekommener Eselspinguin. In der freien Natur werden die Tiere ungefähr 15 Jahre alt.

(Links) Im dichten Unterholz an der Ostküste Neuseelands leider nur noch vereinzelt anzutreffen: der Gelbaugenpinguin.

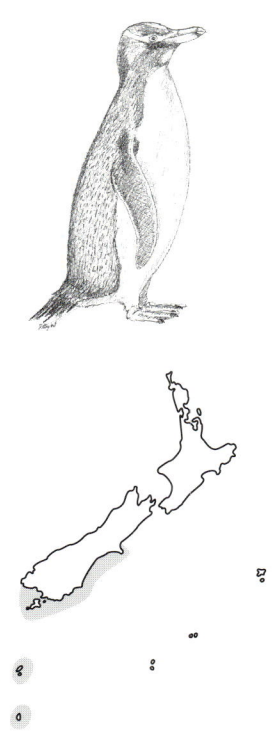

Gelbaugenpinguin

zig-orange wie der Guano, in dem sie stehen. Und so riechen sie dann auch: wie verwester Fisch.

Gelbaugenpinguin

Der Gelbaugenpinguin war den Maoris Neuseelands lange bekannt, bevor die ersten Europäer ihren Fuß auf diese Inseln setzten. Sie nannten ihn »Hoiho«. Seine bernsteinfarbenen Augen sind eingebettet in einen gelben Streifen, der seinen Kopf umspannt wie ein Stirnband. Kein anderer Pinguin gleicht ihm oder wäre mit ihm näher verwandt. Der Gelbaugenpinguin lebt an der Südostküste Neuseelands und den vorgelagerten Inseln Auckland und Campbell und ist der erste Pinguin, der eingehend beobachtet wurde. Ein Lehrer aus Dunedin, Lance Richdale, fing mitten in den Kriegswirren 1940 an, nach Feierabend diese Pinguine zu studieren. Er beringte sie, beobachtete ihr Verhalten am Nest, das Brutgeschehen und die Wechselbeziehungen zwischen Eltern und Jungen. Erst 17 Jahre später hatte er das Gefühl, genug über die Pinguine gelernt zu haben, um über sie zu schreiben. Es wurde die bis dahin umfangreichste Beschreibung eines Seevogels und machte ihn auf einen Schlag unter den Ornithologen weltberühmt.

Der Gelbaugenpinguin, von Größe und Statur einem Eselspinguin ähnlich, unterscheidet sich nicht nur in seinem Kopfschmuck von all seinen Vettern. Als einziger brütet er nicht in Kolonien. Stattdessen stehlen sich die Pärchen zu zweien in das dichte Unterholz des neuseeländischen Urwalds. Sie sind sehr scheu und geheimniskrämerisch, ganz im Gegensatz zu all den anderen lauten und aggressiven Pinguinen in den großen Brutkolonien. Sie hegen keine Vorliebe für lange Wanderungen und bevorzugen ihre heimischen Gewässer. Auch außerhalb der Brutperiode entfernen sie sich selten länger als 1 Woche von ihrem Versteck. Sie legen jedes Frühjahr (also im Oktober/November) 2 Eier, die sie nur ausbrüten, wenn sie nicht gestört werden, was an den Küsten Neuseelands leider allzuoft geschieht. Gelbaugenpinguine gehören zu den gefährdeten Pinguinarten und 1988 war ihr Bestand auf nur 2000 Brutpaare zurückgegangen. Eine sehr kleine Population brütet auf der Banks-Halbinsel in der Nähe von Dunedin, Süd-Neuseeland. Von einem eingezäunten Weg aus konnten wir frühabends beobachten, wie die Pinguine am Strand landeten, um sogleich zwischen dem Unterholz zu verschwinden. Von weitem sahen sie aus wie Eselspinguine, und ihre Kopfzeichnung und ihr oranger Schnabel waren nur mit Hilfe eines guten Fernglases zu erkennen.

Magellanpinguin

Vor den Küsten Patagoniens und den Falklands rund um Kap Horn bis nach Süd-Chile, also an der Südspitze Südamerikas, lebt der Magellanpinguin. Seine Körpergröße liegt bei 55 cm, also vergleichbar mit der der *Pygoscelis*-Pinguine. Wie bei seinen Verwandten, dem Humboldt-, dem Brillen- und dem Galápagospinguin ist sein Kopf schwarz mit einem weißen Band, das über den Augen beginnt und sich dann nach hinten, nach unten und unter der schwarzen Kehle herumzieht. Unter diesem weißen Halsband hat der Magellanpinguin ein breites schwarzes Band, welches mit dem schwarzen Rücken verbunden ist. Das ganze sieht fast so aus wie der Umhang von Zorro oder Batman. Darunter, auf der weißen Bauchseite, trägt der Magellanpinguin nochmals ein schwarzes Band, welches über beide Flanken nach unten verläuft, die »Kriegsbemalung«, wie wir noch sehen werden.

Der Magellanpinguin ist ein Höhlenbrüter und nutzt geschickt die Vegetation, um sich vor neugierigen Blicken, Räubern und der Sonne zu schützen. Es kann vorkommen, daß man mitten in einer Kolonie steht und sich dessen erst bewußt wird, wenn man die Vögel rufen hört: »ein gebrochenes Stakkato, das mit dem Klang eines verschnupften Nebelhorns endet«, wie James Gorman sagt.

Wie seine Verwandten hat auch der Magellanpinguin ein für Pinguine auf den ersten Blick seltsam anmutendes Problem: die Hitze. Sein Lebensraum und der seiner Vettern ist nicht von Gletschern, Packeis und Schneestürmen ge-

prägt. Stattdessen sind sie zwischen den heißen Lavafelsen der Galápagosinseln und den nackten, sonnengebleichten Inseln Südafrikas ebenso zu Hause wie auf dem stürmisch kalten Kap Hoorn. Im Vergleich zu anderen Gattungen ist ihr Körper daher von weniger Federn bedeckt, sie haben eine geringere Fettschicht, ihre »Beinkleider« sind kürzer und um ihren Schnabel haben sie nackte Stellen: alles Anpassungen, um die Wärmeabgabe zu erleichtern.

Die größte Brutkolonie der Magellanpinguine liegt 100 km südlich der argentinischen Stadt Trelew und beherbergt ungefähr eine halbe Million Vögel. Im Winter wandern die Pinguine bis hinauf an die Mündung des Rio de la Plata und sogar bis an die Küste Brasiliens, vermutlich wegen der angenehmeren Wassertemperaturen und dem reichhaltigeren Fischangebot. Dabei kann es schon einmal vorkommen, daß ein heruntergekommener Bettelpinguin »hereingebeten« wird, wie Jack London sagen würde, und den Rest des Winters in einem Garten mit Swimmingpool zum Beispiel in Buenos Aires verbringt.

Humboldtpinguin

Der Humboldtpinguin unterscheidet sich vom Magellanpinguin dadurch, daß dem Umhang das Band unter dem Hals fehlt. Mit anderen Worten: Unterhalb des mit dem Kopf verbundenen weißen Kehlbandes befindet sich nur noch **ein** schwarzes Band, welches sich an den Flanken des Vogels nach unten zieht. Man muß schon zweimal hinsehen, um einen Humboldtpinguin von einem Magellanpinguin zu unterscheiden. Im Süden Chiles überlappen die Brutgebiete beider Arten. Dennoch brüten Humboldt- und Magellanpinguin zu etwas unterschiedlichen Zeiten und verwechseln sich offenbar nicht untereinander, denn Mischlinge sind unbekannt. Im Englischen auch »peruanische« Pinguine genannt, erstreckt sich das Verbreitungsgebiet des Humboldtpinguins von Corral in Chile (40 Grad Süd) bis in die Tropen. Ihre nördlichste Kolonie liegt in Cabo Blanco, Peru, bei nur 4,3 Grad Süd, also knapp unterhalb des Äquators, fast schon an der Grenze zu Ecuador. Sie nisten dort in Höhlen, die sie in

Magellanpinguin

Humboldtpinguin

Den Humboldtpinguin kennzeichnen seine an einen Hermelinpelz erinnernden Flecken auf der weißen Vorderseite sowie das Fehlen des breiten, schwarzen Halsbandes des Magellanpinguins. Man findet ihn an der Westküste Südamerikas bis hinauf nach Ecuador.

den Guano, den Vogelmist ihrer Vorfahren, graben.

Damit wäre auch schon das Hauptproblem dieser in ihrem Bestand bedrohten Pinguinart genannt. Guano ist ein natürlicher, von Pflanzenliebhabern bevorzugter Dünger, der seit der Mitte des letzten Jahrhunderts im großen Stil abgebaut wird. Zeitweise war Guano ein so wichtiger ökonomischer Faktor in der Region, daß 1880 seinetwegen sogar Krieg zwischen Peru, Bolivien und Chile geführt wurde. Nach seinem vollständigen Abbau (immerhin hatten die Ablagerungen eine Mächtigkeit von bis zu 80 m) blieb meist nur nackter Fels zurück. Den Pinguinen war somit jegliche Schutzmöglichkeit vor Räubern und der mörderischen Sonne entzogen und ganze Brutkolonien waren vernichtet. Heute wird der gesamte Bestand auf weniger als 20 000 Tiere geschätzt. Auf der letzten internationalen Pinguinkonferenz in Cowes, Australien (1992), vertrat unsere amerikanische Kollegin Sue Ellis-Joseph die Auffassung, daß zoologische Gärten den Bestand der gefährdeten Humboldt-, Galápagos- und Gelbaugenpinguine sichern sollten. Alte Bestände anderer, nicht bedrohter Pinguinarten sollten

nicht wieder aufgefüllt werden und die nach ihrem Tode freiwerdende Plätze könnten dann mit bedrohten Arten besetzt werden.

Galápagospinguin

Der Galápagospinguin lebt auf den gleichnamigen Inseln mitten im Pazifik, genau am Äquator. Er wetteifert mit dem Humboldtpinguin um den wärmsten Lebensraum. Wie der Humboldtpinguin hat auch der Galápagospinguin ein weißes Kehlband, das bereits über den Augen beginnt. Allerdings ist es sehr dünn. Darunter befindet sich der schwarze Zierstreifen. Mit knapp 40 cm Körpergröße ist er neben dem Zwergpinguin der kleinste. Man kann sich gut vorstellen wie vor langer, langer Zeit einmal eine Gruppe Humboldtpinguine oder ihnen ähnliche Vorfahren mit Hilfe des kalten Humboldtstromes die Galápagosinseln erreichten. Sie waren zwar auf der Insel gestrandet, fernab von ihren Guanofelsen, aber zum Trost gab es Fisch im Überfluß. So überlebten sie, und mit der Zeit veränderten sie sich und paßten sich an ihre neue Umwelt an. Sie wurden kleiner und bekamen eine dunklere Färbung. Ob diese Entwicklung vor Tausenden, Zehntausenden oder Hunderttausenden von Jahren begonnen hat, vermag keiner zu sagen. Zu viele Fragen ihrer Entwicklungsgeschichte sind noch offen.

Ihre Brutkolonien sind auf die Westseite des Galápagosarchipels beschränkt, auf die Strände von Fernandina und Isabella, wo das Wasser am kältesten ist. Dort kann man sie abends auf den schwarzen Lavafelsen beim Putzen beobachten. Ihre Nachbarn sind so seltsame Tiere wie die nur auf den Galápagosinseln vorkommenden Meeresiguanas, Meeresechsen, die stundenlang ruhig unter Wasser verharren können und bis zu 1,2 m groß werden. Oder die ebenfalls nur auf Galápagos heimischen flugunfähigen Kormorane, deren beim Trocknen nach einem Tauchgang abgespreizten Flügel und Federn Größe und Aussehen einer menschlichen Hand haben. Es kann auch vorkommen, daß ein feuerroter Krebs dem Meer entsteigt und ihnen den Platz auf dem Lavafelsen streitig macht. Galápagospinguine sind tagsüber selten an Land zu finden, mit der Ausnahme von dunklen

Galápagospinguin

Felsritzen oder dem Wurzelgeflecht der Mangrovenwälder. Kein anderer Pinguin unterscheidet sich so sehr vom Kaiserpinguin der Antarktis wie er. Leider ist der Galápagospinguin ebenfalls vom Aussterben bedroht: sein Bestand ist bereits auf 2000 bis 6000 Tiere geschrumpft.

Brillenpinguin

Ein enger Verwandter der südamerikanischen Pinguine ist der Brillenpinguin Südafrikas. Er genießt das Privileg, der Erste gewesen zu sein, den europäische Seefahrer je zu Gesicht bekamen, und lebt über einen 2500 km langen Küstenstreifen verteilt auf 18 Inseln rund um das Kap der Guten Hoffnung, von Angola am Atlantik bis Natal am Indischen Ozean. Normalerweise tragen Brillenpinguine nur ein schwarzes Band unterhalb ihres weißen Halsbandes und unterscheiden sich damit gut vom Magellanpinguin, der ihnen im Südatlantik gelegentlich auch begegnet. Einen Brillenpinguin und einen Humboldtpinguin voneinander zu unterschei-

den, ist da schon schwieriger. Das ist aber auch für die Vögel von geringerer Bedeutung, da sich ihre Verbreitungsgebiete nicht berühren. Um das Kapitel der Körperzeichnung abzuschließen: Es gibt in Südafrika eine kleine Anzahl Brillenpinguine (oder sind es Magellanpinguine?) mit **zwei** schwarzen Streifen unter dem Kinn. Vielleicht sind es doch Mischlinge?
Es ist nicht leicht für einen Brillenpinguin, an einer der meistbefahrenen Schiffahrtsstraßen der Welt zu leben. Von ihrer Bedrohung durch Öl und Plastikmüll soll später noch die Rede sein. Dazu kommt noch ein starker Konkurrenzkampf mit der Fischerei, der gerade in »El Niño«-Jahren den Vögeln arg zu schaffen macht. Als El Niño (auf Deutsch: Das Christkind) bezeichneten ursprünglich die Fischer an der südamerikanischen Küste vor Ecuador und Peru einen warmen Meeresstrom. Alle paar Jahre um die Weihnachtszeit verdrängt er das kalte nährstoffreiche Wasser, das dort aus der Tiefe empordringt, und läßt ihre Haupteinnahmequelle, den Fischfang, für Monate versiegen.

Brillenpinguin

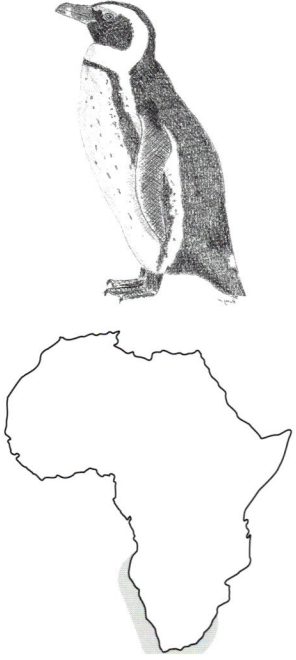

(Links) Zwei Galápagos-
pinguine in der Brandung vor
der Insel Fernandina,
Galápagosinseln, direkt am
Äquator.

(Rechts) Der Brillenpinguin
Südafrikas hat, wie seine südamerikanischen Verwandten
auch, mit der Hitze zu kämpfen.
Deutlich sieht man die nackten
Hautstellen über den Augen, die
vermutlich die Wärmeabgabe
erleichtern.

Macaronipinguin

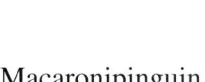

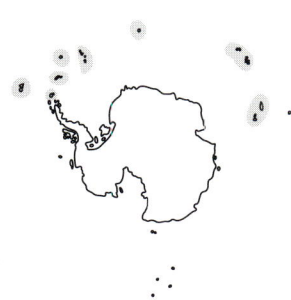

Die kalten Meeresströmungen an den Küsten Perus, Chiles und Südafrikas, die normalerweise Nährstoffe aus der Tiefe der Ozeane in seichtere Gewässer transportieren, bilden dort die Grundlage für das Ökosystem. Als Ergebnis der El-Niño-Störung sinkt die Produktivität der Küstengewässer und kleine Fische namens Anchovis (auch Sardellen genannt), Hauptnahrung der Brillen- und Humboldtpinguine, wandern in kältere und nährstoffreichere Gewässer ab. Wenn dann eine kurz vor dem Kollaps stehende Fischerei versucht, auch noch den letzten Fisch zu fangen, müssen die Seevögel jämmerlich verhungern.

Macaronipinguin

Der Macaronipinguin oder, wie er auch genannt wird, Goldschopfpinguin, sieht aus, als hätte er sich Makkaroni mit Tomatensauce an den Kopf geklebt. In Wirklichkeit verdankt er seinen Namen nur indirekt der italienischen Pasta. Die Bezeichnung stammt stattdessen vom »Macaroni Club« – italienreisende Londoner Snobs, an deren bizarren Kopfschmuck sich britische Seeleute einst erinnerten, als sie die ersten Macaronis zu Gesicht bekamen. Der Macaronipinguin ist ungefähr 55 cm hoch und 4,5 kg schwer. Obwohl einige Macaronis zwischen den kleineren Felsenpinguinen auf den Falkland- und Crozet-Inseln oder zwischen Zügelpinguinen auf Elephant Island und den benachbarten Süd-Shetland-Inseln brüten, liegt ihr Hauptverbreitungsgebiet weiter östlich und erstreckt sich durch den atlantischen und indischen Sektor der Subantarktis bis hin zur Heard-Insel. Noch weiter östlich, im australischen Sektor der Subantarktis, wird der Macaronipinguin dann durch den Haubenpinguin abgelöst.

Meine erste Begegnung mit Macaronipinguinen fand auf einer Insel südlich von Kap Hoorn namens Diego Ramirez statt. Nach dem Ende unserer Antarktisexpedition waren wir von der »M.S. World Discoverer« auf Esperanza abgeholt worden und hatten das Glück, eine Reise auf diesem kleinen, aber luxuriösen Kreuzfahrtschiff mitmachen zu können. Etwas seltsam war es schon, daß wir statt nach Norden, Richtung Heimat, zunächst noch weiter nach Süden fuhren und nicht die Luxussuite gebucht hatten, sondern nur bis jeweils 7.30 Uhr früh im Fitnessraum auf den Bodenmatten schlafen durften. Aber für mehr hatte unser Reiseetat nicht gereicht. Die Reiseleitung behandelte uns aber wie ihre Freunde, und so fühlten wir uns sehr wohl auf dem Schiff.

Einige Wochen vorher hatte Kapitän Lampe schon einmal die Landung auf Diego Ramirez gewagt, damals auf Wunsch des Globetrotters Hardy Krüger, der dort für seine Serie Filmaufnahmen drehte. Die Inselgruppe ist normalerweise den berüchtigten Stürmen von Kap Hoorn ausgesetzt, denen schon viele Schiffe zum Opfer gefallen sind. Außerdem sind kleine Riffe und Felsnadeln nicht unbedingt der ideale Ankerplatz. Für Kapitän Lampe und sein Schiff, das immerhin auch als erstes Touristenschiff der Welt die Nordwestpassage gemeistert hat, war das aber kein Problem. Wir kamen mit Schlauchbooten auf die Insel. Am Strand warteten schon ihre 3 Bewohner, arme chilenische Marinesoldaten, die für den Betrieb der Wetterstation verantwortlich waren und keinen gesunden Eindruck machten. Sie fanden es ziemlich aufregend, unangemeldeten Besuch zu bekommen, und dann gleich von 70 Leuten!

Über einen schmalen Pfad ging es vom Strand hinauf zum Gipfel der Insel, ein Plateau von der Größe mehrerer Fußballfelder. An einer Stelle versperrte ein Albatrosküken, groß wie eine ausgewachsene Gans, den Weg und klapperte gefährlich mit dem Schnabel. Wir erwarteten jederzeit, eine Ladung des übelriechenden Mageninhalts abzubekommen, mit dem sich die lieben Kleinen gegen Landraubtiere, Biologen und Touristen verteidigen. Etwas weiter standen mehrere Graukopfalbatrosse auf dem Weg. Sie konnten nicht wegfliegen, da es fast windstill war und das Büschelgras (englisch »tussock«) um sie herum einen Startanlauf unmöglich machte. Der Weg wurde immer schmaler, nachdem wir die Schafweide und den Fahnenmast der Inselstation passiert hatten. Bald konnten wir, bis zum Bauch zwischen Büschelgras

eingeschlossen, unsere Füße beim Laufen nicht mehr erkennen.

Welch ein Schreck, als ich unten an meinem Fuß einen Aufprall spürte, dem gleich darauf ein lautes »Rattattattat« folgte, sowie wilde Flügelschläge und Schnabelhiebe auf meine Stiefel und Waden! Von dem Aggressor konnte ich nichts sehen, hinter mir kamen die Touristen, also war nur eine Flucht nach vorne möglich. Leider war dieser Pinguin (Felsen- oder Macaronipinguin?) nicht allein und bald folgten weitere Angriffe. Als Belohnung für dieses Erlebnis, das mir einige blaue Flecken eingebracht hatte, fand ich ein wenig weiter eine Art kleiner Lichtung zwischen den Grasbüscheln. Dort stand ein Macaronipaar und begrüßte sich auf pinguinisch. Die Partner trompeteten abwechselnd, wobei sie langsam den Kopf hoben, um ihn dann, an der lautesten Stelle des »Liedes«, wild hin und herzuschlagen. Darauf folgte Stille, bis dann der andere Partner antwortete. Unweit von den beiden balzenden Macaronis stand ein Paar Felsenpinguine, ebenfalls fast von Tussockgras verdeckt und auch balzend. Sie waren etwas kleiner als die Macaronis und hatten auch eine höhere Stimme. Beide Paare waren wohl frisch verliebt, auf jeden Fall ließen sie sich durch mich nicht aus der Fassung bringen, obwohl ich nur einen Meter entfernt stand.

Haubenpinguin

Ein naher Verwandter des Goldschopf- oder Macaronipinguins ist der Haubenpinguin. Er ist ein wenig größer und brütet nur auf den subantarktischen Inseln im australischen Bereich, hauptsächlich auf Macquarie. Dort allein wird sein Bestand auf 1,7 Millionen Tiere geschätzt. Von den Macaronipinguinen unterscheidet er sich durch seine weißen oder teilweise weißen Wangen und seine weiße Kehle. Aufgrund ihrer nahen Verwandtschaft wurde der Haubenpinguin lange Zeit nur als großschnäbelige, weißgesichtige Unterart des Macaronipinguins gesehen. Seine Heimat, die Macquarie-Insel, liegt 2500 km südlich von Melbourne und 1500 km nördlich des antarktischen Kontinents. Da Macquarie etwas nördlich der eisigen Gewässer der Antarktis liegt, d.h. nördlich der so-

(Rechts) Felsenpinguine brüten nicht nur auf Felsen, sondern graben sich zuweilen auch Nestmulden, die sie mit Gras bedecken.

Haubenpinguin

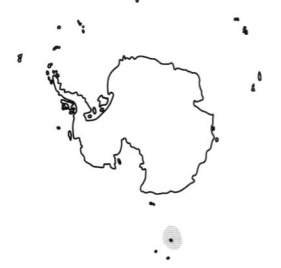

Felsenpinguin

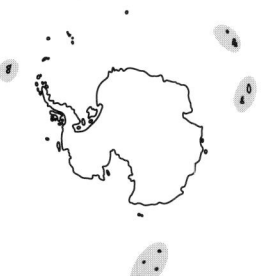

genannten Konvergenz, ist es die südlichste »grüne« Insel der Welt. Auf Macquarie gibt es keine Gletscher und auch im Juli, also im tiefsten Winter der Südhalbkugel, sinken die Temperaturen im Mittel nicht unter plus 3°C.

Die Brutkolonien der Haubenpinguine sind über sämtliche Küsten der Insel verteilt und reichen von 60 bis zu 160 000 Brutpaaren. Wie bei den meisten anderen Pinguinarten kehren die Brutvögel Mitte September zu ihren Kolonien zurück und legen einen Monat später ihre beiden Eier. Eine Eigenart der Hauben- und Macaronipinguine ist, daß ihr erstes Ei nicht beachtet wird und meist bis zur zweiten Eiablage, 6 Tage später, verlorengeht. Ende Januar werden die Küken »flügge« und diejenigen unter ihnen, die überleben, werden 5–6 Jahre brauchen, um selbst zum ersten Mal zu brüten. Nachdem sich die Eltern von der Jungenaufzucht erholt haben und ihre Körperreserven ergänzt haben, kehren sie im März an die Strände von Macquarie zurück, um zu mausern. Sie verlassen Macquarie endgültig Ende April und verbringen den Winter der Südhalbkugel auf See, wobei sie gelegentlich auf ihren Reisen bis an die Küsten Neuseelands vordringen.

Felsenpinguin

Der Felsenpinguin wird im Englischen viel zutreffender »Felsenspringerpinguin« genannt, ein direkter Hinweis auf seine bevorzugten Brutplätze und seine Fortbewegungsweise an Land. Der Felsenpinguin hüpft nämlich mit beiden Füßen gleichzeitig, was ihm die Bewältigung steiler Hänge und Felsen ermöglicht. Er ist der Kletterkünstler unter den Pinguinen. Mit einem einzigen Satz kann er 30 cm hoch springen. Er springt auch, im Gegensatz zu den meisten anderen Pinguinarten, nicht mit dem Kopf sondern mit den Füßen voran ins Meer (Humboldt-, Brillen- und Magellanpinguine tun das allerdings auch). Seine Kolonien liegen meist im Küstenbereich zwischen großen Steinblöcken, auf Felsleisten und auf steilen Kliffen, meist Stellen, die für andere Pinguinarten unzugänglich sind.

Der Felsenpinguin erreicht eine Körpergröße von 45 cm und nur etwa 2,5 kg Gewicht. Sein Kopfschmuck ist etwas feiner als beim Macaronipinguin: Er bevorzugt am Kopf schmalere, kürzere Federn, die in einem hellen Gelb gehalten sind. Der Schnabel ist passend dazu in einem hellen rötlich-braunen Ton. Wie auch bei den Macaronipin-

(Links) Sie sehen sich zwar zum Verwechseln ähnlich, aber dennoch handelt es sich bei diesen vier Schopfpinguinen um völlig verschiedene Arten: oben links Macaronipinguin, oben rechts Felsenpinguin, unten links Snares-Dickschnabelpinguin, unten rechts Kronenpinguin.

(Rechts) Die Haubenpinguine auf der Macquarie-Insel Australiens sind die nahen, bleichgesichtigen Verwandten der weiter westlich brütenden Macaronipinguine.

Kronenpinguin

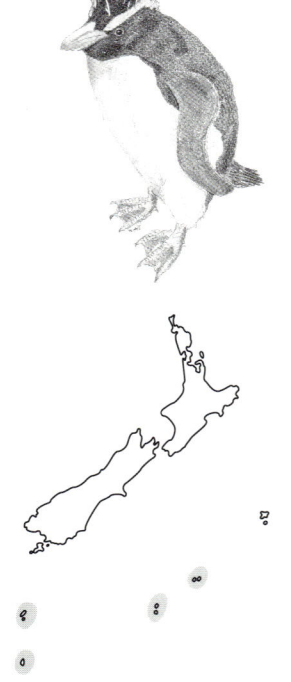

guinen sind die Männchen stets größer und schwerer als die Weibchen. Ihr Schnabel ist kräftiger, ihre Füße sind größer und ihre Flossen länger. Meist brüten Macaroni- und die kleineren Felsenpinguine auf der gleichen Insel. Die Konkurrenz um die Nahrung wird dabei dadurch reduziert, daß sowohl Männchen als auch Weibchen beider Arten sowie beide Arten untereinander unterschiedliche Schnabelgrößen haben. Das Nahrungsspektrum der Tiere ist daher für beide Arten und Geschlechter etwas verschieden. Während die Männchen zum Beispiel große, erwachsene Garnelen fressen, bevorzugen die Weibchen die kleineren Krebschen. Allerdings verschmähen Felsenpinguine auch nicht den unvorsichtigen Tintenfisch, der ihnen vor den Schnabel schwimmt.

Kronenpinguin

Im Schiffstagebuch der »Bounty« trug Kapitän William Bligh im September 1788 folgende Zeilen ein: »Am 14. September befanden wir uns auf dem Längengrad, der die Südspitze von Neuseeland durchschneidet. Das Meer wurde jetzt unruhiger, und ein langer Wogenschwall kam uns aus Nordost entgegen. Am 19. September entdeckten wir bei Tagesanbruch eine Gruppe von kleinen Felseninseln. Es waren 13 an der Zahl. Ich konnte nichts grünes auf ihnen wahrnehmen, wohl aber weiße Flecken, die wie Schnee aussahen. Während die Inseln in Sicht waren, sahen wir einige Pinguine und eine Art von weißen Möwen mit keilförmigem Schwanz. Kapitän Cook kam im Jahre 1783 dieser Gegend

Der Dickschnabelpinguin Neuseelands ist in den Fjorden der Südinsel zu Hause. Dort brütet er im unzugänglichen Regenwald.

sehr nahe, doch ohne die Inseln zu entdecken. Er sah hier herum Robben und Pinguine und hielt Neuseeland für das nächste Land. Ich nannte die Gruppe nach meinem Schiff die Bounty-Inseln«. Das Forschungsschiff »Bounty« erkundete auf dieser Reise die Südsee. Wenig später erreichten Bligh und seine Besatzung Tahiti. Dort gefiel es der Mannschaft so gut, daß sie kurz nach der Weiterfahrt meuterte und Bligh in einer Barkasse aussetzte. Es war die »Meuterei auf der Bounty«.

Die Pinguine, die sie in der Nähe der Bounty-Inseln sahen, waren vermutlich Kronenpinguine. Diese Art brütet ausschließlich auf den Neuseeland vorgelagerten Inseln des Südpazifiks: den Bounty-, Antipoden-, Auckland- und Campbell-Inseln. Der Kronenpinguin wird etwa 55 cm hoch und trägt einen hellgelben Schopf. Der Schopf entspringt an jeder Seite der Schnabelwurzel und zieht sich oberhalb der Augen bis zum hinteren Scheitel. Im Gegensatz zu den anderen Schopfpinguinen kann der Kronenpinguin seine »Haartracht« aufrichten. Das Ergebnis ist eine hochstehende, hellgelbe Borste, die sehr an den »Irokesenschnitt« bei Punkern erinnert. Wie andere Schopfpinguine auch, verbringen Kronenpin-guine den Winter auf See. Sie werden dann gelegentlich in der Cook-Straße zwischen Australien und Tasmanien sowie an angrenzenden Stränden gesichtet.

Dickschnabelpinguin

Die Westküste von Neuseelands Südinsel bietet neben dem herrlichen Panorama der Neuseeländischen Alpen auf der einen und dem Pazifik auf der anderen Seite eine Vielzahl von Attraktionen für den Reisenden: die »pancake rocks« bei Punakaiki, den Franz-Josef- und den Fox-Gletscher, die Goldgräberstadt »Shantytown«, Brücken mit nur einer Fahrbahn, die sowohl vom Auto- als auch vom Eisenbahnverkehr genutzt werden, und vieles mehr. Je weiter man nach Süden kommt, desto schmaler wird der Küstenstreifen zwischen den Bergen und dem Meer, bis man dann am Haast-Fluß auf der Hauptstraße nur noch nach Osten weiter kommt, über den gleichnamigen Pass nach Dunedin oder Christchurch an der Ostküste. Was die meisten Reisenden nicht wissen: Man kann nach der Haast-Mündung noch etwas weiter nach Süden fahren, auf einer Schotterpiste vorbei an Okuru und Waiatoto bis nach Jackson Bay. Hier ist Pinguinland.

Dickschnabelpinguin

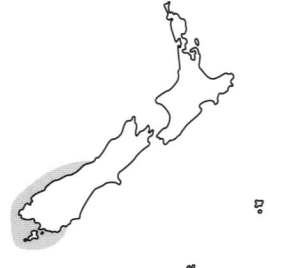

Snares-Dickschnabel-
pinguin

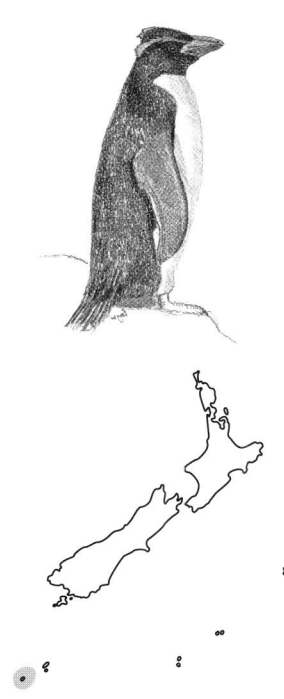

Der Dickschnabelpinguin hat hier seine nörd-lichsten Brutkolonien. Wir hatten noch einige Tage Zeit bis zur ersten internationalen Pinguin-konferenz in Dunedin 1990 und hatten uns bis hierher durchgefragt. Jetzt saßen wir am Strand, um auf die Rückkehr der Vögel zu ihren Nestern im Busch zu warten. Die Kriebelmücken (engl. »sand flies«) waren unerträglich und fielen über uns her, als hätten sie schon seit Monaten keinen Warmblüter mehr gestochen. Wir waren so da-mit beschäftigt, trotz der Mückenplage den Strand nicht aus den Augen zu verlieren, daß wir den Pinguin fast nicht bemerkten, der hinter uns über eine Sanddüne stieg, um gleich darauf im Urwald zu verschwinden. Ich folgte ihm, zum Teil auf allen vieren, an Baumfarnen vorbei, ei-nen nassen, morastigen Hügel hinauf.

Ich hatte ihn aus den Augen verloren. Ich wollte schon umkehren, als ich direkt vor mir unter ei-nem dichten Ast ein paar Füße sah. Sie waren rosa und die Zehen zeigten zu mir hin. Von ihrer Größe her konnten sie nur einem Pinguin gehö-ren. Doch als ich vorsichtig versuchte, ihren Besitzer unter dem Ast zu fassen, waren sie plötzlich verschwunden. Nun war mein Jagd-fieber wieder erwacht. Ich war so nahe dran und wollte unbedingt einen Dickschnabelpinguin zu Gesicht bekommen. Schließlich sollte man als Pinguinforscher jede Art zumindest einmal ge-sehen haben. Ich verhielt mich also mucks-mäuschenstill.

Bald hörte ich die ersten Rufe: Pinguine, die zu ihrem Nest zurückgekehrt waren, begrüßten ihre Partner. Ich machte ein paar Schritte in die Richtung, aus der die Rufe gekommen waren, und wartete wieder. Das Gestrüpp war fast un-durchdringlich und ich stand bis zu den Knö-cheln im Matsch. Langsam arbeitete ich mich an die Kolonie heran. Auf einmal sah ich einen kleinen Weg, direkt vor meinen Füßen. Unter einem Ast kam ein Pinguin hervor und folgte dem Weg in den Regenwald ohne mich zu ent-decken. Ich brauchte mich also nur an seine Fer-sen zu heften und war tatsächlich bald am Ziel: Unter einem umgestürzten Baumstamm brütete eine Kolonie von ungefähr 10 Dickschnabel-pinguinen.

Von den anderen Schopfpinguinen unterschei-det sich der Dickschnabelpinguin durch weiße Streifen auf den Wangen. Im Grunde hat er gar keinen Schopf: Eine Reihe blaßgelber Federn zieht sich, ausgehend von den Nasenlöchern, über den Augen, entlang der Scheitelseiten nach hinten. Die hinteren Federn sind dabei we-der verlängert, noch hängen sie herab. Wie die anderen »Mittelgewichte« unter den Pinguinen wiegt er 4 – 5 kg und erreicht eine Größe von 55 cm. Seine Brutgebiete liegen von Haast aus südlich. Er bevorzugt das Land der atemberau-bend schönen neuseeländischen Fjorde. Im Englischen heißt er daher auch viel treffender »Fjordland crested penguin« (auf Deutsch: Fjordland-Schopfpinguin).

Snares-Dickschnabelpinguin

Noch unerreichbarer als der Dickschnabelpin-guin ist sein südlicher Verwandter, der Snares-Dickschnabelpinguin. Er brütet nur auf der Sna-res-Insel, einer kleinen Insel vor der Südspitze Neuseelands, südlicher noch als Invercargill und Stewart Island. Er wird etwas größer als der Dickschnabelpinguin, ist robuster und dunkler, an Kinn, Kehle und Wangen fast schwarz. Im Gegensatz zum Dickschnabelpinguin hat er bu-schige hellgelbe Federn am Hinterkopf und im Schnabelwinkel rötliche, nicht graue Haut. Um die Verbreitung von ortsfremden Pflanzen und Tieren zu verhindern, erlaubt die neuseeländi-sche Regierung nur in Ausnahmefällen Lan-dungen auf der Snares-Insel. Nur im Winter, wenn die Vögel auf Wanderschaft sind, kann es vorkommen, daß man ein Exemplar an den Stränden der Südinsel Neuseelands zu Gesicht bekommt. Doch auch Ornithologen fällt die Unterscheidung der beiden Dickschnabelpin-guinarten schwer.

Zwergpinguin und Weißflügelpinguin

Die Beschreibung der verschiedenen Pinguin-arten endet mit dem Zwergpinguin. Eine Unter-art, der Weißflügelpinguin, brütet südlich von Christchurch auf der Banks-Halbinsel an der Ostküste Neuseelands. Die Vögel werden nur 30 cm hoch und erreichen ein Gewicht von ma-ximal 1200 g. Sie haben keine weißen Flügel, sondern nur weiße Flügel-Vorderkanten. Die

Zwergpinguin und
Weißflügelpinguin

(Links) Nach einem anstrengenden Tag im Meer benutzt dieser Eselspinguin lieber den ausgetretenen Trampelpfad, als daneben bis zu den Knien im weichen Schnee zu versinken. Leider war er beim Krillfang nicht sehr erfolgreich, wie man an dem eingezogenen Bauch sieht.

(Unten) Die kleinsten Vertreter der Pinguine sind der Zwergpinguin (links) und sein engster Verwandter, der Weißflügelpinguin (rechts). Im Vergleich zum bis zu 40 kg schweren Kaiserpinguin der Antarktis bringen es diese, in Neuseeland und Australien beheimateten Winzlinge nur auf etwa 1000 Gramm.

Oberseite der Flügel ist dunkelbraun bis schwarz. Davon abgesehen sind sie vom Zwergpinguin nicht zu unterscheiden. Es gab in der Vergangenheit viel Streit unter den Taxonomen um die Anzahl der Zwergpinguin-Unterarten. Ein Vorschlag war, im Bereich Neuseelands 5 Unterarten und in Australien eine weitere Unterart zu benennen. Heute gilt als allgemein anerkannt, daß es nur 2 Unterarten gibt. Der Weißflügelpinguin ist der einzige unter den vorgeschlagenen Unterarten, der eine weiße Vorder- und Hinterkante des Flügels aufweist und sich somit deutlich vom Zwergpinguin unterscheidet. Dennoch gibt es Mischehen mit Zwergpinguinen und als Ergebnis Mischlinge. Die Artenbildung ist also noch nicht abgeschlossen.

Der Zwergpinguin brütet rund um die Küste der neuseeländischen Südinsel, auf den Chatham-Inseln und an der Südküste Australiens. Die meistbekannte Zwergpinguinkolonie liegt auf Phillip Island, Australien, ungefähr 2 Autostunden von Melbourne entfernt. Seit den 60er Jahren, als die Arbeitsgemeinschaft »Pinguine« der Universität Melbourne be-

gann, die Vögel zu beobachten, hat sich der Bestand der Kolonie verringert und beschränkt sich nun auf die kleine Summerland-Halbinsel.

Von den Naturschutzbehörden des Bundeslandes Victoria wird zur Zeit alles versucht, den Rückgang, der vielerlei Gründe hat, zu stoppen. Dabei trägt die große Popularität der Zwergpinguine auf Phillip Island viel dazu bei, der Öffentlichkeit den Naturschutz näher zu bringen. Pro Jahr sieht sich eine halbe Million Touristen das Spektakel an, wenn die Pinguine bei Sonnenuntergang am Strand landen und auf vielen kleinen Pfaden zu ihren Nestern zwischen Büschen und Sträuchern watscheln (s. Seite 10). Die Show zieht mehr Touristen an als Ayers Rock und bringt jährlich mehrere Millionen Dollar ein. Das Geld wird zum Teil dafür verwendet, Farmland auf Summerland stillzulegen, Schutzzäune gegen Katzen und Hunde zu errichten und Wachmänner zu bezahlen, die dafür sorgen, daß die Zufahrtstraßen nachts nicht als Rennstrecken genutzt werden. Doch darüber mehr im letzten Kapitel dieses Buches.

Alle Pinguine der Welt im Größenvergleich (Kaiserpinguin: 100 cm)

Adéliepinguin

Königspinguin

Kaiserpinguin

Haubenpinguin

Humboldtpinguin

Galápagospinguin

Brillenpinguin

Macaronipinguin

Zügelpinguin

Eselspinguin

Gelbaugenpinguin

Magellanpinguin

Felsenpinguin

Kronenpinguin

Snares-Dickschnabelpinguin

Dickschnabelpinguin

Zwergpinguin

RORY WILSON

PINGUINE AUF HOHER SEE

Solange ich zurückdenken kann, üben Pinguine auf mich eine große Faszination aus. Als Kind wünschte ich mir sehnlichst, Zoowärter zu werden, um mit diesen possierlichen Tieren den ganzen Tag spielen zu können. Ich hatte später außerordentliches Glück: Nach Beendigung meines Biologiestudiums 1979 wurde mir eine Doktorarbeit zum Thema »Jagdverhalten der Brillenpinguine« angeboten. Seither beschäftige ich mich in meiner wissenschaftlichen Arbeit hauptberuflich mit Pinguinen.

Die geplante Doktorarbeit über Brillenpinguine war insofern damals von großer Bedeutung, als die Anzahl dieser Tiere bereits seit einiger Zeit abnahm und niemand genau wußte, warum. Eins war immerhin klar: Man mußte unbedingt mehr über die Aktivitäten dieser Vögel auf See herausfinden. Genau dies war meine Aufgabe.

Als ich meine Untersuchungen über die Brillenpinguine aufnahm, war so gut wie nichts über das Verhalten von Pinguinen auf See bekannt, und es gab auch keinerlei Methoden, um diesen wichtigsten Teil ihres Lebens zu untersuchen. Dafür gibt es gute Gründe. Von allen Vogelarten hält sich der Pinguin die meiste Zeit im Wasser auf – er verbringt viele Monate auf hoher See, ohne an Land zu kommen. Landgestützte Untersuchungen zu diesem Thema sind also unmöglich. Pinguine von Booten aus zu beobachten ist ein hoffnungsloses Unterfangen, weil diese Vögel mit ihrem dunklen Gefieder im Meer kaum zu erkennen sind. Darüber hinaus haben Pinguine, ganz im Gegensatz zu Enten, einen geringen Auftrieb, so daß nur ein kleiner Teil von ihnen aus dem Wasser herausragt. Im übrigen lieben Pinguine es nicht, wenn man ihnen nachspioniert, und tauchen meistens ab, wenn ihnen ein Boot zu nahe kommt. Zuguter-

letzt leben viele Pinguine in Gebieten, in denen ziemlich schlechtes Wetter herrscht, so daß auch diejenigen meiner Kollegen, die solche Bootsfahrten vertragen, oft unter stark eingeschränkter Sicht leiden müssen.

Pinguine unter Wasser mit einer Taucherausrüstung zu beobachten, ist ähnlich frustrierend. Einige Arten, zum Beispiel Königs- oder Eselspinguine, zeigen Interesse an Tauchern, während andere, unter ihnen auch der Brillenpinguin, sie wie die Pest meiden, vermutlich weil sie sie für Feinde halten. Weil die Pinguine sich in beiden Fällen unter Wasser nicht normal verhalten, ist das Ergebnis höchst unbefriedigend für den Wissenschaftler.

Eingedenk all dieser Schwierigkeiten flog ich nach Südafrika, unterzeichnete an der Universität Kapstadt meinen Vertrag und begann mit meinen Untersuchungen über das Verhalten der Brillenpinguine im Meer. Meine wichtigste

(Rechts) Das wahre Element der Pinguine ist nicht das Land, sondern das Meer. Im Jahr verbringen manche Arten dort ohne Unterbrechung 8 Monate und länger.

(Unten) Deutlich sind bei diesem Brillenpinguin die Funktionen der einzelnen Körperteile zu erkennen: Die Flügel sind der Motor, während die Füße und der kurze Stummelschwanz als Höhen- und Seitenruder sowie als Bremse dienen. Die Flügelspannweite beträgt ungefähr 50 cm.

Forschungsstation sollte Marcus Island sein, eine kleine Insel (etwa 400 mal 300 m groß) in der Mitte der Saldanha Bay, 160 km nördlich von Kapstadt. Marcus Island war genauer gesagt keine Insel mehr, seit es, einige Jahre vor meiner Ankunft, durch einen 2,5 km langen Damm mit dem Festland verbunden worden war. Dieser Damm war als Wellenbrecher zum Schutz des Hafens von Saldanha Bay errichtet worden, aber er ermöglichte es mir, auch ohne Boot bequem zur Insel zu gelangen. Es ergab sich, daß ich über ein Jahr lang allein auf der Insel lebte, in jeder wachen Stunde damit beschäftigt, herauszufinden, wie 2000 Pinguine ihre Zeit im Meer verbringen. Ich bewohnte ein Haus, das aus einer Küche, zwei Schlafzimmern, einem Wohnzimmer und einer großzügigen, überdachten Veranda bestand, die mich vor der mörderischen Sonne schützte. Es gab kein fließendes Wasser. Das mußte ich in großen Fässern aus der Stadt herbeischaffen.

Der Wassertransport war so lästig, daß ich schnell lernte, geizig mit dem Wasser hauszuhalten und mir angewöhnte, mich lieber kurz im eiskalten Ozean bei 13°C zu waschen, als Stunden damit zu vergeuden, Süßwasser herbeizuschaffen. Trotz des vorherrschenden mediterranen Klimas ist dieses Meer, dank des kalten Benguelastromes, der aus den Tiefen vor der südafrikanischen Küste quellt, immer kalt. Das überaus nährstoffreiche Wasser ist der Grund für die große Dichte an Seevögeln und Pinguinen in diesem Gebiet. In Zusammenhang mit dem Sonnenlicht schaffen die Nährstoffe wunderbare Bedingungen für das mikroskopisch kleine Plankton, kleine Pflanzen und Tiere, die hier schnell wachsen und in großer Dichte vorkommen. Plankton ist die Nahrung für viele Fischarten, für Tintenfische und Krebse und für Muscheln, die wiederum den vielen Seevögeln und Meeressäugern dieser Region als Nahrung dienen. Es war daher nichts Ungewöhnliches, bis zu 5000 Delphine, 2000 Pelzrobben und 50 000 Kormorane und Tölpel im Umkreis von nur 100 m um Marcus Island zu beobachten, alle damit beschäftigt, die großen Fischschwärme abzufischen. Anzeichen für den Tierreichtum gab es überall. Abends ging ich be-

gleitet vom Klagegesang der Pinguine, ähnlich dem Schreien von Eseln, zu Bett und fand beim Aufstehen nicht selten Pinguine auf meiner Veranda, die dort mit unermüdlichem Eifer Nester bauten.

Nahrung der Pinguine

Die meisten Verhaltensweisen der Pinguine auf See haben mit dem Nahrungserwerb zu tun. Als eine Ursache für die Abnahme der Pinguinpopulation in Südafrika wurde die Konkurrenz mit der kommerziellen Fischerei vermutet. Wissenschaftler nahmen an, daß die Fischereiboote ganz einfach sämtliche verfügbaren Fische in dieser Region weggefischt hatten, so daß für die Pinguine und ihre Jungen wenig oder gar nichts mehr übrigblieb. So weit so gut. Als ich jedoch meine Studien begann, wußte man noch gar nicht genau, wovon sich Pinguine eigentlich ernähren. Zweifellos war die Beantwortung dieser Frage extrem wichtig, aber leider auch sehr problematisch.

Damals untersuchte man die Freßgewohnheiten verschiedener Pinguinarten mit Hilfe einer äußerst brutalen und uneleganten Methode: Pinguine, die vom Meer zurückkehrten, wurden einfach getötet und ihr Magen aufgeschnitten. In der wissenschaftlichen Literatur zu diesem Thema wurde das Vorgehen in etwa so beschö-

(Rechts) Die Fischereiflotte Südafrikas wurde mit dafür verantwortlich gemacht, daß die Bestände der Brillenpinguine so dramatisch zurückgingen. Doch noch Ende der 70er Jahre wußte niemand so genau, was und wieviel Pinguine eigentlich fressen.

(Unten) Es sieht schlimmer aus als es ist: Ein Brillenpinguin wird vorsichtig zwischen den Beinen eingeklemmt, damit er nicht entkommen kann. In seinem Schlund steckt ein weicher Schlauch, durch den ein halber Liter Wasser in seinen Magen gepumpt wird. Danach muß der Pinguin nur noch über einem Eimer umgedreht werden und der Mageninhalt und das Wasser kommen heraus. Die Prozedur dauert keine 2 Minuten. Das Tier kommt mit einem kleinen Schrecken davon.

nigt: »...wir sammelten einige der von See zurückgekehrten Tiere...«, ein Hinweis darauf, daß sogar die skrupellosesten Ornithologen dem Leser nicht die harten Fakten zumuten wollten. Mir erschien es grauenhaft und beschämend, daß man einen Pinguin töten konnte, nur um herauszufinden, was das Tier in den vorangegangenen Stunden gefressen hatte. Doch irgendwie mußte auch ich herausfinden, welche Nahrung meine Pinguine auf hoher See aufgenommen hatten.

Ich durchforstete die Literatur in der Suche nach einer Alternative. Tatsächlich wurden verschiedene Methoden beschrieben, die aber alle mit mehr oder weniger großen Problemen behaftet waren. Ich investierte Wochen in den Versuch, sie zu verbessern und für meine Zwecke einzusetzen. Dann, eines Tages, stolperte ich über eine Methode, die sich seither als enorm nützlich herausgestellt hat. Ich versuchte gerade, das effektive Füllvolumen eines Pinguinmagens zu ermitteln. Diese Frage war sehr wichtig in Zusammenhang mit dem Freßverhalten der Tiere, denn das Füllvolumen bedeutet die maximale Nahrungsmenge, die vom Tier zu irgendeinem Zeitpunkt aufgenommen werden kann. Ich beschloß, einen Vogel zu suchen, der offensichtlich längere Zeit nicht gefressen hatte, und ihm durch einen dünnen, weichen Gummischlauch Wasser in den Magen zu pumpen. Dieses Verfahren hatte ich im Krankenhaus abgeschaut, wo mit ähnlichen Schläuchen Patienten durch die Nase ernährt werden.

Der Unterschied lag darin, daß ich dem Vogel das Wasser sehr schnell in den Magen pumpte, um beim Einfüllen genau festzustellen, bei welcher Menge Wasser der Vogel »überlief«, der Magen also voll war. Überraschenderweise stellte ich fest, daß mein nur 3 kg schwerer Vogel 0,7 Liter Wasser problemlos aufnehmen konnte. Für einen »Standard«-Menschen von 80 kg Gewicht würde dies eine Menge von 19 Litern bedeuten! Nach Beendigung des Versuchs zog ich den Katheter wieder heraus und überwachte meinen Patienten, der nunmehr sehr stattlich und um einiges runder als vorher aussah. Ich vermutete jedoch, daß er sich mit all dem Wasser im Bauch etwas unwohl fühlte. Ich

entließ ihn in der vagen Hoffnung, es würde ihm gelingen, sich von dieser »Beute« zu trennen.

Kaum war der Pinguin ein paar Schritte gegangen, übergab er sich und spuckte das ganze Wasser wieder aus. Zu meiner Überraschung kam dabei auch noch eine ganze Anzahl Fische zutage, die er wohl zuvor verzehrt hatte. Die Methode wurde später noch verfeinert und unter der Bezeichnung »Magenspülung« bekannt. Seither, also seit über 10 Jahren, ist es nicht mehr notwendig, Pinguine und viele andere Vögel zu töten, um herauszufinden, was sie gefressen haben. Heute findet meine Methode, trotz anfänglicher Skepsis von Seiten einiger Kollegen, allgemein Anerkennung und Verwendung. Die Vorstellung, den Magen ausgepumpt zu bekommen, ist für uns Menschen natürlich sehr unangenehm. Im alten Rom wurde jedoch bekannterweise nach einem zu üppigen Mal eine Gänsefeder bemüht, mit deren Hilfe man sich den Rachen kitzelte, um den Mageninhalt loszuwerden. Danach wurde lustig weitergefeiert und -geschmaust. Seevögel sind ebenfalls Profis im Hochwürgen, da sie ihre Küken auf diese Weise füttern. Möwen z.B. entledigen sich auch ihres Mageninhalts, wenn sie von Räubern bedroht werden: Der Mageninhalt lenkt ab und befriedigt den Räuber. Außerdem hat der derart erleichterte Vogel eine bessere Manövrierfähigkeit. Wenn man also Seevögeln den Magen mit Wasser spült, so ist das zwar kurzfristig für die Tiere unangenehm, aber sie verlieren dabei nur eine »Tagesration« und leben danach normal weiter.

Was also fressen Pinguine? Bis auf wenige Ausnahmen fressen sie Fisch. Meine Brillenpinguine fraßen hauptsächlich Anchovis und dazu einige Sardinen, bei Gelegenheit natürlich auch fast alle Schwarmfische, die ihnen auf hoher See in den Schnabel schwammen, sowie Krebse und Tintenfische. Die mit ihnen verwandten Humboldt-, Magellan- und Galápagospinguine sowie Zwerg- und Gelbaugenpinguine scheinen ebenfalls auf Fisch spezialisiert zu sein. Die größte Pinguinart, der Kaiserpinguin der Hochantarktis, ernährt sich von einem Fisch namens *Pleuragramma* – er ähnelt dem europäischem

Hering – sowie von Krill und Tintenfischen. Der ihm sehr ähnliche, etwas kleinere Königspinguin der Subantarktis ernährt sich von Tintenfischen und kleinen, etwa 4 cm langen Schwarmfischen, Leuchtsardinen genannt. Die Leuchtsardinen steigen nachts fast bis zur Wasseroberfläche auf und sinken tagsüber auf 200 – 300 m Wassertiefe ab. Da Pinguine nachts Schwierigkeiten haben, ihre Beute zu erkennen, fangen Königspinguine die Fische hauptsächlich tagsüber und müssen daher bis in große Tiefen tauchen.

Die 3 kleineren, rund um die Antarktis vorkommenden Pinguinarten, Adélie-, Esels- und Zügelpinguin fressen hauspäsächlich Krill. Krill, ein kleines krabbenähnliches Tierchen, auch Leuchtgarnele genannt, ist die Haupnahrungsquelle in der Antarktis für Wale, Robben und Pinguine. Krill kommt in Schwärmen vor, deren Ausmaße im Bereich von wenigen Metern bis zu einigen Kilometern liegen, mit Dichten von bis zu 1000 Tieren pro Kubikmeter, d.h. mehreren Tausend Tonnen pro Schwarm. Solche »Superschwärme« sind oft der Schauplatz wilder Jagden, denn Vögel, Fische und Meeressäuger fressen sich hier randvoll. Die Schopfpinguine, d.h. Felsen-, Goldschopf-, Haubenpinguin und wie sie alle heißen, der gemäßigten bis subantarktischen Breiten ernähren sich fast ausschließlich von krillähnlichen Krebsen, verschmähen aber auch nicht den unvorsichtigen Tintenfisch oder Fisch, der ihres Weges kommt.

Beutefang und Färbung

Aufgrund der bereits erwähnten Probleme ist das Beobachten von Pinguinen auf See außerordentlich aufwendig und unergiebig. Daher kann es nicht verwundern, daß bisher überhaupt nur sehr wenige Menschen wildlebende Pinguine auf Beutefang gesehen haben. Ihren Berichten zufolge ist die häufigste Taktik der Pinguine die, direkt in den Schwarm hineinzuschwimmen. Dort schießen die Vögel im Zick-Zack hin und her und schnappen rechts und links nach der Beute. Dabei ähneln sie Hühnern, die auf dem Hühnerhof Körner aufpicken. Normaler-

(Seite 72/73) Die schnellste Fortbewegungsart der Adéliepinguine ist das »Delphinspringen«. Die Pinguine halten zum Luftholen nicht an, sondern schießen mit einer Geschwindigkeit von 12 km in der Stunde aus dem Wasser, um für Sekundenbruchteile zu fliegen. Bei geöffnetem Schnabel wird dabei schnell aus- und wieder eingeatmet, bevor die Vögel wieder eintauchen, um weitere 30-50 m unter Wasser zurückzulegen.

Adéliepinguine gehen sehr selten allein ins Wasser. Meistens bildet sich am Strand eine größere Pinguin-»Traube«. Erst wenn genug Tiere beisammen sind, setzt irgendwann eine »Stampede« ein, und mehrere Dutzend Pinguine rennen dichtgedrängt unter lautem Rufen ins Wasser. Gemeinsam haben sie gegen einen eventuell auf der Lauer liegenden Seeleopard größere Chancen .

weise werden die erbeuteten Fische sofort nacheinander unter Wasser heruntergeschluckt, ohne daß die Pinguine hierzu auftauchen müßten. Besonders große Beute aber, die in die richtige »Schluckposition«, d.h. mit dem Kopf voran, gebracht werden muß, wird erst an der Wasseroberfläche gefressen.

In den 5 Jahren, in denen ich mit Brillenpinguinen arbeitete, habe ich Tausende von Seemeilen bei dem Versuch zurückgelegt, die Tiere auf See dabei zu beobachten. Eines Tages konnte ich dann tatsächlich miterleben, wie Brillenpinguine fischen. Ich wanderte an der Küste von Marcus Island entlang. Es war erstickend heiß. Das Meer war spiegelglatt und ungewöhnlich klar. Hektische Bewegungen der Wasseroberfläche, unweit von mir, entfachten meine Neugier und ich kletterte auf einen Felsvorsprung, um von dort aus ihre Ursache zu erkennen. Ein einzelner Brillenpinguin schwamm unter Wasser pfeilschnell um einen kleinen Schwarm Meeräschen herum. Seine Kreise wurden immer enger. Die Fische gerieten in Panik und ihre

geordnete Schwarmstruktur brach auf: Sie schwammen kreuz und quer durcheinander. Plötzlich brach der Pinguin das Umkreisen des Schwarms ab, schoß blitzschnell von unten in den Schwarm hinein, schnappte sich einen Fisch und verschlang ihn. Kaum war er mit dem Herunterschlucken fertig, umkreiste er die Fische bereits wieder. Kurz darauf mußte er zum Atmen auftauchen. Diesen Moment nutzten die Fische, ordneten sich und verschwanden mit einer einzigen Bewegung in der Tiefe des Meeres. Der Pinguin hatte mich inzwischen bemerkt und ergriff ebenfalls die Flucht.

Die geradezu hysterische Reaktion der Fische dem Pinguin gegenüber brachte mich auf den Gedanken, daß sich unter Wasser zwischen Pinguin und Fischen etwas abgespielt haben müßte, das mir entgangen war. Vielleicht hatte es mit der Färbung des Jägers zu tun? Dieses Jagdverhalten wurde auch bei anderen Pinguinarten der Gattung *Spheniscus* beschrieben. Wie im Kapitel über die Pinguinarten bereits erwähnt, haben Pinguine dieser Gattung außer

dem klassischen schwarzen Rücken und weißen Bauch zusätzlich einen schwarzen Streifen
an der Seite, der in starkem Kontrast zum weißen Untergrund steht. Als ich beim Tauchen
zum erstenmal Brillenpinguine unter Wasser
beobachtete, beeindruckte mich sehr, wie auf-
fällig sie seitlich gezeichnet waren. Stand dies

nicht im Widerspruch zur klassischen Theorie,
daß Pinguine schwer erkennbar sein müssen,
um ihren Feinden nicht zum Opfer zu fallen und
sich außerdem ihrer Beute unbemerkt nähern zu
können?

Zusammen mit einigen Freunden entwarfen wir
eine Versuchsanordnung, um herauszubekommen, warum sich *Spheniscus*-Pinguine mit einem derart auffälligen Muster schmücken. Wir
fingen einige Anchovis, die Hauptnahrung der
Brillenpinguine, und steckten sie in einen großen, kreisförmigen Tank des Instituts für See-
fischerei in Kapstadt. Sofort fanden sich alle
Fische zu einem Schwarm zusammen und begannen als Gruppe, im Tank im Kreis zu
schwimmen. Alle Fische im Schwarm schwammen in die gleiche Richtung, bei gleicher Geschwindigkeit und hielten zu ihren Nachbarn
einen gleichbleibenden Abstand ein. Die Fische
schwammen »in Formation«. Das ist natürlich
genau das, was man bei Schwarmfischen, die
zusammen bleiben wollen, erwarten würde.
Solche Fischschwärme bezeichnet man als »po-

(Oben) Auch auf einer Eis-
scholle versucht man als
Pinguin zusammenzubleiben.
Ob Adéliepinguine auch im
»Rudel« jagen, ist unbekannt.

(Links) Auf diesen Fisch-
schwarm hat das schwarz-weiße
Muster an der Flanke des
Brillenpinguins seine Wirkung
nicht verfehlt: panikartig und in
heillosem Durcheinander versuchen die Fische dem Räuber zu
entkommen.

76

larisiert«. Sie sind äußerst erfolgreich in der Verwirrung von Feinden. Wenn ein Jäger in einen polarisierten Fischschwarm eindringt, reagieren die Fische wie ein einziges Tier und flüchten blitzschnell um den Feind herum. Jeder einzelne Fisch weiß genau, wo es lang geht und keiner verliert die Orientierung: Mißverständnisse, die zu Zusammenstößen führen könnten, kommen nicht vor. Der Räuber sieht sich einer nahezu unendlichen Auswahl flinker und schwierig zu verfolgender Fische gegenüber. Das macht es ihm äußerst schwer, tatsächlich einen von ihnen für das Dinner auszuwählen und ihn dann auch zu erwischen. Pinguine müssen es bei jedem Beutefang mit der Polarisation der Schwarmfische aufnehmen. Wie wir gleich sehen werden, kommt ihnen hier ihre Färbung ausgezeichnet zustatten.

Während der oben erwähnte Anchovischwarm im Aquarium friedlich seine Runden drehte, ließen wir verschiedene Pinguinmodelle ins Wasser. Die meisten Modelle trugen wenig dazu bei, die natürliche Schwarmordnung zu stören. Als wir aber ein Modell eines Brillenpinguins, mit der auffälligen Zeichnung, ins Wasser ließen, wurden die Fische »depolarisiert«. Ihre Ordnung brach auf, die Fische schwammen panikartig hierhin und dorthin, einmal schnell und dann wieder langsam, dann wieder zögerlich kurz nach einem Beinah-Zusammenstoß mit einem Artgenossen. Es war leicht zu erkennen, daß jeder auch nur halbwegs geschickte Pinguin in diesem losen Haufen problemlos Beute machen könnte. Warum der zusätzliche schwarze Streifen an der Flanke der *Spheniscus*-Pinguine diese verheerende Wirkung auf die Fische hat, ist nach wie vor ein Geheimnis. Zweifellos funktioniert es irgendwie und man kann vermuten, daß ähnliche Färbungen bei Delphinen und Schwertwalen dem gleichen Zweck dienen.

Jagdverhalten der Pinguine

Doch zurück zu meinen Untersuchungen auf Marcus Island: Mehr oder weniger zufällig hatte ich die Frage gelöst, wie man herausbe-

kommen kann, was Pinguine fressen. Aber ich wußte immer noch nicht, was die Vögel auf See machen, wie weit sie auf ihrer Suche nach Nahrung schwimmen, wie tief sie tauchen, oder zu welcher Tageszeit sie jagen. Ich beschloß, diese Fragen Stück für Stück anzugehen und mit den einfachsten Sachen zu beginnen.

Der Jahresrhythmus erwachsener Pinguine gliedert sich in zwei Perioden: die Brutzeit, wenn die Küken gefüttert werden müssen und die Pinguine daher nur für kurze Zeit das Nest zur Nahrungssuche verlassen können, und die Zeit zwischen den Brutzeiten, wenn die Tiere monatelang auf See sind und sich dabei Hunderte von Kilometern von ihren Brutinseln entfernen. Darüber hinaus gibt es natürlich noch diejenigen unter den Pinguinen, die zu jung für das Brutgeschäft sind oder nicht das Glück hatten, einen Partner zu finden. Ihnen wollte ich mich erst später widmen. Die erste und auch einfachste Frage auf meiner Insel war herauszubekommen, wann brütende Brillenpinguine jagen.

Ich saß in einem Versteck am Strand und zählte 24 Stunden lang, wieviele Vögel zur Jagd ins Meer gingen und wieviele zurückkamen. Die Pinguine sollten mich nicht sehen können, um auszuschließen, daß sie aus Furcht vor mir zu einem anderen Strand abwanderten oder, statt an Land zu kommen, im Meer warteten. Die ganze Angelegenheit wurde etwas stressig,

(Seite 77) An der Küste Südafrikas wartet ein Brillenpinguinküken auf den Sonnenaufgang (oben). Dreitausendachthundert Kilometer weiter südlich ist soeben das Meereis aufgebrochen (unten). Für die beiden Adéliepinguine bedeutet dies Sommeranfang und Mitternachtssonne.

(Unten) Der Fahrtenschreiber macht's möglich: Dies ist die Reiseroute eines Adéliepinguins, der vom Strand der Ardley-Insel gestartet ist, um in der Maxwell-Bucht Krill zu fangen. Neben der Route speichert das Gerät alle 10 Sekunden auch die Tauchtiefe, die Wassertemperatur und die Helligkeit. Auf dem Satellitenbild dieses Seegebietes erscheinen (in Falschfarben) eisfreie Gelände weiß, Gletscher hellgrau und das Meer dunkelgrau.
Der Pinguin verließ die Insel kurz vor 11 Uhr und war am nächsten Morgen um 7:30 Uhr zurück.

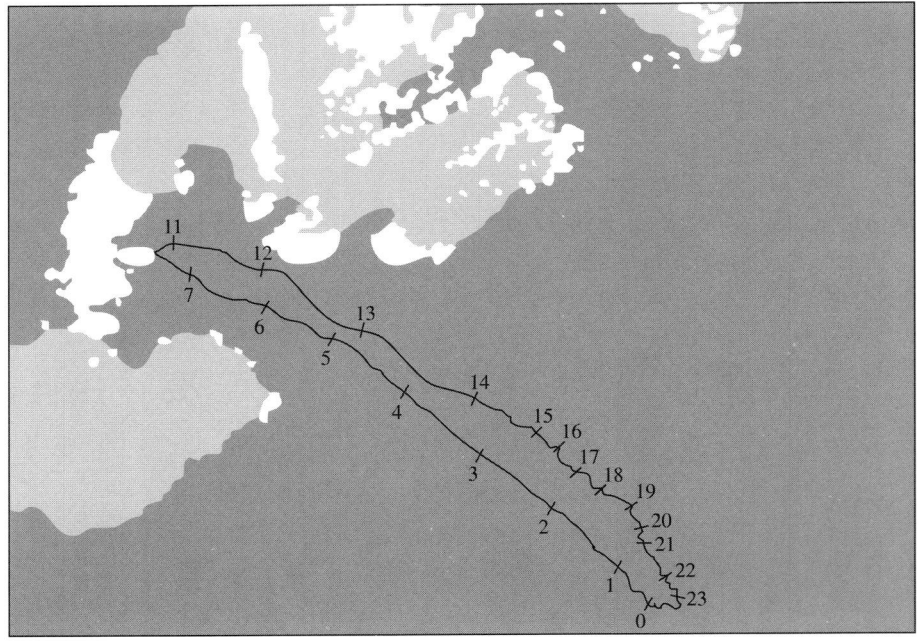

Schwarz verpackt, stromlinien-
förmig und nur 200 Gramm
leicht: Der Fahrtenschreiber auf
dem Rücken scheint den Eselspinguin nicht weiter zu stören.

denn die Tiere fanden meinen Unterstand so in-
teressant, daß alle zu einer kleinen Inspektion
vorbeikamen. Das Dach des Verstecks war mit
Seilen verankert, welche bei den Pinguinen
einige Irritationen auslösten. Bei ihrem Versuch, der Sache auf den Grund zu gehen, stol-
perten sie wiederholt und landeten unelegant
auf ihren Schnäbeln im Sand. Das sorgte bei
ihren Artgenossen für Überraschung und Be-
tretenheit. Was mich beunruhigte, war, daß sich
dabei die Seile lockerten und das Zeltdach mehr
und mehr hinuntersackte. Nach 24 Stunden war
ich gezwungen, auf dem Bauch liegend durch
eine kleine Öffnung zu spähen, um meine Aufzeichnungen zu machen, während die Pinguine
ahnungslos auf meinem Rücken umherliefen!
Doch die Mühe hatte sich gelohnt. Ich konnte
eindeutig feststellen, daß fast alle Pinguine die
Insel in der Morgendämmerung verließen und
erst bei Einbruch der Dunkelheit oder kurz danach zurückkehrten. Es war also klar, daß Brillenpinguine tagsüber jagen. Untersuchungen an
anderen Arten führten zu dem gleichen Ergebnis. Bis heute gibt es keinen Beweis dafür, daß

Pinguine, gleich welcher Art, nachts jagen, obwohl einige Arten zuweilen auch die Nacht auf
See verbringen.

Tauchtiefe der Pinguine

Das nächste Problem war herauszufinden, in
welcher Tiefe die Pinguine fischen. Das würde
mit Sicherheit nicht einfach werden. Bis zu je-
ner Zeit hatte erst ein Forscher ernsthaft versucht herauszubekommen, was Pinguine im
Meer tun. Gerry Kooyman, ein Amerikaner,
hatte mit Kaiserpinguinen in der Antarktis gear-
beitet. Ihm gelang es herauszubekommen, daß
diese Tiere eine Tauchtiefe von sage und
schreibe 265 m erreichen. Hierzu hatte er auf
dem Rücken der Vögel vor Beginn eines Tauchgangs ein Röhrchen mit Farbpulver befestigt.
Die maximale Tiefe wurde durch den verblei-
benden Farbstoff angezeigt. Nach Rückkehr der
Tiere wurde der Tiefenmesser abgenommen
und der Wert abgelesen.
Ich wollte die Methode natürlich noch etwas

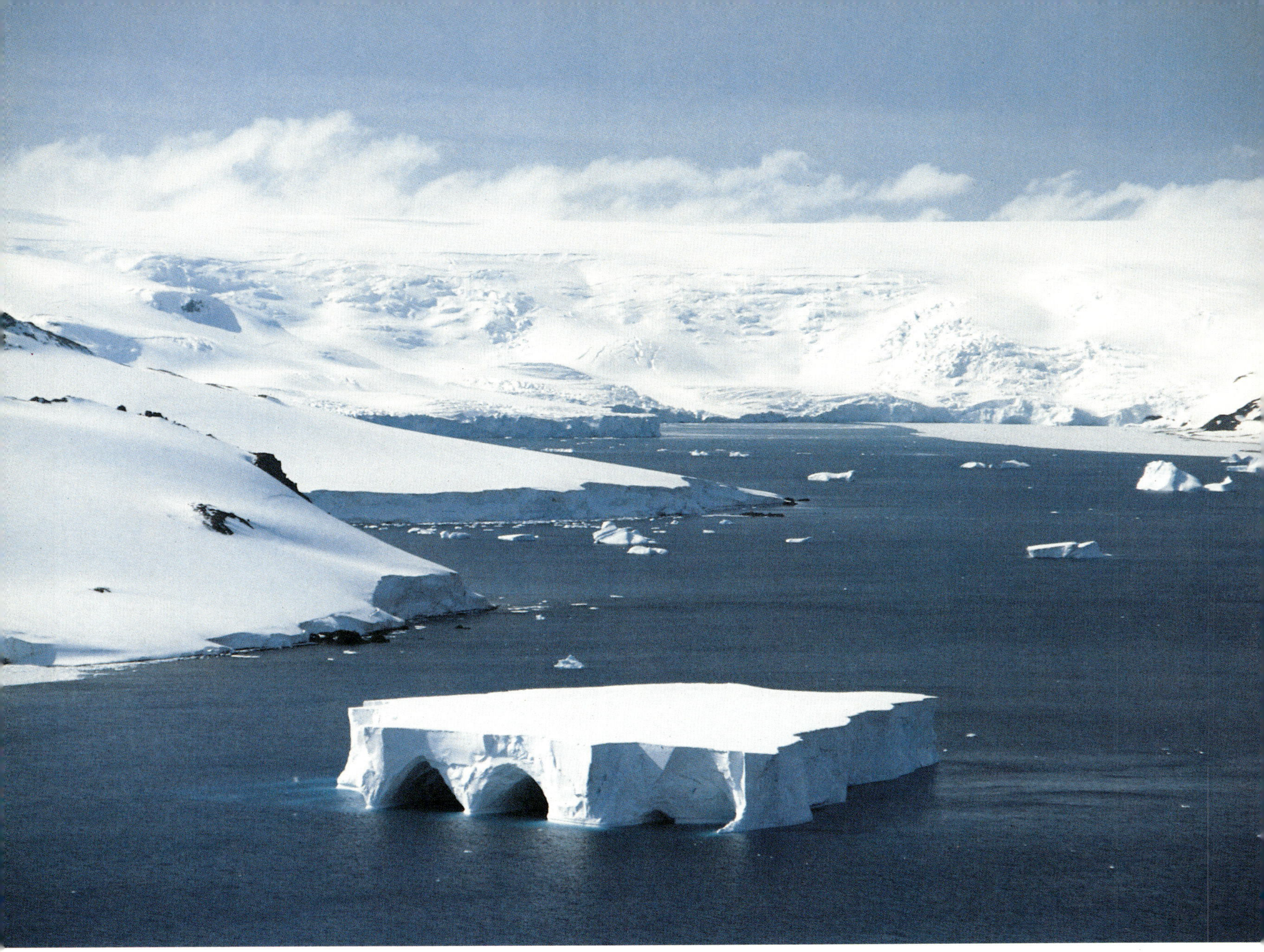

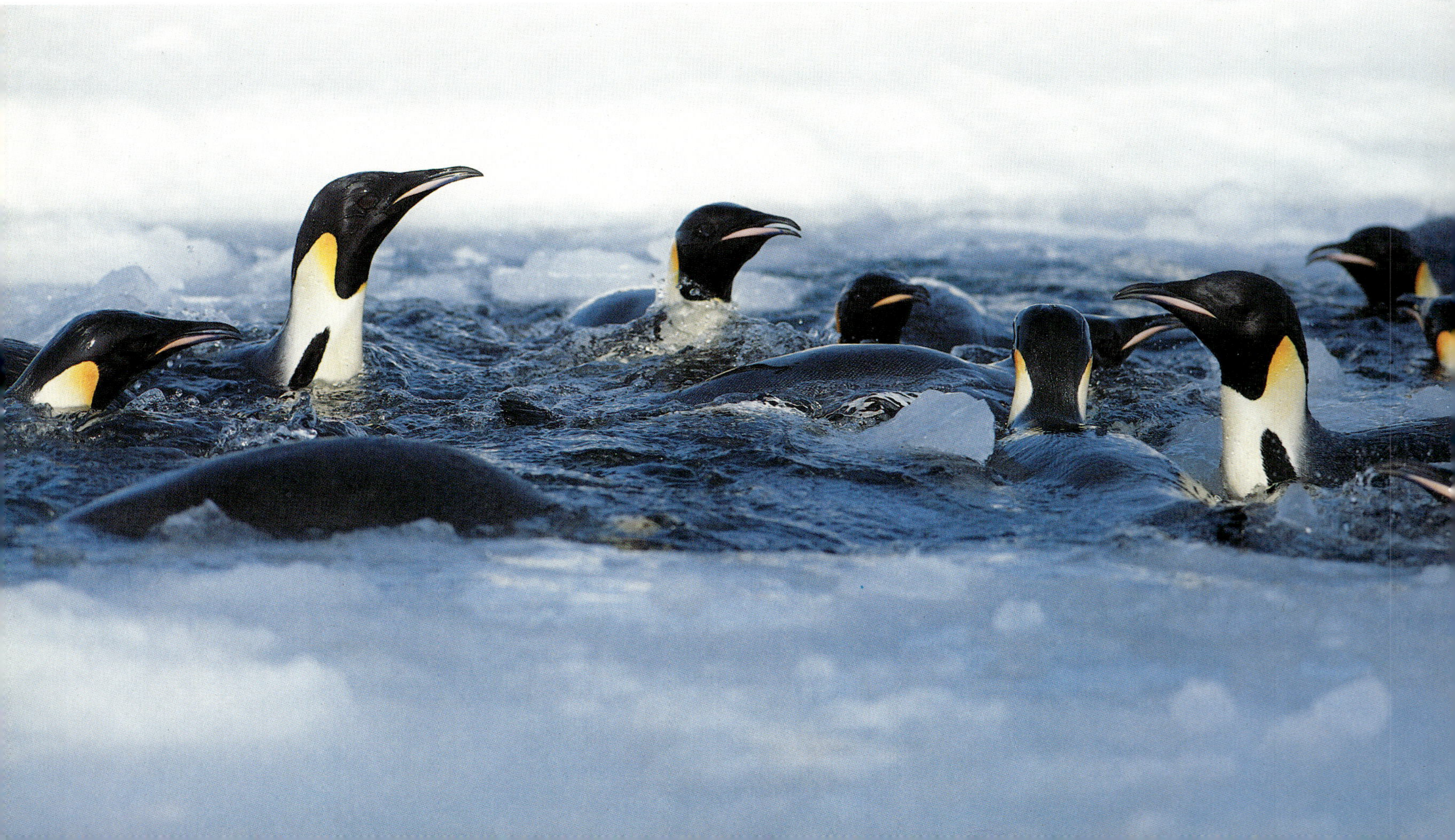

Das größte Süßwasserreservoir der Erde, die Antarktis, ist ganzjährig von Eis bedeckt. Der Tafeleisberg im Vordergrund ist oberhalb der Wasserlinie rund 50 m hoch. Unter Wasser hat er allerdings einen Tiefgang von 300 m!

Kaiserpinguine sind die Rekordhalter, wenn es um die Tauchtiefe bei Pinguinen geht. Mit Hilfe eines Fahrtenschreibers wurde bei einem Weibchen eine maximale Tauchtiefe von 535 m registriert.

verbessern. Also kaufte ich den billigsten Tiefenmesser, den ich finden konnte, und versuchte, ihn so herzurichten, daß der Tiefenanzeiger eine kleine Markierung bis hinauf zum Maximum schob, genau wie bei einem Minimum-Maximum-Thermometer. Zu Beginn war ich ziemlich frustriert, denn die Markierung blieb am Zeiger hängen und stand jedesmal auf Null, sobald das Gerät an die Wasseroberfläche zurückkehrte. Da kam ich auf die Idee, die Markierung durch ein Kügelchen einer schwach radioaktiven Substanz zu ersetzen und einen Film auf dem Ziffernblatt zu befestigen. Die Substanz war so wenig radioaktiv, daß keine Strahlung aus dem Gerät austrat und die Handhabung ungefährlich war. Die radioaktive Strahlung reichte aber gerade noch aus, um den unmittelbar darunter angebrachten Film zu schwärzen. Von nun an wurde jede Bewegung des Tiefenanzeigers auf dem Film festgehalten.

Da der Schwärzungsgrad des Films davon abhing, wie lange er der radioaktiven Strahlung ausgesetzt war, konnte ich anhand der aufgezeichneten Flecken nicht nur ablesen wie tief der Pinguin getaucht war, sondern auch, wie lange er sich in der jeweiligen Tiefe insgesamt aufgehalten hatte. Mit Hilfe eines maßgeschneiderten Ledergurts gelang es mir, das neue Gerät den Pinguinen anzulegen. Ich fand heraus, daß Brillenpinguine regelmäßig 30 m tief tauchen. Manchmal tauchten sie aber bei ihrer Suche nach Nahrung auch bis 130 m tief.

Der tiefste jemals aufgezeichnete Tauchgang ist der eines kleinen, weiblichen Kaiserpinguins, der die unglaubliche Tiefe von 535 m erreichte. Diesen Wert erhielt wieder einmal Gerry Kooyman, der auch heute noch, nach 20 Jahren, seine Untersuchungen an Pinguinen alljährlich auf der amerikanischen Station McMurdo fortführt. Heute setzt er natürlich elektronische Tiefenmesser ein. Bei den kleineren Königspinguinen auf Crozet, im südlichen Indischen Ozean, registrierte Klemens Pütz aus unserem Institut eine maximale Tauchtiefe von 325 m.

Auf der Ardley-Insel (Antarktische Halbinsel) zeichnete ein von uns auf einem Adéliepinguin befestigtes Gerät eine maximale Tiefe von 240 m auf. Soviel ich weiß, ist dies der Rekord für diese Art. Adéliepinguine verbringen über 90% ihrer Zeit in Tiefen von 0–50 m. Was dieser Vogel in 240 m Tiefe tat, bleibt sein Geheimnis. Im Gegensatz dazu verbringt der kleinste Vertreter der Pinguine, der Zwergpinguin, die meiste Zeit oberhalb von 10 m und taucht wohl kaum je tiefer als 30 m: Wie tief Pinguine tauchen können, scheint von ihrer Körpergröße abzuhängen.

Schwimmgeschwindigkeit

Während meines Aufenthalts auf Marcus Island interessierte mich eine weitere Frage brennend: Wie schnell und wie weit schwimmen Pinguine auf ihren Jagdausflügen? Da es damals keine geeigneten Meßgeräte hierfür gab, blieb mir nichts anderes übrig, als selbst ein Gerät zu entwickeln, welches ich, ähnlich wie den Tiefenmesser, den Pinguinen umschnallen konnte. Das Geld für die Pinguinforschung war damals sehr knapp, und so mußte ich ein Geschwindigkeitsmeßgerät bauen, welches mein bescheidenes Budget nicht sprengte. Ich beschloß, den Aufzeichnungsmechanismus weiterzuverwenden, den ich für das Tiefenmeßgerät entwickelt hatte, also das radioaktive Kügelchen und den Film.

Am Ende baute ich den ganzen Geschwindigkeitsmesser aus einer Einwegspritze, wie sie in Arztpraxen verwendet wird, einem Stück Stahldraht, Nagellack und einem kleinen Stück Schaumgummi. Die Spritze lieferte das Gehäuse, in dem ich die aus dem Draht gewundene Feder befestigte. Aus dem Schaumgummi schnitt ich einen Stempel, den ich an das andere Ende der Feder klebte. Nun konnte man diesen Stempel gegen den Druck der Feder in das Gehäuse drücken. Ließ man los, kam er, von der Feder gedrückt, wieder in seine Ausgangslage zurück. Den Nagellack brauchte ich, um die Feder anzumalen, damit sie im Salzwasser nicht gleich verrostete.

Ich befestigte das Gerät an einem Pinguinmodell aus Plastik und testete das Ganze in einem Wassertank. Je höher die Geschwindigkeit, desto weiter wurde der Stempel vom Wasser in das

Gehäuse gepreßt. Sobald man das Modell anhielt, kehrte der Stempel in seine Ausgangsposition zurück. Die Bewegung des Stempels wurde wieder mit Hilfe der Radioaktivität und des Films aufgezeichnet. Das Meßgerät war fertig. Trotz dieser etwas rustikalen Konstruktion funktionierte das Gerät hervorragend und schon nach kurzer Zeit konnte ich ablesen, daß Brillenpinguine unter Wasser eine Reisegeschwindigkeit von 7–9 Kilometern pro Stunde bevorzugen und Maximalgeschwindigkeiten von 20 Kilometern pro Stunde erreichen. Außerdem konnte ich feststellen, daß Pinguine mit kleinen Küken etwa 30 km täglich auf der Suche nach Nahrung zurücklegen, während Vögel mit großen Küken rund 80 km weit schwimmen müssen, um genügend Fische zu fangen. Ich veröffentlichte einen Artikel in einer wissenschaftlichen Zeitschrift über den Einsatz dieses einfachen und billigen Geschwindigkeits- und Wegstreckenmeßgerätes an Pinguinen. Kurz darauf las ich amüsiert im »Reader's Digest« eine kurze Satire, die sinngemäß so lautete: »Achtung, Achtung, an alle Pinguine! Endlich ist er da: Rory Wilsons Unterwasser-Tacho! Genau, zuverlässig und äußerst preiswert! Sofort kaufen! Limitierte Auflage!«

Das von mir entwickelte Gerät wurde tatsächlich von einer Reihe anderer Pinguinforscher benutzt. Es zeigte sich, daß alle Pinguine in etwa gleich schnell schwimmen. Die größeren Arten sind nur geringfügig schneller als die kleineren. Gerry Kooyman war wieder derjenige, der den Weltrekord messen konnte: Mit einem komplizierten elektronischen Gerät registrierte er bei einem Kaiserpinguin eine maximale Schwimmgeschwindigkeit von 25,5 Kilometern in der Stunde. Trotz all der übertriebenen Behauptungen falsch informierter Journalisten ist dies die höchste Geschwindigkeit, die jemals zuverlässig an einem schwimmenden Pinguin gemessen wurde. Kooyman betont auch, daß die normale Geschwindigkeit der Kaiserpinguine bei 11 Kilometern pro Stunde liegt.

Seit jenen frühen Tagen auf Marcus Island hat die Pinguinforschung Riesenfortschritte gemacht. Die Anzahl der Geräte, die von Pinguinforschern eingesetzt werden, hat sich verviel-

facht. Wir selbst setzen heute hochkomplizierte, kleine, stromlinienförmige Fahrtenschreiber ein, die am Pinguin gleichzeitig Tauchtiefe, Schwimmgeschwindigkeit und -richtung aufzeichnen, und das alle 10 Sekunden. Die Daten werden elektronisch im Gerät gespeichert, während der Pinguin auf See ist. Nachdem das Tier zum Nest zurückgekehrt ist und das Gerät abgenommen werden konnte, werden die Daten zur Auswertung auf den Computer übertragen. Mit Hilfe von Computerprogrammen können wir schon nach wenigen Minuten genau aufzeigen, wo der Pinguin hingeschwommen ist und wo er nach Nahrung getaucht hat.

Mit Hilfe dieser neuen Geräte können wir eine ganze Menge über das Verhalten der Tiere auf See lernen. Dennoch treibt das Interesse an ökologischen Fragestellungen viele Forscher dazu, nicht auf das Wohlergehen der Pinguine zu achten und die Vögel mit zu großen Geräten auszustatten. Mit zunehmender Größe der Geräte werden die Pinguine aber mehr und mehr beein-

Der Fahrtenschreiber auf dem Rücken des Adéliepinguins ist mit Klebeband an den Federn befestigt. Das Gerät wird gerade im Schwimmkanal in der Antarktis getestet und kalibriert.

Obwohl bereits größer und schwerer als seine Eltern, wird dieses Königspinguinküken noch bis zum Abschluß der Mauser gefüttert. In wenigen Tagen wird es erstmals den Sprung ins kalte Wasser wagen.

trächtigt: Aufgrund der Reibungsverluste erhöht sich ihr Energieverbrauch, während sich ihre Schwimmgeschwindigkeit und die erzielte Tauchtiefe verringern. Die Dauer eines Jagdausfluges wird von den Tieren erhöht, um diese Effekte zu kompensieren, und dennoch ist ihr Jagderfolg geringer als ohne Meßgerät. Eine erschreckende Bilanz! Außerdem sind es genau diese Parameter, die der Forscher unverfälscht messen wollte.

Um diese für Forscher und Pinguine gleichsam unbefriedigende Situation zu verbessern, haben einige Wissenschaftler gerade in den letzten Monaten mit großem Aufwand den Einfluß der Geräte auf ihre Studienobjekte, die Pinguine, untersucht. Als Faustregel kann man sagen, daß nur ein kleines, leichtes und strömungsgünstiges Gerät, das mit viel Feingefühl am Pinguin befestigt wird, das Tier minimal beeinträchtigt und daher wirklichkeitsnahe Ergebnisse liefert.

Nahrungsökologie

Vor 2 Jahren dachten Boris und ich über all die wunderbaren Fortschritte auf dem Gebiet der Elektronik nach, die es uns ermöglichen, jede Bewegung eines Pinguins auf See zu rekonstruieren. Dem verborgenen Leben der Pinguine im Meer nachzuspüren, ist eine enorm spannende und dankbare Aufgabe. Trotzdem gab es da noch ein sehr wichtiges Gebiet, auf dem bisher wenig Fortschritte gemacht worden waren. Seit dem ersten Einsatz der Magenspülung vor 10 Jahren (siehe S. 70ff.) hatte es keine neuen Erkenntnisse über das Freßverhalten dieser Vögel gegeben. Es war irgendwie unbefriedigend, mit Hilfe der neuen Fahrtenschreiber genau feststellen zu können, wo sich die Pinguine auf See aufgehalten hatten und wie tief sie dort getaucht waren, ohne zu wissen, ob, was und wieviel sie in diesem Seegebiet gefressen hatten. Es war als ob man die Einkaufstasche von einem Dieb durchwühlt, den man stundenlang verfolgen ließ, ohne zu erfahren, wo was geklaut wurde.

Wir spielten mit einigen Ideen herum, entwickelten einen Sensor, um die Schnabelbewegungen aufzuzeichnen, verwarfen das Ganze und entschieden uns dann, die Magentemperatur zu messen. Pinguine sind Warmblüter mit einer Körpertemperatur von etwa 39°C. Unter normalen Bedingungen ist ihr Magen körperwarm. Die Beute der Pinguine ist jedoch kalt. Fische und Krebse haben die gleiche Temperatur wie das Meerwasser, in dem sie leben, also irgendwo zwischen -2°C in der Antarktis und 13°C in Südafrika. Wenn Pinguine ihre Beute herunterschlucken, muß folglich die Magentemperatur drastisch abnehmen. Mit diesen Gedanken im Kopf setzte ich mich mit Kollegen des Alfred-Wegener-Instituts für Polar- und Meeresforschung in Bremerhaven zusammen. Wir entwarfen ein Gerät, welches von Pinguinen und anderen Seevögeln heruntergeschluckt werden konnte. Es sollte längere Zeit im Magen verweilen, unverdaulich und druckfest sein, zuverlässig die Temperatur aufzeichnen und durch eine Magenspülung wieder herauskommen.

Für eine erste Versuchsreihe flog ich im Juni

1990 mit meiner Familie nach Südafrika, um die Prototypen an meinen alten Bekannten, den Brillenpinguinen, nahe der Zivilisation, auszutesten. Ich ziehe es immer vor, neue Methoden an Brillenpinguinen zu erproben, da ich inzwischen mit den Tieren so gut vertraut bin, daß ich Probleme schnell erkennen und beheben kann. Diesmal arbeiteten wir auf Dassen Island, einer kleinen flachen Insel (3 mal 1 km), 80 km nördlich von Kapstadt und 5 km vom Festland entfernt. Auf der Insel nisten etwa 7000 Pinguine in Sandhöhlen, die auch unzähligen Kaninchen und Schildkröten Unterschlupf bieten. Unsere Zeit auf der Insel war sehr begrenzt, und so wollte ich die Magentemperatursensoren gleich nach unserer Ankunft ausprobieren. Kaum hatte das Boot nach der schrecklichen Über-

Ein überdimensionierter Bauch, zwei Füße, um zu den Eltern zu gelangen, und ein Schnabel, um (noch mehr) Nahrung aufzunehmen: Nach einem entbehrungsreichen Winter wird dieses Königspinguinküken von seinen Eltern sichtlich genudelt, um schnell erwachsen zu werden.

fahrt angelegt, torkelten meine Frau Marie-Pierre und ich, jeder mit einem unserer beiden kleinen, ebenfalls seekranken Söhne im Arm, zur nächstbesten Brutkolonie. Wir waren auf der Suche nach einem Pinguin, den wir überzeugen könnten, das Gerät zu schlucken. Zum Glück fanden wir gleich einen Kandidaten, der sich nach der Prozedur zu seinem Nest trollte, um mich von dort aus mit einem ganzen Repertoire an Beschimpfungen zu bombardieren.

Wir markierten das Nest und versuchten dann erst, die schrecklichen atlantischen Brecher zu vergessen, die uns kurz zuvor gebeutelt hatten. Am nächsten Tag ging ich zu besagtem Nest, um zu überprüfen, ob der Pinguin mit dem Gerät im Bauch auf Nahrungssuche ins Meer gegangen war. Ich war ziemlich sauer, als ich sah, daß er die Titankapsel einfach neben der Höhle ausgespuckt hatte, bevor er, erleichtert, in See stach. Am Ende des Tages kehrte er zurück, voller Fisch. Sein ganzes Gebaren zeigte mir, daß er sich diebisch darüber freute, daß ich wieder einmal nicht herausbekommen hatte, wann und wo er Beute gemacht hatte. In weiteren Versuchen stellte sich heraus, daß alle Pinguine die Geräte nach einer bestimmten Zeit wieder hochwürgten. Ich mußte also versuchen, sie so kurz wie möglich vor ihrer »Abreise« zu erwischen. Tatsächlich hatten wir dann bei 70% von ihnen Glück und die Tiere würgten das Gerät erst nach ihrem Ausflug auf See wieder hoch. So erzielten wir bereits in diesen Vorversuchen die ersten Ergebnisse!

Der Leser mag entsetzt darüber sein, daß wir es den Pinguinen zumuten, ein gut daumengroßes Gerät zu schlucken. Doch sollte man nicht vergessen, daß Pinguine auch in der Natur ganze Fische im Stück verschlucken und diese noch wesentlich größer sein können als unsere Geräte. Unser Kollege David Grémillet arbeitet an Kormoranen. Diese Tiere wiegen nur etwa die Hälfte dessen, was unsere Pinguine auf die Waage bringen. Dennoch hatte er keine Mühe, den Vögeln die Geräte zu verabreichen: Er versteckte sie in einem Fisch, den er neben das Nest legte. Der zurückkehrende Kormoran war über dieses Geschenk immer hocherfreut und schluckte das Ganze in einem Stück herunter. Fertig.

Diese Technik funktioniert bei den Pinguinen leider nicht. Obwohl Pinguine in Gefangenschaft lernen, tote Fische zu fressen, ignorieren sie in der Natur, auch wenn sie Hunger leiden, alles, was sich nicht im Wasser bewegt. Daher müssen wir unsere Versuchstiere immer einfangen, bevor wir ihnen die Temperatursensoren verabreichen können. Wie schon gesagt, ist es leicht, das Gerät zurückzubekommen. Wie andere Vögel auch würgen Pinguine von Zeit zu Zeit unverdauliche Nahrungsreste, zum Beispiel Fischgräten, wieder hoch. Man kann sich fast darauf verlassen, daß sich das Gerät nach mehr als 48 Stunden nicht mehr im Tier befindet. Daher müssen wir die Pinguine für diese Versuche nur einmal einfangen, ein großer Vorteil für uns und für sie.

Leider haben wir Biologen keine Kontrolle darüber, ob die Sensoren in der Nähe des Nestes oder woanders wieder ans Licht kommen. Wenn die Vögel sich schon im Meer übergeben, sind die Geräte unwiderbringlich verloren. Magentemperatursensoren, die außerhalb des Nestes an Land »gelandet« sind, kann man, wie beim Ostereiersuchen, mit viel Glück und Ge-

Nach der Magenspülung kommt neben der von einem Königspinguin aufgenommenen Nahrung auch der Magentemperatursensor wieder zutage. In ihm sind Temperaturdaten gespeichert, mit deren Hilfe berechnet werden kann, wann und wieviele Fische das Tier auf See gefressen hat.

duld wiederfinden. Dabei hilft ein Schatzsuchgerät. Unserem Kollegen Klemens Pütz erging es ganz anders. Er war nach kurzer Zeit auf Crozet (Indischer Ozean) völlig demoralisiert, da er die Mehrzahl seiner 20 Geräte (Stückpreis immerhin DM 600,–) verloren hatte. Die Königspinguine, denen er die Sensoren verabreicht hatte, waren einfach zu unzuverlässig! Er suchte am Strand und auf allen Wegen, die die Pinguine zwischen dem Meer und ihren Kolonien beschritten haben könnten. Nichts. Die französische Stationsbesatzung mutmaßte bereits, er suche nach Gold oder anderen Edelmetallen und die ganze Pinguinforschung diene nur als Tarnung. Als er dann aber eines Tages wieder einmal zusah, wie ein Königspinguin sein Küken fütterte, traf es ihn wie ein Blitz. Er rannte los und holte sein Metalldetektor. Es zeigte sich, daß die meisten der verlorengeglaubten Geräte an die Küken weiterverfüttert worden waren!

Man mag sich fragen, ob es wirklich notwendig ist, diese ganzen unangenehmen Untersuchungen an Pinguinen durchzuführen und ob die Arbeit der Biologen die Tiere nicht übermäßig beeinträchtigt. Das ist natürlich ein heikles Thema, aber vielleicht können wir uns damit rechtfertigen, daß der Mensch die gesamte Natur, also auch den Lebensraum der Pinguine fortwährend beeinflußt, stört und zerstört (siehe letztes Kapitel). Die dabei entstehenden Probleme können wir nur dann verstehen, wenn wir die Lebensbedingungen der Tiere kennen und wissen, was sie auf See tun. Nur so können wir die Informationen erhalten, die wir benötigen, um ihre Lebensbedingungen zu verbessern und um rechtzeitig denen Einhalt gebieten zu können, die skrupellos die Natur ausbeuten wollen.

Ein Tag im Meer: die Körperpflege

Pinguineltern, die in See stechen, um Nahrung für ihre Küken zu besorgen, müssen erst einmal ihre Federn in Ordnung bringen, um vernünftig schwimmen zu können. In der Brutkolonie kann man als Pinguin (und nicht nur als Pinguin) ziemlich schmutzig werden, denn kein Nachbar achtet darauf, wohin die mit hohem Druck austretenden Ausscheidungen hinspritzen. Die Morgentoilette findet normalerweise im Wasser vor dem Strand statt. Pinguine gemäßigter und tropischer Breiten, wie Magellan- und Humboldtpinguin, habe ich oft und lange bei ihrem Badevergnügen beobachtet, während mir die Sonne den Rücken wärmte. Wenn die

(Rechts) Schlank und schmutzig nach ihrer Schicht in der Kolonie machen sich zwei Adélie- und ein Eselspinguin auf, um Krill zu fischen (oben). Bevor es richtig losgeht, muß aber erst einmal die Morgentoilette absolviert werden (unten). Nur ein sauberes Gefieder schützt vor dem gefährlichen Seeleopard und sorgt für einen minimalen Strömungswiderstand.

(Links) Mit Hilfe moderner elektronischer Geräte sind wir heute in der Lage, das Verhalten der Pinguine (hier ein Brillenpinguin) auch auf See zu studieren. Dabei kommen uns die Vögel sehr entgegen: Sie kehren regelmäßig an Land und zum Nest zurück, wo wir die Geräte wieder abnehmen können. In dieser Hinsicht sind sie einzigartige Meeresbewohner.

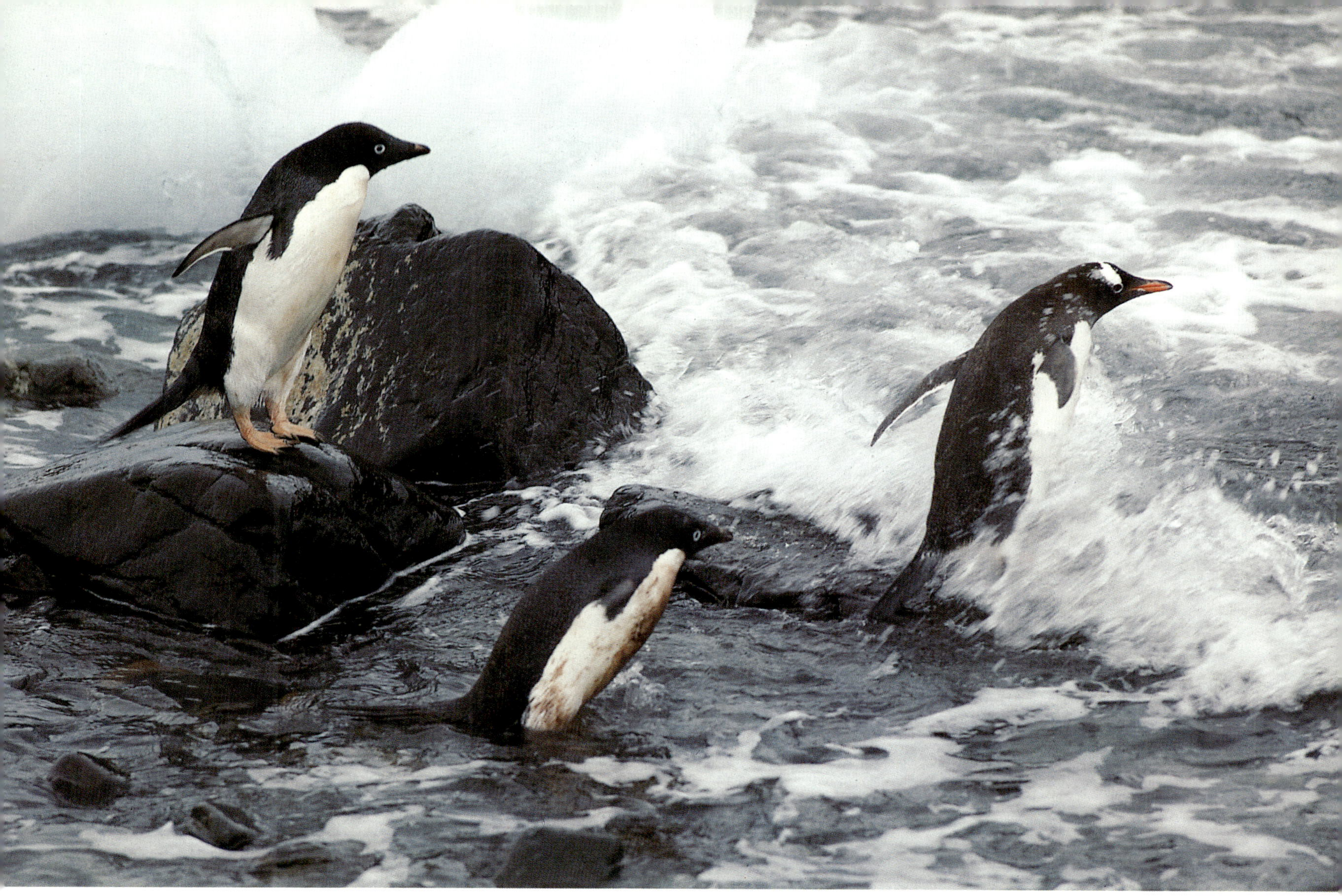

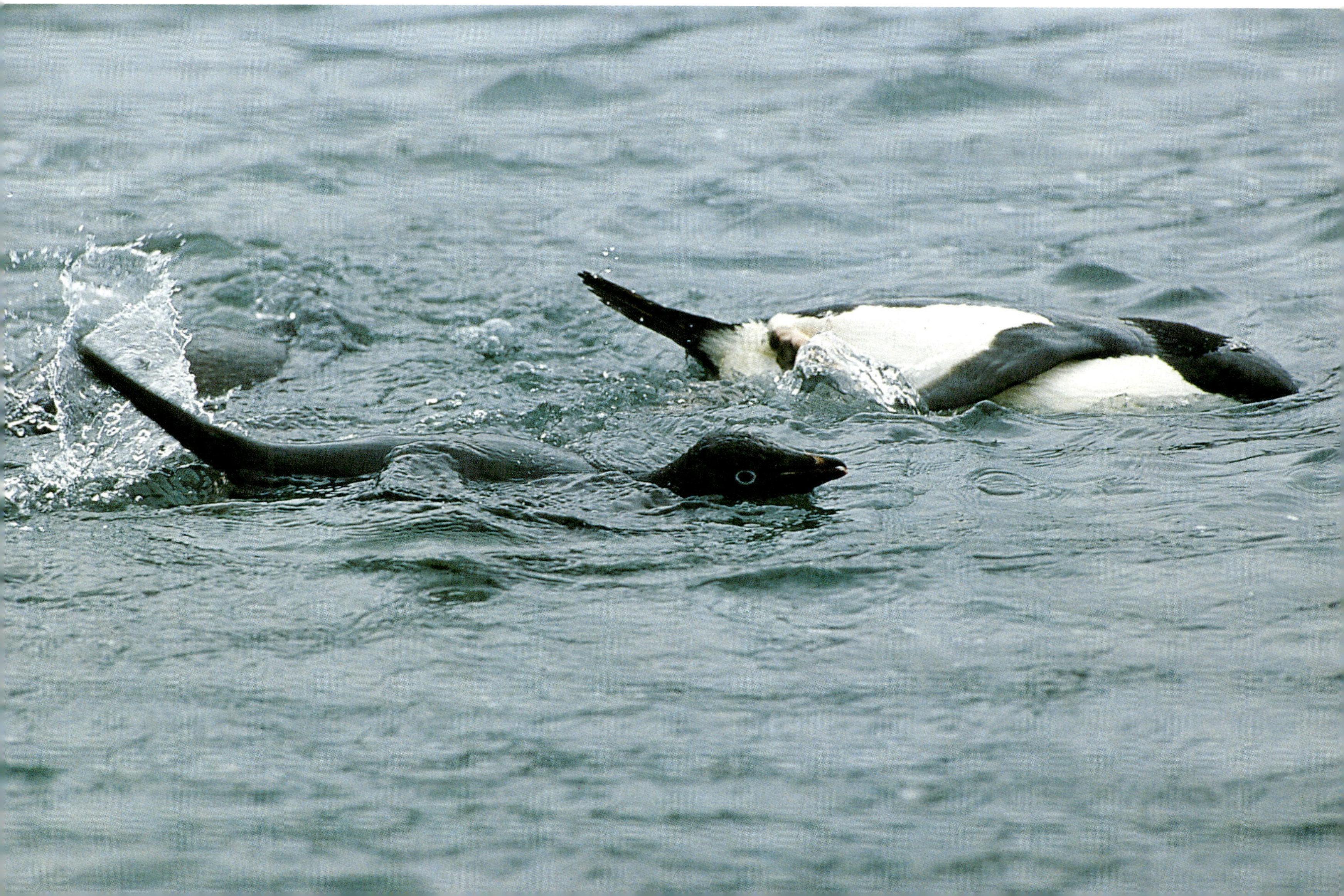

Vögel allerdings in der Nähe des Strandes einen herumlungernden Räuber vermuten, verlegen sie ihr Bad ins offene Meer.

Ein gut geputzter, sauberer Pinguin mit gut geordnetem Federkleid hat im Wasser sehr geringe Reibungsverluste. Sein stromlinienförmiger Körper und seine gewachsten Federn bieten dem Wasser keine Angriffsfläche. Rudi Bannasch hat an der TU in Berlin umfangreiche hydrodynamische Untersuchungen an Pinguinen durchgeführt. Er stellte fest, daß Zügelpinguine dem Wasser den gleichen Strömungswiderstand entgegen bringen wie ein 2-Mark-Stück. Bei den etwas größeren Eselspinguinen erhöht sich der Strömungswiderstand und erreicht die Werte eines 5-Mark-Stückes. Beides ist natürlich lächerlich wenig und erklärt, wieso Pinguine mit so wenig Energieaufwand durch das Wasser gleiten. Aber schon ein bißchen Schmutz, ein kleiner Ölfleck, der das Gefieder durcheinander bringt, genügt, um die Reibungsverluste drastisch zu erhöhen und dem Pinguin das Leben zu erschweren.

Pendelverkehr

Nach dem Bad schwimmen die Tiere los, um zu ihren Fischgründen zu gelangen. Beim Langstreckenschwimmen setzen sie zwei Arten der Fortbewegung ein: den »Delphinsprung« und Unterwasserschwimmen. Delphinspringen (engl. »porpoising«) bedeutet, daß die Vögel unter Wasser mit einer Geschwindigkeit von etwa 12 Kilometern in der Stunde schwimmen. Alle 30 – 50 m springen sie aus dem Wasser und fliegen mit abgespreizten Flügeln ungefähr eine halbe Sekunde lang durch die Luft, bevor sie wieder ins Wasser tauchen. Die kurze Zeit in der Luft nutzen sie dabei zum Aus- und Einatmen. Da Pinguine soziale Vögel sind, also in Gruppen »reisen«, kann man viele von ihnen gleichzeitig bei diesem Delphinspringen beobachten. Es ist ein großartiges Schauspiel, wenn neben dem Schlauchboot ohne Unterbrechung Pinguine aus dem Wasser schießen, kurz durch die Luft sausen und beinahe lautlos wieder eintauchen. Der Delphinsprung als Fortbewegungsart ist vor al-

lem bei Adélie-, Zügel- und Eselspinguinen sowie den Schopfpinguinen häufig zu beobachten. Andere Pinguinarten schwimmen nur dann so, wenn sie in Gefahr sind.

Unterwasserschwimmen wird von allen Pinguinarten eingesetzt und scheint nicht so anstrengend zu sein wie Delphinspringen. Bei dieser Fortbewegungsart schwimmen die Vögel nur mit etwa 8 Kilometern in der Stunde und springen nicht zum Atmen aus dem Wasser. Stattdessen kommen sie ruhig an die Oberfläche, ruhen sich einige Momente aus und beginnen dann erst mit der nächsten Unterwasseretappe. Beim Unterwasserschwimmen scheinen die Tiere länger unten zu bleiben als beim Delphinspringen. Große Arten unterscheiden sich dabei natürlich ein wenig von ihren kleineren Verwandten, aber in der Regel schwimmen sie etwa 100 m weit, bevor sie wieder auftauchen.

Katz-und-Maus-Spiele

Nachdem die Pinguine eine Weile in Richtung ihrer Fanggründe geschwommen sind, fangen sie irgendwann an, aktiv nach Nahrung zu suchen. Ihr Schwimm- und Tauchverhalten verändert sich dann schlagartig. Die Pinguine beginnen mit der Suche nach Nahrung, indem sie bei Geschwindigkeiten von 5–10 Stundenkilometern mit Winkeln von 5 Grad (flach) bis 85 Grad (steil) zum Meeresboden abtauchen. Bei einer bestimmten Tiefe schwimmen sie dann entweder noch ein Stück weit in der Waagerechten weiter, oder in einem ähnlichen Winkel wieder zurück an die Oberfläche.

Wie tief tauchen Pinguine, oder wie tief sollten sie tauchen? Es liegt auf der Hand, daß sie in den Tiefen nach Nahrung suchen sollten, in denen ein Vorkommen der Beutetiere am wahrscheinlichsten ist. Ihre potentiellen Opfer bevorzugen es verständlicherweise, nicht gefressen zu werden und versuchen daher alles, um den Pinguinen das Leben schwer zu machen und selbst am Leben zu bleiben. Im offenen Wasser ist es nicht leicht für eine Gruppe Fische oder Leuchtgarnelen, ein Versteck zu finden. Daher entspinnt sich zwischen ihnen und den

Jägern ein Katz-und-Maus-Spiel. Die Beutetiere versuchen sich in Wassertiefen aufzuhalten, in denen die Pinguine sie nicht vermuten, während die Pinguine sich den Kopf zerbrechen, wo sich ihr Mittagessen heute wohl wieder versteckt hat.

Pinguine können zwar erstaunlich tief tauchen, aber da sie auf die Luft zum Atmen angewiesen sind, können sie nicht unbegrenzt lange unter Wasser bleiben. Sie haben also jeweils nur eine bestimmte Zeit zur Verfügung, um die Wassersäule abzusuchen, und bei einer bestimmten Tiefe ist dann Schluß. Zum Glück für die Pinguine gibt es auch für die Beuteorganismen gute Gründe, nicht in großen Tiefen zu verschwinden. Tiefenwasser zeichnet sich durch einen geringeren Sauerstoff- und Nährstoffgehalt aus, Nachteile für Beutetiere, die ja ebenfalls atmen und fressen müssen.

Ein Appetit wie ein Scheunendrescher

Wieviel können Pinguine auf See fressen? Ihre Verdauungsphysiologie ist ein Kapitel für sich. Klemens Pütz hat zusammen mit dem Franzosen Charlie Bost auf der Crozet-Insel (südlicher Indischer Ozean) festgestellt, daß Königspinguine bis zu 20 kg bei einem Beutezug fressen können. Dies entspricht dem 1,5-fachen ihres Körpergewichts! Für einen 80-kg-Menschen würde das eine Nahrungsmenge von 120 kg bedeuten, die an einem Tag verdrückt werden müßte. Man sollte aber dabei nicht vergessen, daß Pinguine lange Zeiträume an Land verbringen und daher ihre Reserven auf See rasch wieder auffüllen müssen. Außerdem müssen die Eltern Nahrung für ihre Jungen fangen, die auch nicht unter Appetitlosigkeit leiden. Die meisten Pinguine können bis zu einem Viertel ihres Körpergewichts an Nahrung in ihrem Magen »wegstecken«. Ihr Magen beginnt im Prinzip direkt unter dem Hals und zieht sich als großer Beutel bis hinab zwischen ihre Beine. Da paßt schon einiges hinein! Auf den Menschen bezogen, wäre es undenkbar, daß jemand mit 20 kg Nahrung in seinem Magen herumläuft. Aber wir haben auch nicht die gleichen Probleme bei der Nahrungssuche und der Jungenaufzucht wie die Pinguine.

Jeder der mitgerechnet hat, wird sich wundern, wieso Pinguine zwar an einem Tag das 1,5-fache ihres Körpergewichts fressen, aber nur ein Viertel auf einmal in ihrem Magen unterbringen können. Die Antwort ist ganz einfach: Sie ver-

Beim »Delphinspringen« erreichen Adéliepinguine die höchste Reisegeschwindigkeit. Sie setzen diese Fortbewegungsart bevorzugt in der Nähe ihrer Kolonien ein, wenn sie unter der Wasseroberfläche nicht Krill, sondern ihre Feinde, die Seeleoparden vermuten.

Um den Energieverbrauch schwimmender Pinguine zu messen, Fahrtenschreiber am Tier zu testen und zu kalibrieren und den Unterwasserflug zu studieren, errichteten wir auf der Ardley-Insel einen 21 m langen, mit Seewasser gefüllten Schwimmkanal. Die Leiter dient dazu, von oben das Verhalten der Pinguine im Kanal zu beobachten.

Schwimmen für die Wissenschaft. Der Eselspinguin im Schwimmkanal, ein Athlet, dessen Geschwindigkeit und Energieverbrauch gerade gemessen werden, wird kritisch von seinen beiden Trainern beobachtet. Durch die Plexiglasscheibe konnten wir, mittels einer Hochgeschwindigkeitskamera, den Pinguin beim Schwimmen filmen.

Ein beinahe erwachsenes Adéliepinguinküken erhält gerade eine Portion körperwarmen, vorverdauten Krill. Wie die Eltern die Verdauung in ihrem Magen stoppen, so daß sie auch noch Tage nach einem Beutezug auf See Futter für die Küken bereitstellen können, ist ein Rätsel. Bis es mit 52 Tagen »flügge« ist, wird dieses Küken ca. 30 kg Krill erhalten haben.

dauen auf Hochtouren. Als wahre Durchlauferhitzer haben sie keine Völlegefühle nach einem Festschmaus. Nein, Pinguine können ihren Mageninhalt in weniger als 6 Stunden verarbeiten und die darin enthaltene Energie somit extrem schnell aufnehmen. Die Nahrungsenergie wird als Fett eingelagert, um dann, während des Fastens, an Land als Energiespeicher zur Verfügung zu stehen. Aber so einfach ist es mit der Verdauung bei den Pinguinen nun doch nicht. Sie können die Verdauung nämlich auch, wenn nötig, abschalten.

Für die Küken wäre es eine Katastrophe, wenn der Mageninhalt ihrer Eltern jeweils nach nur 6 Stunden verdaut wäre. Die Heimreise von den Fanggründen kann nämlich erheblich län-

ger dauern. Pinguine scheinen alle Verdauungsprozesse einzustellen, wenn sie der Meinung sind, sie hätten genug Nahrung für sich selbst aufgenommen und müßten sich nun schleunigst um die Jungen kümmern. Ich habe Adéliepinguine beobachtet, die ihre Küken noch 3 Tage nach einem Jagdausflug fütterten. Während dieser Zeit haben sie die Nahrung in ihrem Magen also nicht verdaut. Der Nahrungsbrei ist in dieser Zeit aber auch nicht schlecht geworden, was bei Körpertemperaturen um 39°C immerhin ein kleines Kunststück ist. Wie die Pinguine das machen, ist bis heute noch völlig unklar und wird zur Zeit bei uns von Gerrit Peters in einer Doktorarbeit erforscht.

Der Energiebedarf

Da Pinguine die meiste Zeit ihres Lebens auf See verbringen, sind sie an das Leben im Wasser extrem gut angepaßt. Unter anderem verbrauchen sie, auch bei hohen Schwimmgeschwindigkeiten, unglaublich wenig Energie. Wieviel genau, das ist im Moment Thema heftiger Diskussionen zwischen Pinguin-Physiologen. Die von uns eingesetzten Geräte zeigen, daß Pinguine ohne zu ermüden stundenlang mit einer Geschwindigkeit von 8 Stundenkilometern schwimmen können. Eigentlich ist das allein nicht weiter beeindruckend, da auch andere Tiere in der Lage sind, vergleichbare Dauerleistungen zu erbringen. Im Gegensatz zu diesen tauchen Pinguine aber auch noch und bleiben dabei relativ lange unter Wasser.

Während des Tauchens sind die Pinguine von der Frischluftzufuhr abgeschnitten und können daher nicht ihre Sauerstoffreserven erneuern. Der in ihrem Blut und ihren Muskeln gespeicherte Sauerstoff wird während des Tauchens durch Verbrennungsvorgänge in den Muskeln und den anderen Organen verbraucht. Dies geschieht um so schneller, je höher der Energiebedarf dieser Organe ist. Daher wird die Dauer, die der Vogel unter Wasser bleiben kann, von seinen Sauerstoffreserven und deren Verbrauch bestimmt. Fällt der Sauerstoffgehalt unter einen

bestimmten Wert, muß der Vogel auftauchen und »nachtanken«. Andernfalls ertrinkt er.

Die Wissenschaftler sind heutzutage ziemlich sicher, daß sie die Sauerstoffreserven eines Pinguins kurz vor dem Abtauchen genau berechnen können. Diese Reserven sind zwar beeindruckend groß, aber auch nicht unerschöpflich. Einige Wissenschaftler, Boris Culik eingeschlossen, haben versucht, den Verbrauch dieser Sauerstoffvorräte während des Schwimmens zu ermitteln, um unter anderem herauszubekommen, wie lange die Pinguine eigentlich tauchen **können**.

Ohne Zweifel hat sich Boris dazu die genaueste, aber auch schwierigste Methode ausgesucht. Er karrte hierzu ein bizarres Schwimmbecken, einen 21 m langen und nur 1 m breiten Kanal, in die Antarktis, ein Ding, das mit Zubehör 3 Tonnen wog und einen Frachtcontainer mit 19 Kubikmetern füllte. Die ganze Ausrüstung wurde in Bremerhaven auf den deutschen Forschungseisbrecher »F.S. Polarstern« verladen und an Bord bis zur Ardley-Insel in die Antarktis gebracht. Die Entladung, mit Hilfe eines Landungsboots der russischen Station Bellinghausen, dauerte 8 Stunden, sehr zum Verdruß der anderen Kollegen auf der »Polarstern«, die währenddessen nicht viel mehr als zusehen konnten. Bei eisigem Wind und Schnee montierten wir dieses Olympiabecken und kleideten es mit einer einzigen, unter diesen Temperaturen ziemlich steifen Plastikfolie aus, um es wasserdicht zu machen.

Als das getan war, mußten wir nur noch die motorgetriebene Feuerwehrpumpe anschließen, die Boris im Gepäck hatte, um vom 100 m entfernten Strand Seewasser in den Kanal zu pumpen. Das war auch wieder so eine Sache, weil die Pumpe andauernd Algen ansaugte und Boris mit seinen Gummistiefeln im Wasser stehen mußte, um im Eiswasser mit bloßen Händen, die dabei ziemlich steif wurden, die Algen zu entfernen. Als der Kanal endlich voll war, wurde er mit Plexiglasplatten abgedeckt, um die Pinguine am Auftauchen zu hindern. Luft sollten sie nur in zwei eigens dafür vorgesehenen Kammern, Käseglocken nicht unähnlich, an den beiden Enden des Kanals beziehen, wo

(Links) Wer heute noch glaubt, daß die Ausrüstung eines Zoologen bestenfalls aus einem leichten Schmetterlingsnetz, einer Lupe und einem Notizbuch besteht, sei hier eines besseren belehrt: Auf unserer Expedition auf die Ardley-Insel hatten wir nebst Verpflegung und Treibstoff rund 3 Tonnen Expeditionsgepäck mit dabei. Die Entladung des Eisbrechers »Polarstern« dauerte mit Hilfe der Kollegen auf der russischen Station Bellinghausen einen ganzen Tag.

sie auftauchen konnten. Diese Atemkammern waren mit starken Pumpen versehen, um ständig ausreichend Frischluft zuzuführen, sowie mit Ventilatoren, um die Luft innerhalb der Kammern umzuwälzen. Ein Teilstrom dieser Luft wurde ins Labor geleitet, wo Boris alles aufgeboten hatte, was mit moderner Gasanalytik zu tun hat: 3 Analysengeräte, Temperatur-, Druck- und Feuchtefühler, Schreiber, Computer, Geräte zum Eichen, und so weiter, und so weiter. Natürlich benötigte er für all dies ausreichend Strom. Der kleine, flüsterleise Generator lief Tag und Nacht. Damit er nicht ausging, hatten wir 2000 Liter Benzin mit im Gepäck ...

Man kann sich kaum die Spannung vorstellen, als wir den ersten Pinguin, frisch am Strand gefangen, in den Kanal einsetzten: Würde er sich an die künstlichen Verhältnisse gewöhnen? Nun, es dauerte in der Regel keine 2 Minuten, und das Tier war nach einem ersten, zugegebenermaßen etwas panischen Tauchgang in einer der beiden Kammern aufgetaucht. Wir verhielten uns ganz ruhig, um den Pinguin nicht zu erschrecken. Nach einigen Versuchen hatte er bald herausgefunden, daß es am anderen Ende der 21 Meter langen »Rennstrecke« noch eine Kammer gab. Aus welchem Grund auch immer schwammen er und die meisten anderen Versuchstiere nach etwa 30 Minuten Eingewöhnungszeit ruhig auf und ab. Jedesmal wenn sie auftauchten, atmeten sie und verbrauchten dabei einen Teil des Sauerstoffs in der betreffenden Kammer, was genau von den Analysengeräten erfaßt und vom Computer aufgezeichnet wurde. Es funktionierte! Nun mußte Boris nur noch für die Dauer eines Versuchs auf die Leiter, um von oben den Kanal zu überblicken und seine Beobachtungen des Pinguinverhaltens auf Tonband zu sprechen. Ich bin sicher, daß ihm auch bei 5-stündigen Versuchen die Zeit nie lang geworden ist. Allerdings war er manchmal doch etwas blaugefroren ...

Wozu das alles? Nun, bis zu diesen Versuchen hatten alle anderen Kollegen für Pinguine einen relativ hohen Energieverbrauch beim Schwimmen ermittelt. Sie hatten ihre Versuche allerdings in Zoos oder von Schlauchbooten aus, mit Pinguinen in Unterwasserkäfigen durchgeführt oder auch ganz andere Meßmethoden eingesetzt. Kein Wunder also, daß sie an Hand ihrer Daten berechneten, daß zum Beispiel Adéliepinguine nur 46 Sekunden lang tauchen können, bevor ihre Sauerstoffreserven erschöpft sind. Da Adéliepinguine aber in der Regel länger tauchen, im Schnitt 73 Sekunden lang, war hier etwas faul. Wie sarkastische Physiologen sagen würden: »Die Pinguine hatten wieder einmal die Biologielehrbücher nicht gelesen«.

Boris' Berechnungen ergaben allerdings, daß der Energieverbrauch der Pinguine viel niedriger ist, als bisher angenommen wurde, und sie daher mit ihren Sauerstoffvorräten meistens bequem auskommen können. Dennoch muß auch er noch passen, wenn unsere Fahrtenschreiber an einigen Tieren in der freien Natur regelmäßig Tauchzeiten von über 100 Sekunden registrieren und Rekordzeiten von bis zu 4 Minuten. Kurz gesagt, tauchen die Pinguine bisher zu lange, zu oft und mit zu kurzen Pausen. Vielleicht kommen sie kurzfristig ohne Sauerstoff aus? Es wird wohl noch eine Weile dauern und eine Menge Arbeit erfordern, um auch dieses Rätsel zu lösen. Auf jeden Fall können wir jetzt schon, dank der neuen Ergebnisse über den Energieverbrauch, genauer berechnen, wieviel Nahrung Pinguine für ihr tägliches Leben benötigen. Diese Frage interessiert uns in bezug auf den Naturschutz, doch davon mehr im letzten Kapitel dieses Buches.

Nach Beendigung eines Versuchs im Schwimmkanal mußten wir nur die Meßkammer beiseite schieben. Die Pinguine erkannten den Fluchtweg sofort und schossen mit Höchstgeschwindigkeit aus dem Wasser. Um Verletzungen vorzubeugen, wurden sie dabei mit einem Netz aufgefangen.

RORY WILSON

FAMILIENLEBEN UND MAUSER:PINGUINE AN LAND

Man kann wohl ohne Zweifel behaupten, daß Pinguine im Wasser eher zu Hause sind als an Land. Trotzdem müssen sie alljährlich zum Land zurückkehren, um zu brüten und um ihr Federkleid in der Mauser zu erneuern. Das ist ein Glück für Pinguinforscher, da Pinguine an Land umgängliche Burschen sind und mit relativ geringem Aufwand untersucht werden können. Die Gefahr, daß sie wegfliegen ist gering, außer natürlich an sehr stürmischen Tagen. Ein Spezialist für fliegende Vögel namens Pennycuick hat berechnet, daß Pinguine eine Luftgeschwindigkeit von 145 Stundenkilometern benötigen, um mit ihren Flügelchen abheben zu können. Da das selten der Fall ist, kann man sich nistenden Pinguinen wesentlich besser nähern, als anderen Seevogelarten.

Nach mehreren Monaten auf See scheinen die Pinguine viele der Feinheiten verlernt zu haben, die das Leben an Land so angenehm machen. So fällt ihnen zum Beispiel das Laufen sehr schwer. Nach 18 Monaten auf See ohne Landgang scheinen Jungtiere unter diesem Gedächtnisverlust besonders schwer zu leiden. Es war immer sehr lustig, sie dabei zu beobachten, wie sie versuchten, wieder Fuß zu fassen. Nach ihrer Landung am Strand eierten sie bei jedem Schritt wie betrunkene Seeleute und fielen immer wieder mit ihrem Schnabel in den Sand. Manchmal blieben sie einfach liegen und versuchten, sich der peinlichen Situation für einige Momente dadurch zu entziehen, daß sie sich schlafend stellten.

Nachdem diese Heimkehrer das Laufen wiedererlernt hatten, mußten sie die technischen Probleme des Putzens bewältigen. Putzen an Land ist kein einfaches Unterfangen, auch nicht für die Artgenossen, die darin mehr Übung haben.

(Rechts) Ein Eselspinguin mit seinem Küken, an dessen Schnabelspitze man noch deutlich den Eizahn erkennt. Damit hat sich das Küken aus dem Ei befreit. An Esel erinnert bei diesen Pinguinen übrigens nur ihr Rufen.

(Links) Kaiserpinguine schreiten nicht immer majestätisch einher. Wenn der Schnee zu weich oder zu uneben ist, so daß sie allzu oft mit ihren kurzen Beinchen stolpern, ziehen sie es vor auf ihren Bäuchen zu rodeln. Der Preis hierfür ist allerdings eine schnellere Abnutzung der Federn.

Das Nach-hinten-Beugen, bei dem der Vogel mit weit ausgestrecktem Hals versucht, mit dem Schnabel die Wachsdrüsen an seiner Schwanzwurzel zu erreichen, führt immer wieder zu aufsehenerregenden Unfällen. Gleich danach kommt das Kratzen am Kinn, bei dem der Vogel auf einem Fuß steht, während er mit den Fußnägeln des anderen sein Kinn kratzt.

Die Pinguinsprache

Eines der auffälligsten Merkmale des Pinguinverhaltens an Land ist die Art, wie sich die Vögel miteinander verständigen. Die Botschaften werden zwischen ihnen durch eine Vielzahl zum Teil sehr komischer Bewegungen in Verbindung mit den ungewöhnlichsten Geräuschen übertragen. Obwohl es natürlich Unterschiede zwischen den Arten in Bezug auf ihre »Sprache« gibt, ist das Grundprinzip immer das gleiche. Die auffälligste Geste ist die des »ekstatischen Aufrichtens«. Dabei richtet sich der Vogel langsam auf, verdreht das Auge bis zum Sichtbarwerden der weißen Sehnenhaut, zeigt mit dem Schnabel bei weit gerecktem Hals in den Himmel, bewegt langsam die Flügel vor und zurück und schreit dann so laut er kann. Dieses Verhalten entspricht in etwa unserem Brüllen. Ich persönlich finde dieses Verhalten

völlig unangemessen für einen so eleganten Vogel wie den Pinguin. Kaiser- und Königspinguine trompeten, während die Schopfpinguine Geräusche hervorbringen, die einen irgendwie an schlecht geölte Ochsenkarren mit ruinierten Kugellagern erinnern. Andere Arten hören sich wiederum wie schreiende Esel mit akuter Mandelentzündung oder wie Affen im Stimmbruch an. Man bekommt das Gefühl, daß jedes andere Geräusch besser wäre und daß hier dringend Halstabletten angezeigt sind.

Doch obwohl die Pinguinsprache ziemlich außergewöhnlich ist, beinhaltet sie eine Menge an Information, und dies ist vor allem beim »ekstatischen Aufrichten« der Fall. Eine Analyse der Quietsch-, Schnarr-, Stöhn- und Trompetenlaute der Pinguine mit Hilfe von Sonogrammen, also »Sprachbildern«, zeigte, daß jedes Tier ein eigenes charakteristisches Stimmbild hat, eine eigene Stimme. Das bedeutet, daß zwei Partner, die sich inmitten einer Pinguinkolonie mit ihrem ohrenbetäubenden Lärm wiederfinden wollen, nur laut genug rufen und gut genug lauschen müssen. Doch das »ekstatische Aufrichten« hat noch eine andere Bedeutung. Es soll auch solche Nachbarn warnen, die mit dem Gedanken spielen, den Nistplatz des rufenden Pinguins zu annektieren. Sie riskieren eine tätliche Auseinandersetzung mit einem wehrhaften Nestbesitzer.

(Rechts) Der linke Zügelpinguin ist noch naß und sauber, und seine Füße sind rosa von dem anstrengenden Marsch zum Nest. Er ist soeben von See zurückgekehrt, den Magen voller Krill für das im Hintergrund wartende Küken. Die beiden Ehepartner erkennen einander beim »ekstatischen Aufrichten« und begrüßen sich lauthals.

(Links außen) Zwei Adéliepinguine begegnen sich am Strand und beginnen spontan mit dem »ekstatischen Aufrichten«, wobei sie gen Himmel rufen und dabei langsam mit den Flügeln rudern.

(Unten) Begrüßung am Nest bei Eselspinguinen. Nach einigen ritualisierten Bewegungen und Rufen verläßt der eine Ehepartner das Nest und der andere übernimmt die Brutpflege bis zur nächsten Ablösung.

Wenn sich ein Pinguinpärchen nach längerer Abwesendheit wieder trifft, beginnen beide ein »wechselseitiges ekstatisches Aufrichten«, welches sich ähnlich abspielt wie das ekstatische Aufrichten, mit dem Unterschied daß sich beide Vögel dabei die Lunge aus dem Hals brüllen. Auch hier gibt es zwischen den Arten wieder Unterschiede. Die *Spheniscus*-Pinguine, also Brillen-, Humboldt-, Magellan- und Galápagospinguine, verbeugen sich bei dieser »Begrüßung« tief voreinander. Andere, wie der Macaronipinguin, verbinden es mit Kopschütteln, nach dem Motto: »Ich kann gar nicht glauben, daß wir uns schon so lange nicht mehr gesehen haben!« Zügelpinguine müssen in diesem Zusammenhang auch erwähnt werden, denn sie kreischen dabei markdurchdringend und zittern mit den Köpfen. Man kann sich leicht vorstellen, daß zwei Zügelpinguine, die sich gerade in »Stereo« begrüßen, dabei derart laut werden, daß sie die Schmerzgrenze überschreiten. Vielleicht stammt daher auch ihr im Englischen manchmal benutzter Name »Steinbrecher« (rocksplitters).

Rendevous am Nistplatz

Die Brutphase der Pinguine ist eine ziemlich komplizierte Angelegenheit. Auch wenn Scheidungen nicht selten vorkommen, nisten die Vögel im großen und ganzen immer wieder mit dem gleichen Partner. Da die Partner nicht das ganze Jahr über zusammen sind, sondern den Winter auf See getrennt voneinander verbringen, beginnen die ersten Schwierigkeiten, wenn das Paar zu Beginn der Brutsaison wieder zusammenkommen will. Bei Arten, die sehr synchron brüten, wie zum Beispiel bei den Adéliepinguinen, ist es relativ einfach. Beide Partner treffen sich am alten Nistplatz, nach dem Motto »bis zum nächsten Jahr«. Andere Arten, wie zum Beispiel der Brillenpinguin, brüten den ganzen Sommer hindurch und sind nicht synchronisiert. Hier kann sich das Problem, den gleichen Partner wiederzubekommmen, bis zur Tragödie auswachsen.

Während ich auf Marcus Island (Südafrika) an Brillenpinguinen arbeitete, wurde ich Zeuge, wie einige Tiere mehrere Wochen damit verbrachten, am vereinbarten Ort auf ihr »Rendezvous« zu warten. Die herzzerreißendste Liebesgeschichte war vielleicht die von Jean-Claude (Ring Nr. Z03029) und Maria (Ring Nr. T00210) vom Nest Nr. 17. Sie zogen im April und Mai 1980 gemeinsam 2 stramme Küken auf und stachen dann zu ihren wohlverdienten Ferien in See. Jean-Claude kam Anfang September erwartungsvoll und gut erholt zurück und setzte sich auf sein altes Nest. Dort wartete er Tag und Nacht eine ganze Woche lang, bevor er sich aufmachte, um mal wieder etwas zu essen. Er war kaum 12 Stunden weg, als Maria auftauchte, und ebenfalls eine Woche am Nistplatz auf ihren Mann wartete. Die Geschichte wiederholte sich sage und schreibe fünfmal, bis Jean-Claude beschloß, einen ganzen Monat auf See zu bleiben. Wahrscheinlich nahm er an, daß Maria sich verspätet hatte.

Kaum hatte er das Nest verlassen, da tauchte Maria auf. Diesmal kam sie nur 2 Stunden zu spät. Die nächsten 2 Wochen verbrachte sie zur Hälfte am Nest. Wie sollte sie wissen, daß Jean-Claude so lange wegbleiben würde? Eines Abends lernte sie am Strand einen großen, dunklen Fremden kennen. Er war sehr zärtlich, und es kam, wie es kommen mußte. Als Jean-Claude und Maria sich endlich im Dezember begegneten, saß Maria bereits schuldbewußt in ihrem gemeinsamen Nest, auf 2 Eiern. Was an jenem Abend genau geschah, weiß ich nicht. Als ich am nächsten Morgen nach dem Nest sah, konnte ich nur feststellen, daß Maria, Jean-Claude und der Fremde weg waren. Von den Eiern fehlte ebenfalls jede Spur. Das Nest war zerstört, und überall lag Nistmaterial herum...

Pinguinkämpfe

Das Drama, das sich zwischen den 3 Brillenpinguinen abspielte, ist keine Ausnahme. Zu Beginn jeder Brutsaison gibt es eine Menge tätlicher Auseinandersetzungen, wenn Witwen, geschiedene Eheleute, Paare und Verlobte zu entscheiden versuchen, wer zu wem gehört. Bei einem Kampf versucht ein Pinguin in der Regel seinen Kontrahenten mit dem Schnabel am Hals zu packen und ihn dann mit den Flügeln im Karatestil hart und unbarmherzig weichzuklopfen. Die Flügel-»Schläge« eines Pinguins sollten nicht unterschätzt werden und sind sehr schmerzhaft. Meistens reichen ein paar Sekunden dieser Behandlung aus, um einen Gegner in die Flucht zu schlagen. Dabei wird dieser nicht selten von dem Sieger bis zu 100 m weit verfolgt. Wenn keiner der beiden nachgeben will oder kann, weil der Rückzug verbaut ist, kann es böse ausgehen.

Auf Chañaral, einer Insel vor der Nordküste Chiles, beobachtete ich einmal einen schrecklichen Kampf zwischen zwei Humboldtpinguinen. Humboldtpinguine und ihre Verwandten haben einen sehr scharfen Schnabel mit einem spitzen Haken am Ende, das ideale Werkzeug, um Fische mit einem Biß zu töten. Der Schnabelansatz ist, anders als bei anderen Pinguinarten, kahl, um die Wärmeabgabe zu erleichtern. Auf meiner Wanderung über die Insel hörte ich plötzlich Kampfgeräusche. Sie kamen von einem Nest, das unter einem Kaktus versteckt lag. Als ich vorsichtig in das Loch spähte,

sah ich zwei blutüberströmte Humboldtpinguine. Zunächst dachte ich, daß sie vielleicht einem schrecklichen Unfall mit einem Motorboot zum Opfer gefallen waren. Doch nachdem sie mich einige Sekunden angestarrt hatten, vergaßen sie mich und traktierten sich mit ihren messerscharfen Schnäbeln. Dabei zielten sie immer wieder auf den fleischigen Schnabelansatz und die Augen des anderen, teilten unablässig Schläge mit den Flügeln aus und schrien dabei so laut sie konnten. Keiner von ihnen hatte die Chance zu entkommen. Es war grauenhaft. Das Blut rann an ihren Hälsen herunter und ihre Bäuche leuchteten rot...

Nestbau

Nachdem alle Kämpfe ausgetragen sind, die Paare sich gebildet haben und man sich über den Nistplatz geeinigt hat, beginnt der eigentliche Nestbau. Bei Kaiserpinguinen ist zu diesem Zeitpunkt bereits alles erledigt. Sie haben keinen Zugang zu Nistmaterial und »nisten« daher auf dem Eis. Genaugenommen haben sie auch kein Nest. Das Weibchen legt ihr einziges Ei auf

Zu Beginn jeder Brutsaison gibt es eine Menge tätlicher Auseinandersetzungen zwischen Pinguinen (hier Adéliepinguine), wenn Witwen, geschiedene Eheleute, Paare und Verlobte zu entscheiden versuchen, wer zu wem gehört.

das Eis, und bugsiert es dann mit dem Schnabel auf ihre Füße. Bei Königspinguinen verhält es sich ähnlich, denn auch sie brüten ihre Eier auf den Füßen aus. Doch davon später.

Alle anderen Pinguinarten bauen irgendeine Art von Nest. Galápagos-, Magellan-, Humboldt-, Brillen- und Zwergpinguine nisten alle, wenn möglich, in Löchern oder Höhlen. Vermutlich versuchen sie dadurch, sich vor der sengenden Sonne zu schützen. Die Vögel graben die Erde mit ihren kräftigen Füßen und Krallen auf. Obwohl die meisten Höhlen nicht tiefer als 1 m in die Erde reichen, fand ich auf Chiloe, einer der Südküste Chiles vorgelagerten Insel, einen Magellanpinguin-Bau, der 6,5 m lang war. Die übrigen Arten bauen ziemlich gewöhnliche Vogelnester, meistens auf dem Boden oder zumindest unmittelbar darüber in den untersten Zweigen der Vegetation. Sie benutzen dazu alles, was sich zum Nestbau eignet, und verzieren das Ganze ab und zu mit ziemlich ungewöhnlichen Gegenständen. In einem Felsenpinguinnest fand ich zum Beispiel ein Schweizer Messer, ein Eselspinguin nistete in einem verrosteten Ölfaß, ein Zügelpinguinnest war mit einer Filmdose geschmückt und ein Brillenpinguin hatte sein Nest liebevoll mit einer ganzen Rolle

Toilettenpapier und einer alten Konservenbüchse dekoriert. Oberflächlich betrachtet mag das zwar lustig sein, aber es zeigt leider auch, wie sorglos wir mit unseren Sachen und vor allem mit unserem Müll umgehen.

Adélie-, Esels- und Zügelpinguine, die in der Antarktis brüten, haben keinen Zugang zu pflanzlichen Baumaterialien wie Blättern, Zweigen oder Grashalmen, um ihre Nester zu bauen. Sie müssen sich mit Nestern aus kleinen Steinchen zufriedengeben. Wie immer hat aber auch das wiederum große Vorteile. Pinguinkolonien können zuweilen in ihrem eigenen Dreck zu ersticken drohen, vor allem wenn es regnet und ein 10–20 cm tiefer Kotmatsch mit vielen Pfützen fast alles überzieht. Die Pinguinnester sind jedoch meist über all das erhaben. Wie Warften bei einer Sturmflut ragen sie aus dem Schlamm hervor und schützen Eier und Küken vor der Nässe und dem sicheren Tod.

Da die Steinchen einen großen Überlebensvorteil bieten, sind sie in Adéliepinguinkolonien sehr beliebt. Die einfachste Beschaffungsart ist Diebstahl. Auf der Ardley-Insel in der Antarktis beobachtete ich einen brütenden Adéliepinguin, der stolzer Besitzer eines turmhohen Nests war. Er wurde gerade von 2 Artgenossen

(Rechts) Eselspinguine brüten sowohl auf subantarktischen Inseln, wo sie ihre Nester mit Pflanzenmaterial auskleiden (innen) als auch auf den kahlen Inseln der Antarktis, wo ihnen für den Nestbau nur Steinchen zur Verfügung stehen (außen).

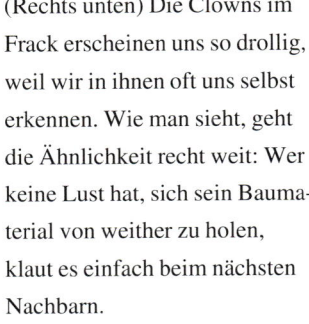

(Rechts unten) Die Clowns im Frack erscheinen uns so drollig, weil wir in ihnen oft uns selbst erkennen. Wie man sieht, geht die Ähnlichkeit recht weit: Wer keine Lust hat, sich sein Baumaterial von weither zu holen, klaut es einfach beim nächsten Nachbarn.

(Links) Die Steinchennester der Adéliepinguine bieten eindeutige Vorteile: Auf ihnen taut zum Beispiel der Schnee zuerst ab.

Wenn eine Expedition vorüber ist, bleibt viel Müll übrig. Heutzutage muß alles wieder nach Hause zurückgeschafft werden. Wie man sieht, war das nicht immer so. Der Adéliepinguin jedenfalls scheint sich zwischen den Brettern wohl zu fühlen.

bestohlen, die sich wohl abgesprochen hatten und ihn von links und rechts gleichzeitig Steinchen klauten. Der arme Nestbesitzer war von ihrer Frechheit so überrascht, daß er sich nicht entscheiden konnte, nach welcher Seite er Schläge austeilen sollte. Nach kurzer Zeit war sein Palast auf die Größe eines normalen Nestes reduziert. Künstlerpech.

Das Balzverhalten

Pinguine haben es bei der Liebe schwerer als andere Vögel. Ihre Körper sind flaschenförmig, und jeder, der schon einmal versucht hat 2 Flaschen aufeinanderzulegen, weiß was ich meine. Die ganze Angelegenheit beginnt damit, daß das Männchen, also der Hahn, dem Weibchen, der Henne, von der Seite her näherkommt. Sein Schnabel zeigt dabei in Richtung auf seine Füße, und er sieht sie schüchtern unter seinen Augenbrauen hervor an. Wenn er sie damit verführt hat und sie mitmacht, nähert sie sich ihm auf die gleiche Weise. Das Männchen geht dann hinter sie und legt sein Kinn auf ihren Kopf, wobei er sie zärtlich mit beiden Flügeln tätschelt. Sofern das Weibchen es sich dabei nicht anders überlegt, legt sie sich nach diesem Vor-

spiel auf den Bauch und gestattet es dem Männchen, auf ihren Rücken zu steigen. Sie muß nun unbedingt stillhalten, während das Männchen den Balanceakt vollführt. Sobald das Männchen an der richtigen Stelle auf ihrem Rücken steht, hebt sie die Schwanzfedern beiseite und er versucht vorsichtig, seine Öffnung an ihre zu pressen. Eine falsche Bewegung und das Männchen stürzt ab. Dann beginnt das artistische Schauspiel von neuem. Übrigens ist man, wenn man wissen will, wer von beiden Pinguinen Männchen oder Weibchen ist, am besten bei der Paarung zur Stelle, da sich die Tiere äußerlich kaum voneinander unterscheiden.

Die Eier

Die Eier werden wenige Tage nach der Befruchtung gelegt. In der Regel legen Pinguine 2 Eier. Natürlich gibt es auch Ausnahmen: Kaiser- und Königspinguine legen nur 1 Ei, während Brillen- und Zwergpinguine in Ausnahmefällen bis zu 3 Eier legen. Die Eier der Pinguine sind weiß, jedenfalls in den ersten Stunden. Besteht der Untergrund aus Erde oder Lehm, oder befindet sich das Nest in einer großen Brutkolonie mit dementsprechenden Ausscheidungsmengen, dann sind die Eier binnen kürzester Zeit ziemlich schmutzig. Ihre Größe schwankt zwischen 11 cm bei Kaiser- und nur 3 cm bei Zwergpinguinen.

Das Ei des Kaiserpinguins scheint groß, aber im Vergleich zum ausgewachsenen Tier ist es das kleinste Vogelei überhaupt. Dies muß wohl mit den extremen Bedingungen zu tun haben, denen diese Tiere während der Brutsaison ausgesetzt sind. Kaiserpinguine beginnen im Winter mit der Fortpflanzung, bei 24-stündiger Dunkelheit und Temperaturen von minus 40°C. Beide, Männchen und Weibchen, wandern unter diesen Bedingungen bis zu 200 km über das Meereis, bis sie das Schelfeis erreichen, das im nächsten Sommer nicht wegschmilzt. Hier sind ihre Brutgebiete. Nach einigen Wochen der Balz und des Sich-wieder-Kennenlernens paaren sich die Kaiserpinguine vermutlich (wenige Menschen waren je mutig oder verrückt genug zuzusehen und dabei festzufrieren). Das Weibchen legt 1 Ei und gibt es sofort an das Männchen weiter. Der Pinguin-Mann rollt es mit seinem Schnabel auf seine Füße. Ist das Ei an der richtigen Stelle, dann wird es mit einer Brutfalte in der Bauchhaut zugedeckt.

Kaiserpinguine können mit dem Ei auf den Füßen immer noch langsam herumtrippeln. Diese Bewegungsfreiheit ist für die Tiere überlebenswichtig. Auf diese Weise können sie sich bei Eiseskälte, starkem Wind und Schneestürmen eng zusammendrängen, um zusammen Körperwärme einzusparen. Den engen Körperkontakt zueinander zu suchen und zu »kuscheln« wird übrigens auch Polarforschern beim Überlebenstraining beigebracht. Die in der Herde außen stehenden Kaiserpinguine wandern in einer langsamen Drehung im Laufe der Zeit nach innen, so daß jedes Tier mit der Zeit in den Genuß der gleichen Vorteile gelangt.

Nach der Eiübergabe verläßt das Weibchen die Brutkolonie. Sie muß nun ihre Fettreserven wieder auffüllen. Man nimmt an, daß ein größeres Ei der Mutter nach dem langen Anmarsch zur Kolonie und dem Fasten während der Balz nicht genügend Energie übriglassen würde, um den weiten Weg zum offenen Meer zurück zu schaffen. Dorthin wandern sie übrigens sehr

Das erste Ei ist da! Nach Ablage des zweiten Eies verläßt das Eselspinguinweibchen am nächsten Tag das Nest und überläßt das Brüten dem Männchen. Diese erste Schicht dauert bis zu 2 Wochen!

(Rechts) Adéliepinguine brüten im Gegensatz zu den Kaiserpinguinen zwar im antarktischen Sommer, aber eine Schönwettergarantie gibt es offenbar nicht. Bei Schneesturm liegen sie parallel zur Windrichtung und pressen dabei die Eier mit ihren Füßen an den Brutfleck. Stoisch warten sie im Halbschlaf tagelang auf besseres Wetter.

(Links) Die Liebe ist bei Pinguinen ein schwieriger Balanceakt. Das Königspinguinweibchen stützt sich mit seinen Flügeln seitlich ab und bleibt bewegungslos, während das Männchen vorsichtig ihren glatten, runden Rücken erklimmt und sich dabei mit seinem Schnabel festhält. In wenigen Sekunden ist alles vorüber.

(Rechts) Der Brutfleck eines Eselspinguins ist ungefähr 3 cm breit und 10 cm lang. Die stark durchblutete Haut spendet Eiern und Küken die lebensnotwendige Wärme. Um Wärmeverluste auf See zu vermeiden, wird die Durchblutung des Brutflecks sehr stark reduziert. Muskeln ziehen dann die Haut wie eine Ziehharmonika zusammen, so daß sie von den Federn auf beiden Seiten dicht bedeckt wird.

zielstrebig, wie Yvon de Maho, Straßburg, kürzlich per Satellitensender verfolgen konnte. Wie sie sich dabei orientieren und woher sie überhaupt wissen, wo es offenes Wasser gibt, bleibt dennoch ein Rätsel.

In einigen Teilen der Welt werden Pinguineier als Delikatesse betrachtet. In Südafrika wurden sie in den fünfziger Jahren deshalb zu Tausenden gesammelt. Dort hatte ich selbst einmal Gelegenheit, ein Pinguinei zu essen. Ein Nest auf Marcus Island war unmittelbar nach der Eiablage von den Eltern verlassen worden. Anstatt das Ei verrotten zu lassen, beschloß ich, selbst einmal zu testen, was denn dran war an all diesen Gourmet-Geschichten. Um eine Vergleichbarkeit mit Hühnereiern sicherzustellen, kochte ich das Pinguinei genau fünfeinhalb Minuten lang. So stand es auch in einem alten südafrikanischen Kochbuch. Zu meinem Entsetzen stellte ich nach dem Entfernen der Schale fest, daß das »Eiweiß« in milchigem blau-grün schimmerte. Immerhin war es fest geworden. Das Eigelb war blaß-gelb und sah auch nicht appetitlicher aus als der Rest. Ich erinnerte mich genau der Worte meines Freundes Jan, eines echten Weiß-Südafrikaners, der mich als erster über Pinguineier aufgeklärt hatte: »'N Pikke-

wyn eier is bloulik my vriend, maar baie, baie gaaf« - ein Pinguinei ist bläulich mein Freund, aber sehr, sehr gut. Was das Blau anging, hatte er sicherlich recht, aber ich konnte mir kaum vorstellen, daß dieses fürchterliche Ding gut schmecken sollte. Wahrscheinlich wieder eine dieser von den Buren übernommenen seltsa-

men Gaumenfreuden. Schließlich hatte ich genug Mut zusammen, um wenigstens einmal zu probieren, bevor ich das Ei wegwarf. Ich war sehr angenehm überrascht. Es schmeckte überhaupt nicht fischig, sondern sehr delikat, mit einem vorzüglichen Aroma.

Dennoch: Auch wenn Pinguineier wirklich sehr lecker schmecken, rechtfertigt das noch lange nicht, daß sie zu Tausenden abgesammelt wurden, und ich hoffe sehr, daß es nie wieder dazu kommen wird.

Es dauert irgendwo zwischen 32 und 68 Tagen, bis aus den bebrüteten Pinguineiern Küken schlüpfen. Je größer das Ei, desto länger muß gebrütet werden. So ist es nicht verwunderlich, daß Kaiserpinguine wieder das Pech haben, am längsten dieser langweiligen Tätigkeit nachgehen zu müssen. Genauer gesagt, sind es die Kaiserpinguinmännchen, denn in dieser ganzen Zeit haben sich die Weibchen nicht wieder in der Brutkolonie blicken lassen. Während die Männchen, dicht aneinandergedrängt, das Ei auf den Füßen balancierend den Schneestürmen trotzen, vergnügen sich die Weibchen in den nahrungsreichen Gewässern an der Eisgrenze und werden dicker und dicker. Zum Glück besinnen sich die Weibchen kurz vor dem »Geburtstermin« der Küken eines Besseren und treten den Heimweg an. So sind sie rechtzeitig zur Stelle, um den frisch geschlüpften Küken ihre erste warme Mahlzeit aus halbverdautem Tintenfisch und Krill zu geben. Die Männchen, nun endlich ihrer verantwortungsvollen Aufgabe entledigt, machen sich gleich nach der Übergabe auf den Weg. Sie torkeln mehr, als daß sie gehen, in Richtung Eiskante, die immer noch nicht näher gerückt ist. Nach drei langen Monaten wird es auch höchste Zeit, daß sie endlich wieder etwas zu fressen bekommen.

Bei anderen Arten läßt der Partnerwechsel am Nest nicht so lange auf sich warten. Immer übernimmt das Männchen die erste Schicht, doch das Weibchen ist bereits nach 1 bis 14 Tagen wieder zur Stelle, je nach Art und äußeren Umständen. Danach wechseln sich beide Partner regelmäßig ab. Der eine brütet, während der andere sich der Nahrungssuche widmet. Sollte der Partner zum Schichtwechsel nicht

pünktlich erscheinen, wartet der »Diensthabende« bis zu 3 Wochen auf seine Rückkehr. Dann sind auch seine Reserven erschöpft und er gibt das Nest auf, um Nahrung zu suchen. Ungeschützte Eier sind meist innerhalb kürzester Zeit Opfer von Raubtieren. Das muß aber nicht immer so sein.

Im Gegensatz zu vielen Behauptungen müssen die Küken im Ei nicht unbedingt sterben, wenn sie nicht mehr bebrütet werden. In einem Brillenpinguinnest auf Marcus Island beobachtete ich einmal, wie die Ablösung auf sich warten ließ. Der brütende Pinguin blieb weiterhin stoisch auf den beiden Eiern sitzen und wartete Tag für Tag. Nach 2 Wochen gab er, ziemlich entkräftet, schließlich auf. Als ich am nächsten Morgen vorbeikam, waren beide Eier zwar noch da, aber sie waren bereits eiskalt. Ich ließ sie im Nest und sah täglich nach, um festzustellen, ob sich etwas verändert hatte. Niemand schien sich für die beiden kalten Eier zu interessieren, bis am vierten Tag endlich die Ablösung erschien. Als wäre nichts gewesen, setzte sich der Pinguin auf die Eier und wärmte sie. Und tatsächlich, 5 Tage später schlüpfte das erste Küken! Offensichtlich können die Küken, so lange sie noch im Ei sind, einen Temperatureinbruch gut vertragen. Sie fallen dann in eine Art »Winterschlaf« und entwickeln sich erst dann weiter, wenn sie wieder bebrütet werden. Nach dem Schlüpfen müssen die Eltern aber besser aufpassen. Bei Unterkühlung gehen die Küken unweigerlich ein.

Die Küken

Wenn Pinguinküken schlüpfen, sind sie zumeist hilflos, blind und mit weichem Flaum überzogen. Ihre Farbe reicht von leichtem Grau bei Zügelpinguinen bis Schokoladenbraun bei den Schopfpinguinarten. Wenige Stunden nach dem Schlüpfen öffnen sie ihre Augen und sind dann auch schon kräftig genug, um ihre übergroßen Köpfe zu heben und mit leisem Piepsen nach Nahrung zu betteln. Sie wachsen unglaublich schnell, und schon nach wenigen Tagen laufen sie auf ihren kurzen Beinchen ein paar Schritte herum, alles und jeden mit Schlägen ihrer weichen, elastischen und völlig ungefährlichen Flügel bedrohend. Fast während ihrer gesamten Entwicklung sind die Küken wenig mehr als ein riesiger Magen mit Beinen und einem Kopf obendrauf zur Verzierung. Die Küken werden von den Eltern mit hochgewürgter Nahrung gefüttert. Solange sie noch klein sind, bekommen sie regelmäßig über den ganzen Tag und die ganze Nacht verteilt kleine Portionen. Küken mit nur 1 kg Gewicht können aber bereits bis zu 600 g Nahrung auf einmal aufnehmen, mehr als die Hälfte ihres Körpergewichts. Sie können dann den gesamten Mageninhalt eines ihrer Eltern übernehmen und werden daher immer nur gefüttert, wenn gerade ein Alttier frisch von See zurückgekommen ist. Nachdem sie derart abgefüllt wurden, liegen sie fast bewegungslos einige Stunden lang auf ihren dicken Bäuchen herum, bevor sie wieder genug Kraft haben, um weiterzubetteln.

Vogelküken werden in zwei Kategorien eingeteilt: Nestflüchter und Nesthocker. Nesthocker, zum Beispiel Amselküken, werden blind geboren, sind fast nackt und völlig hilflos. Nestflüchter kommen mit einem Daunengefieder auf die Welt, sind sehr robust, können innerhalb weniger Stunden laufen und selbstständig Nahrung aufnehmen. Das typische Beispiel hierfür sind Entenküken. Pinguinküken passen in keine dieser beiden Kategorien und sind irgendwo dazwischen angesiedelt. Man könnte sie als robuste beinahe-Nestflüchter bezeichnen.

Wie zäh Pinguinküken sein können, wurde mir bewußt, als ich auf Marcus Island, Südafrika, das Wachstum von Brillenpinguinküken aufzeichnete. Hierzu hatte ich eine große Anzahl Nester markiert, die ich alle 2 Tage aufsuchte, um die Küken zu wiegen und zu messen. Wie gesagt, nisten Brillenpinguine in kleinen Höhlen. Ist dies unmöglich, so nutzen sie jede verfügbare Deckung. Teile der Insel sind mit Felsblöcken übersät, unter denen die Vögel oft ihre Nester anlegen. In Nest Nr. 64 waren die Küken äußerst schwierig zu fangen. Obwohl sie oft vor dem Felsen in der Sonne lagen, gingen sie jedesmal in Deckung, sobald sie mich mit meiner Waage und meinem Sack daherkommen sahen. Sie unter dem Felsen zu erwischen war unmöglich. Ich mußte schon trickreicher vorgehen, um mich an die Küken heranzupirschen. Es war jedesmal das gleiche. Als ich schon fast soweit war, daß ich sie mit den Händen greifen konnte, bemerkten sie mich doch. Ich sprang also nach vorn und erwischte sie bestenfalls, kurz bevor sie die Deckung erreicht hatten.

Sobald ich sie hatte, mußte ich ein Küken festhalten, während ich versuchte, das andere zu

Das kleine Küken des Kaiserpinguins wird wochenlang von seinen Eltern auf den Füßen herumgetragen. Auf dem ewigen Eis der Antarktis gibt es keinen gemütlicheren Platz als unter der Brutfalte.

messen und zu wiegen. Meistens saß ich hierzu im Schneidersitz auf dem Boden und steckte den Gefangenen zwischen meine Beine. Da Brillenpinguine immer nach einem Versteck suchen, steckte das Küken jedesmal seinen Kopf unter eines meiner Knie. Sobald sein Kopf dann im Dunkeln war, gab das Küken Ruhe, bis ich es wieder herausholte. Eines Tages jedoch wollte das zweite Küken sich einfach nicht beruhigen und versuchte immer wieder, zwischen meinen Beinen hindurch zu entkommen. Ich sah mich nach einem besseren »Gefängnis« um, und steckte seinen Kopf vorsichtig in einen kleinen Felsspalt, der dafür gerade groß genug war. Obwohl der ganze Körper noch herausschaute, wiegte sich das Tierchen in Sicherheit und verhielt sich mucksmäuschenstill. Nun konnte ich endlich sein Geschwister vermessen. Als ich fertig war und den Gefangenen befreien wollte, stellte ich erschreckt fest, daß er seinen Kopf zwischen zwei Steinen in dem Felsspalt eingeklemmt hatte. Atemstillstand. Das Küken war erstickt! Tot!

Meine Gedanken rasten: Meine Schuld, warum hatte ich auch nicht daran gedacht, endlich einen zweiten Sack zu besorgen? Der nächste Tierarzt? Zu weit weg. Was mache ich jetzt nur? Schnell, es muß schnell gehen. Ich drückte auf seine Brust. Künstliche Beatmung. Nein, die haben ja Luftsäcke, das geht ja gar nicht. Mund-zu-Mund-Beatmung. Ja, das könnte was werden. Aber vorsichtig, Rory, sehr vorsichtig! Ich nahm den kleinen Schnabel in den Mund, damit die Luft auch ja in das Tier gelangte, und blies ein bißchen. Ausatmen lassen. Dann nochmal. Da, es atmet wieder! Das Küken lebt!

Nach nur 2 Minuten hatte sich das Küken wieder völlig erholt. Es strampelte wieder genauso wie vorher. Und noch bevor ich mit den Messungen fertig war, hatte es mich in den Finger gebissen. Ich freute mich fast darüber. Nach diesem Unfall entwickelte ich große Zuneigung für das Vögelchen. Es war sehr befriedigend mitzuerleben, wie es sich normal entwickelte, groß wurde und als dicker Halbstarker die Insel 4 Wochen nach seinem Scheintod verließ.

Bei Familien mit 2 Küken gibt es zwischen den Geschwistern eine Menge Streit um das heißge-liebte Futter. Solange die Küken noch klein sind, brauchen die Eltern sich nur etwas aufzurichten, damit die kleinen unter ihnen ihren Kopf hervorstrecken und um Nahrung betteln können. Doch kaum sind die Küken kräftig genug, so piepsen sie in Stereo um die Wette, um Vater oder Mutter zu überzeugen, anstelle des Geschwisters gefüttert zu werden. Wenn die Küken noch größer sind und nicht mehr gewärmt werden müssen, bedrängen sie gleichzeitig denjenigen ihrer armen Eltern, der gerade »Schicht« hat. Sie betteln beide, drängen einander weg, teilen Flügelhiebe aus, klopfen an den Schnabel des Alttiers und stecken ihren Kopf hinein, als wollten sie nachsehen, ob nun wirklich nichts mehr da ist. Jedes Küken will als erstes den vorverdauten, warmen, lebenswichtigen Nahrungsbrei haben. Die Eltern, die derart in Bedrängnis gebracht werden, brechen oft die Futterübergabe ab und schlucken bereits hochgewürgte Portionen wieder herunter. So kann es manchmal Stunden dauern, bis das von See zurückgekehrte Alttier die Beute an die Jungen verteilen kann.

Während unserer Arbeit an Adéliepinguinen nahe der argentinischen Station Esperanza auf der Antarktischen Halbinsel fanden wir heraus, daß diese Vögel ein ausgeklügeltes System entwickelt haben, um beide Küken gleichmäßig mit Nahrung zu versorgen. Gleichzeitig werden die Küken dabei trainiert und für die Härten des Lebens vorbereitet. In Adéliepinguinkolonien sieht man häufig Eltern, die durch die ganze Kolonie »Joggen«, dicht verfolgt von ihren beiden bettelnden Küken. Als wir uns mit diesem Phänomen zum ersten Mal befaßten, nahmen wir an, daß die Eltern damit auf grausame Weise die Spreu vom Weizen trennen wollten, das heißt sicherstellen wollten, daß das kräftigere Küken auch die meiste Nahrung erhielt. In der Theorie erschien es sinnvoll, daß die Eltern die meiste Energie in das stärkere Küken investieren, um bei Nahrungsmangel zumindest ein Küken mit Sicherheit durchzubringen anstatt beide zu verlieren. Weit gefehlt!

Ein Alttier, das mit vollem Magen zu seiner Kolonie zurückkehrte, lief zielstrebig zu seinem Nest, oder das, was davon am Ende der Brutsai-

(Seite 108/109) Nach 2 Monaten auf See sind diese Kaiserpinguinweibchen nun sichtlich wohlgenährt. Sie haben jetzt, am Ende des Winters, den Rückweg zu ihrer Kolonie angetreten, wo jede von ihnen von einem halbverhungerten Männchen und einem frisch geschlüpften Küken sehnsüchtig erwartet wird.

Die Verdauungsprodukte der Pinguine in der Kolonie (hier ein kleiner Eselspinguin) treten häufig, unter hohem Druck und scheinbar ziellos aus. An schönen Tagen kann man jedoch deutlich ihre sternförmigen Spuren rund um das Nest und auf benachbarten Pinguinen erkennen. Pro Nest und Brutsaison wird ungefähr ein Zentner Krill »recycelt«.

son noch übrig war, und begann lauthals mit dem »ekstatischen Aufrichten«. Die Kleinen befanden sich in einem der Kindergärten in der Nachbarschaft und lagen entweder verschlafen herum oder standen wartend in der Landschaft, immer eng beisammen, um sich gegenseitig zu schützen. Die Küken des gerade zurückgekehrten Pinguins sowie einige ihrer Freunde erkannten ihn sofort als Vater oder Mutter und eilten zum Essenfassen. Solange nur ein einziges Küken das Alttier bedrängte und bettelte, weil es als erstes angekommen war, wurde es sofort gefüttert. Als dann aber die anderen auftauchten, drehte sich der Pinguin um und ergriff die Flucht, die piepsenden Menge dicht auf den Fersen. Erst nach 20 m blieb er stehen, um sich nach den Verfolgern umzusehen. Die fremden Küken waren abgeschlagen, aber die eigenen lagen nur noch wenige Meter zurück. Sie holten fast gleichzeitig auf und fingen sofort beide an zu betteln. Wieder ergriff der Pinguin die Flucht, aber diesmal war ihm nur eins seiner Küken auf den Fersen. Das andere war noch zu sehr aus der Puste. Kaum blieb er stehen, wurde

er schon wieder angebettelt. Diesmal erfolgte die Nahrungsübergabe reibungslos.

Nach wie vor nahmen wir an, daß es immer das kräftigere der beiden Küken war, welches den Wettlauf gewann. Dann aber geschah etwas Merkwürdiges. Während die Fütterung noch in vollem Gange war, hatte das abgeschlagene Küken aufgeholt und fing sofort an, sein soeben gefüttertes Geschwister wegzudrängeln. Wieder gab es eine Verfolgung, diesmal war aber das gefütterte Küken im Nachteil: Es mußte fertig herunterschlucken und dann mit einem ziemlich vollen Magen zwischen den Knien die Jagd wieder aufnehmen. In der Zwischenzeit war sein Geschwisterchen schon an der Quelle und bekam seinen Teil. Von nun an wurde jeweils das momentan leichtere und daher schnellere der beiden Küken, jeweils nach nur wenigen Metern, gefüttert. Fazit: Das stärkere Küken hat nur zu Anfang einen Vorteil. Danach ist ihm sein voller Magen im Wege. Der jeweilige Füllstand der Kükenmägen entscheidet dann, wer als nächstes gefüttert wird.

Viele Vogelarten begrenzen die Anzahl ihrer Küken. Die Schopfpinguine sind da keine Ausnahme, aber die Art, wie sie das bewerkstelligen, ist sehr seltsam. Alle 6 Schopfpinguinarten legen 2 Eier. Beide Eier unterscheiden sich sehr stark voneinander. Das erste Ei ist oft bis zu 50% kleiner und leichter als das zweite. Bei einigen Arten, wie zum Beispiel bei den Macaronipinguinen, schlüpft meistens nur aus dem zweiten Ei ein Küken. Das andere Ei geht oft schon während des Brütens verloren. Bei anderen Arten, wie zum Beispiel dem Dickschnabelpinguin, schlüpfen zwar fast immer beide Küken, aber nur eins wird »flügge«, also erwachsen.

Die Theorie über die Brutbegrenzung besagt, daß es ganz normal ist, wenn Vögel 2 Eier legen, aber in schweren Zeiten nur 1 Küken durchbringen. Andererseits wird jedoch erwartet, daß unter guten Bedingungen doch 2 Küken aufgezogen werden. Bei den Schopfpinguinen versagt allerdings diese Theorie, da bisher noch niemand beobachtet hat, daß sie jemals 2 Küken »durchkriegen«. Der Energieverlust, den die Produktion und das Bebrüten eines Eies darstellt, ganz zu schweigen von der Fütterung ei-

(Links oben) Gerade erst zum Nistplatz zurückgekehrt, wird ein Eselspinguin bereits von seinen Küken um Nahrung angebettelt.

(Mitte) Das linke der beiden Küken bettelt, indem es an den Mundwinkel des Alttieres klopft.

(Unten) Dadurch löst es den Würgereiz aus. Das andere Küken ist jedoch schneller und nimmt die Nahrung im Schnabel des Alttieres auf.
An dieser Stelle wird die Fütterung von den bedrängten Eltern oft abgebrochen. Erst nach einem längeren Wettlauf durch die Kolonie, bei dem eines der beiden Küken kurzfristig abgehängt wird, geht die Nahrungsübergabe weiter.

(Rechts) Aus einem Küken wird ein kleiner Adéliepinguin. Das kuschelige Daunengefieder wird während der Mauser durch den wasserdichten »Taucheranzug« ersetzt, der darunter gewachsen ist. Nun sind es nur noch wenige Tage, bis die Küken Ende Februar die Kolonie verlassen und auf eigene Faust schwimmen lernen. Diese »Halbstarken« unterscheiden sich von den erwachsenen Adéliepinguinen deutlich dadurch, daß ihre Kehle weiß ist und ihnen die weißen Ringe um die Augen fehlen.

nes Kükens, das dann doch bloß dem Tod überlassen wird, ist so erheblich, daß es irgendeine Erklärung dafür geben muß. Leider haben sich an dieser Frage alle Kollegen bisher die Zähne ausgebissen. Wir haben sie in den Katalog »Pinguinfragen: offen« aufgenommen.

Adéliepinguinküken wachsen von allen Pinguinarten am schnellsten. Bei vielen von ihnen ist die Entwicklung bereits nach 45 Tagen abgeschlossen. Da sie, wenn sie schlüpfen, nur knapp 100 g wiegen, die Kolonie aber bei einem Gewicht von 3,5 kg verlassen, nehmen sie im Schnitt 75 g pro Tag zu. Anfangs wachsen sie natürlich langsamer, aber schon nach 5 Tagen haben sie ihr Geburtsgewicht verdoppelt. Bei den meisten anderen Arten dauert die Jungenaufzucht 55–100 Tage. Königspinguine bilden hier die Ausnahme, da sie 12 Monate brauchen, um ihre Küken großzuziehen. Sie haben jedes Jahr das gleiche Pech: Immer, wenn die Küken bereits fast ausgewachsen sind, kommt der Winter und das Futter wird knapp. Die 3 bis 4 Monate alten Küken stehen dann oft monatelang in der Kolonie herum, bis einer ihrer Eltern auftaucht, um sie wieder einmal zu füttern. Die Statistik belegt, daß zwischen Mai und September die Hälfte der Küken gar keine Nahrung erhält, ein Viertel einmal gefüttert wird und der Rest zweimal. Kein Wunder, daß die armen Küken dabei sehr viel Gewicht verlieren und von einem fetten 10 kg schweren Burschen nur noch 4 kg Haut und Knochen am Ende des Winters übrigbleiben. Im September hat sich die Nahrungssituation dann meistens wieder soweit verbessert, daß die Küken wieder regelmäßig gefüttert werden. Diejenigen unter ihnen, die im Winter nicht dem Hunger, dem Wetter oder den Raubmöwen zum Opfer gefallen sind, sind dann nach wenigen Wochen erwachsen.

Pinguinküken können mit ihrem Daunenkleid nicht gut schwimmen und so versuchen sie es auch gar nicht erst. Junge Kaiserpinguine bilden da eine Ausnahme. Sie können es meist nicht erwarten und springen einfach ins Meer, um dann wie lächerliche Korken an der Oberfläche zu treiben. Denn bevor die Küken nicht ihr Daunenkleid abgelegt haben und ihr Körper ausschließlich von neuen, glatten, gewachsten und stromlinienförmigen Federn überzogen ist, können sie nicht tauchen. Die Mauser aus dem plüschigen Daunenkleid heraus und in den Trockentauchanzug hinein dauert zwischen 1 Woche und 1 Monat, je nach Art und Ernährungszustand. Während dieser Übergangszeit sehen die Tiere ziemlich albern aus, halb Küken und halb Pinguin. Ihre Daunen hängen ihnen wie Fetzen vom Leib, und oft sind ihre neuen Federn schon beschmutzt, bevor sie noch richtig zum Vorschein gekommen sind.

Zuletzt verschwinden die Daunen am Kopf. Die jungen Pinguine haben dann große Ähnlichkeit mit Mohikanern. Es ist dann nur noch eine Frage von Tagen, bis der letzte von ihnen davongeschwommen ist.

Wenn die Küken zum ersten Mal ans Meer gehen, sind sie natürlich noch Nichtschwimmer. Sie scheinen das auch genau zu wissen, denn sie verbringen einige Tage damit, am Strand herumzustehen bis sie den nötigen Mut aufbringen, um hineinzuspringen. Von ihren Eltern fehlt dann meist schon jede Spur. Es ist tatsächlich der berüchtigte »Sprung ins kalte Wasser« gefolgt von »learning by doing«, um es in der Managersprache auszudrücken. Adéliepinguinküken halten bei ihren ersten Schwimmversuchen den Kopf weit über der Oberfläche und schlagen wie verrückt mit den Flügeln. An Tauchen ist dabei gar nicht zu denken. Einige von ihnen kommen schon nach kurzer Zeit wieder aus dem Wasser. Die meisten aber schwimmen geradewegs auf das Meer hinaus und verschwinden am Horizont. Wie sie tauchen und jagen lernen, weiß niemand.

Die Mauser

Die Pinguinküken sind nicht die einzigen, die einen Gefiederwechsel durchmachen. Alle Vögel müssen regelmäßig ihre Federn erneuern, da diese sich mit der Zeit stark abnutzen. Die meisten Vögel wechseln ihre Federn nacheinander aus, über das ganze Jahr verteilt. Dies ist vor allem bei fliegenden Vögeln der Fall, die somit das ganze Jahr über flugfähig bleiben. Die Pinguine haben hier eine radikale Lösung gewählt:

Nach Beendigung der Kükenaufzucht blieben diesem Zügelpinguin nur 2 Wochen Zeit, um sich etwas zu erholen und Speck für die nächste Strapaze anzufressen, für die Mauser. Es dauert etwa 3 Wochen, bis alle alten Federn durch neue ersetzt sind. Während dieser Zeit ist Schwimmen und Tauchen unmöglich. Jetzt heißt es fasten.

die komplette Mauser. Nach der Jungenaufzucht bleiben den Pinguinen einige Wochen Zeit, um auf See ihre Fettreserven aufzufüllen. Dann müssen sie an Land zurückkehren, wo in einem Zeitraum von 3 Wochen alle alten Federn durch neue ersetzt werden.

Während dieser Zeit können die Pinguine nicht ins Wasser, da ihr Federkleid zu zerzaust ist, ihre Flügel dick angeschwollen sind, und sie einfach zu erschöpft sind. Sie stehen in Gruppen aneinandergedrängt oder einzeln in der Nähe von Felsen schutzsuchend herum und warten und warten. Pinguine sehen während der Mauser aus wie von Motten zerfressen. Die alten Federn kommen in Büscheln aus der Haut, hängen irgendwie noch eine ganze Weile fest und fliegen dann mit dem Wind davon. Wie man sich vorstellen kann, produzieren große Gruppen mausernder Pinguine derart viele Federn, daß man meinen könnte, es schneit.

In Südafrika haben meine Frau Marie-Pierre und ich die Federn der Brillenpinguine eingesammelt und in Kissen verfüllt, die wir dann zu Weihnachten verschenkt haben. Sicher, die Kissen rochen etwas muffig nach Pinguin, ein Geruch, den auch die aggressivste Reinigung nie ganz wegbekommt. Etwas steif und stachelig waren sie auch, da Pinguinfedern sehr kurz und fest sind, aber wer kann schon behaupten, ein Kissen aus echten Pinguinfedern zu besitzen? Zumindest haben sich alle über das Geschenk anfangs riesig gefreut. Souvenirläden haben die Idee bis heute nicht aufgegriffen.

Während der Mauser verlieren die Pinguine etwa 40% ihres Körpergewichts. Da sie fasten und es auch weit und breit keine kleckernden Küken gibt, sehen sie nach der Mauser sehr sauber und fesch aus. Allerdings sind sie so dünn, daß die lose Haut auf ihren Beinen den Eindruck erweckt, sie hätten zu weite Hosen an. Kaum daß die letzte Feder des Vorjahres davongeflogen ist, springen sie ins Wasser, um die neuen Kleider auszuprobieren und endlich wieder zu fressen. Mittlerweile steht der Winter vor der Tür, auf den man sich als Pinguin gut vorbereiten sollte. Es wird mehrere Monate dauern, bis sie wiederkommen, die Pinguine. Und dann beginnt alles wieder von vorn.

RORY WILSON

RÄUBER UND FEINDE

(Links) Einige Wochen nach der Mauser ist dieser Eselspinguin wieder dick und rund. Sein neuer »Taucheranzug« hat hervorragend funktioniert. Er kann dem Winter jetzt gelassen entgegensehen.

Pinguine haben eine ganze Anzahl von Feinden, von denen sie als Beute betrachtet werden. So ist das nun einmal in der Natur: Kaum einer kann sich rühmen zu fressen, ohne selbst damit rechnen zu müssen, einmal auf dem Teller zu landen. Dabei sollte man nicht vergessen, daß die meisten Tiere andere Lebewesen nicht aus Spaß töten, sondern um Nahrung für sich selbst oder ihre Jungen zu erhalten. So hat jedes Tier und jede Pflanze seinen Platz im Kreislauf der Natur, in einem Kreislauf, in dem außer Energie kaum etwas verlorengeht, ohne an anderer Stelle wieder aufzutauchen. Und die Energie wird von der Sonne geliefert. Doch obwohl wir der Logik dieser Betrachtungsweise vielleicht zugänglich sind, fällt es uns schwer, in einem Pinguinräuber ein Tier zu sehen, das nicht mehr und nicht weniger Rechte hat, sich zu ernähren und zu leben, als seine Beute.

Die Räuber und Feinde der Pinguine kann man danach unterscheiden, ob sie Pinguine auf See oder an Land angreifen, um sie zu verspeisen. Darüber hinaus gibt es, wie beim Menschen auch, Organismen, die noch zu Lebzeiten der Pinguine von ihnen profitieren wollen. Es sind Plagegeister und Parasiten aller Couleur, deren Bisse, Stiche und Infektionen zu den unterschiedlichsten Beschwerden führen.

Feinde im Wasser

Seeleoparden

Der vielleicht bekannteste Pinguinjäger ist der Seeleopard. Dieser Seehundsverwandte gehört zu den Hundsrobben und vermag sich, im Gegensatz zu den Ohrenrobben, an Land nur auf

(Rechts) Krill frißt Plankton, Pinguine fressen Krill und Seeleoparden fressen Pinguine. In diesem Fall hatte der Räuber kein Glück: Der Adéliepinguin ist ihm noch einmal entkommen.

dem Bauch rutschend fortzubewegen. Er ist extrem an das Leben im Meer angepaßt: Seine Gliedmaßen sind so verkürzt, daß nur noch Hände und Füße aus dem Körper ragen. Zu der Familie der Südrobben, zu denen der Seeleopard gezählt wird, gehören neben dem Seeleopard die Krabbenfresser-, die Weddell- und die Roßrobbe. Sie alle sind auf die Antarktis beschränkt. Ein entfernter Verwandter von ihnen ist der ebenfalls zu den Hundsrobben zählende See-Elefant. Auch bei ihm fehlen die äußeren Ohren völlig.

Seeleoparden können die beachtliche Länge von 4 m und ein Gewicht von 500 kg erreichen. Sie haben ein derart riesiges Maul, daß ihre Mundwinkel beinahe bis zum Hinterkopf reichen. Dies verleiht ihnen ein merkwürdig beängsti-

gendes, schlangenähnliches Aussehen. Das Gebiß zeichnet sich durch lange, scharfe Schneidezähne, riesige, spitze Eckzähne und dreispitzige Backenzähne aus, die sowohl für die Jagd auf kleine Leuchtgarnelen (Krill) als auch zum Ergreifen schnellschwimmender Beutetiere wie Fische und Pinguine geeignet sind.

Der Bauch der Seeleoparden ist hell gefärbt, der Rücken dagegen dunkel und mit Flecken versehen, so daß Seeleoparden im Wasser fast unsichtbar sind. Diese Tarnung erweist sich bei der Pinguinjagd als überaus vorteilhaft.

Meine erste Begegnung mit einem Seeleoparden fand bei einer großen Adéliepinguinkolonie in der Nähe der Station Esperanza an der Spitze der Antarktischen Halbinsel statt. Ich saß auf einem Felsen direkt am Wasser ganz nahe einer Stelle, welche die von See zurückkehrenden Pinguine zum »Landen« benützen. Ich beobachtete bewundernd, wie die Vögel mit großer Geschwindigkeit auf die Küste zuschwammen, um dann mit einem hohen Satz an Land zu schnellen. An diesem Tag schienen die Vögel noch lebhafter zu sein als sonst. Mit wilder Entschlossenheit kletterten sie die rutschigen Felsen ein paar Meter hinauf, bevor sie sich hinsetzten, um sich beim Putzen ihres Gefieders zu erholen. Beinahe jede Minute kam eine Gruppe von 5 bis 50 Pinguinen von See zurück. Interessiert beobachtete ich außerdem, wie einige Gruppen, die direkt auf die Landungsstelle zugeschwommen waren, plötzlich kehrtmachten, um mit atemberaubender Geschwindigkeit wieder aufs Meer zurückzuschwimmen. Da tauchte auf einmal, wie aus dem Nichts, nur 2 m von meinen Füßen entfernt aus dem Wasser der riesige Kopf eines Seeleoparden auf. Das Tier hob langsam den Kopf, schnaufte zwei- oder dreimal und tauchte dann ebenso langsam wieder unter. Dann lag es wieder bewegungslos da, der Rücken ragte etwas heraus, aber der Kopf war unter der Wasseroberfläche, und zwar genau unterhalb der Stelle, an der die meisten Pinguine landeten. Vor dem felsigen Meeresgrund war das Tier kaum zu erkennen. Ich begann, feuchte Hände zu bekommen, als ich die nächste Gruppe Pinguine sah.

Offenbar hatten sie das Raubtier entdeckt, denn in 10 m Entfernung tauchten sie wie auf ein Kommando unter, schossen unter Wasser wie Pfeile hin und her und folgten dabei genau den Konturen des felsigen Meeresgrundes. Der Seeleopard aber verharrte ohne eine einzige Bewegung. Als die nächste Pinguingruppe ankam, schwammen einige von ihnen nur 50 cm an seinem Kopf vorbei, aber er bewegte sich noch immer nicht. Die Pinguine, die ihn offenbar nicht bemerkt hatten und sich der Gefahr nicht bewußt waren, plantschten sogar noch etwas an der Oberfläche, bevor sie an Land sprangen.

Kurz darauf kam wieder eine Pinguingruppe zurück. Würden auch sie Glück haben? Der Seeleopard drehte langsam seinen Kopf in Richtung der herannahenden Gruppe. Die Pinguine kamen immer näher. Sie schwammen unter der Wasseroberfläche auf den Strand zu. Gleich würden sie an Land stehen, sich putzen und dann, ausgeruht und etwas erfrischt, den beschwerlichen Weg über die Felsen zu ihrem Nest antreten. Ihr Ehepartner und ihre Küken warteten schon auf sie. Ich konnte sie nicht warnen. Mit welchem Recht hätte ich mich einmischen sollen? Und doch hatte ich einen Knoten im Hals. Mir war fast schlecht. Jetzt verstand ich, warum Menschen Städte bauen, warum sie die Natur eilig in Autos durchqueren und ihre Frauen und Kinder dem Schutz von Häusern anvertrauen. Nein, Natur ist nicht schön, Natur ist grausam. Gnadenlos. Es ging alles ganz schnell. Ein Pinguin hatte das Pech, den Seeleoparden für einen harmlosen Felsen zu halten. Er schwamm so nah an dem Raubtier vorbei, daß er fast seine Nase berührte. Gleich würde er an Land springen, gleich war er angekommen...

In diesem Moment schnappte der Seeleopard zu, die Kiefer weit auseinandergerissen, mit der plötzlichen Kopfbewegung einer Schlange. Der Pinguin war gefangen. Kaum war er in den Fängen des Raubtiers, wurde der Vogel völlig starr, der eben noch so lebendig auf den Strand zugeschossen war. Sein Verhalten erschien mir wie eine schreckliche Art von Resignation, ein sich Abfinden mit der Tatsache, daß es kein Entkommen mehr gab.

In Wirklichkeit läßt sich die Starre des Pinguins wohl darauf zurückführen, daß er von den mächtigen Kiefern des Seeleoparden so in die Zange genommen und gequetscht wurde, daß jegliche Bewegung unmöglich war. Der erfolgreiche Jäger schwamm langsam einige Meter aufs Meer hinaus, und tauchte dann mit seiner Beute unter. Aus dem Schnabel des Pinguins blubberten langsam einige Luftblasen an die Oberfläche. Einen Augenblick später kam der Räuber wieder an die Oberfläche und begann, den Pinguin mit ruckartigen, bogenförmigen Kopfbewegungen aus seinem Frack herauszuschütteln. Das erste Mal passierte noch nichts, aber schon beim zweiten Mal platzte die Haut des Pinguins auf. Das Meer rund um das Raubtier wurde blutrot. Der Seeleopard biß jetzt geschickt in das freigelegte Fleisch und schleuderte den Rest des Vogels fort, wobei er mundgroße Stücke herausriß.

Der leblose Pinguinkörper klatschte einige Meter weiter wieder auf das Wasser, nur um sogleich wieder gepackt und weiter zerlegt zu werden. Kleine Sturmschwalben flogen herbei, um Fleischstückchen von der Wasseroberfläche zu picken, während Riesensturmvögel und Dominikanermöwen respektvoll in einiger Entfernung warteten. Nach etwa einer Minute verließ die Robbe ihre Beute, von der kaum mehr als Haut (der Frack) und Knochen übrig waren, und kehrte langsam zu ihrer früheren Position zu meinen Füßen zurück.

Der Seeleopard blickte zu uns. Inzwischen hatten sich einige meiner Kollegen eingefunden, und wir stellten uns vor, daß er uns für Riesenpinguine hielt, die ein hervorragendes Mahl abgeben würden. Ich beobachtete das Raubtier eine Stunde lang. In dieser Zeit schnappte das gefährliche Maul 21mal nach einem Pinguin, 16mal erfolgreich. Ein guter Schnitt, wenn man bedenkt, wie gering der Energieaufwand des auf der Lauer liegenden Seeleopards war.

In den meisten Fällen bemerkten die Pinguine den gut getarnten Jäger überhaupt nicht. Einmal näherte sich ein Pinguin der Robbe von hinten und schwamm den ganzen Rücken der Bestie hinauf, bis er, kurz vor dem Kopf, den gefährlichen Irrtum bemerkte. Zu seinem Glück war der Seeleopard genauso überrascht wie der Pinguin, und schnappte daher den Bruchteil einer Sekunde langsamer zu als gewöhnlich. Die vermeintliche Beute schwamm zwischen den geöffneten Kiefern hindurch und konnte genau in dem Moment, als der Jäger sie fassen wollte, durch eine unglaubliche Beschleunigung den spitzen Zähnen gerade noch entkommen.

Am schrecklichsten ist vielleicht der Anblick eines Pinguins, der, vom Seeleopard tödlich verletzt, sich dennoch aus den Fängen befreien konnte. Meistens verlassen die Vögel nach einer Verwundung das Wasser, und stehen danach tagelang blutend auf einem Felsen, bevor Skuas und Riesensturmvögel dann den »Rest« erledigen.

Es ist äußerst fraglich, ob Seeleoparden in der Lage sind, Pinguine durch aktives Jagen im Wasser zu fangen. Ich habe mehrfach Seeleoparden beobachtet, die Jagd auf Adélie- und Eselspinguine machten – mit beschämenden Erfolg. Tatsächlich schien den Eselspinguinen das Ganze einen Riesenspaß zu machen. Sie betrachteten es offensichtlich als ein Spiel, und viele von ihnen sprangen extra noch ins Wasser, um den Seeleoparden bei hoher Geschwindigkeit zu umrunden. Vielleicht war es eine Art »hassen«, eine Verhaltensweise, welche eher von Landvögeln bekannt ist, die einen Eindringling auf diese Weise abwehren. Der Seeleopard war während solcher Aktionen gut sichtbar und schwamm nur knapp unter der Oberfläche: völlig andere Voraussetzungen gegenüber dem bewegungslos auf der Lauer liegenden, felsähnlichen Räuber auf Esperanza.

Pelzrobben

Im Gegensatz zum Seeleopard sind Pelzrobben Ohrenrobben. Sie sind verwandt mit Seebären und Seelöwen. Neben ihren gut sichtbaren kleinen Ohren besitzen sie die unangenehme Eigenschaft, auch an Land äußerst schnell und wendig zu sein. Sie können, anders als die Hundsrobben, ihre Hinterflossen unter den Körper bringen und so neben den breiten Brustflossen gewissermaßen als drittes Bein einsetzen. Man kennt diese schwarzglänzenden Tiere als Akrobaten, die im Zirkus Bälle auf der Nase balancieren. Trotz ihrer allgemeinen Beliebtheit können sie einen in der Antarktis ganz schön aus der Fassung bringen, wenn sie einen mit hundeähnlichem Gebell und großer Geschwindigkeit verfolgen, bloß weil man sie nicht rechtzeitig bemerkt hat.

Sie haben auch eine Vorliebe für Pinguine. Zum Glück fressen nicht alle Pelzrobben Pinguine, sondern nur eine oder zwei spezialisierte Arten unter ihnen. So sah ich beispielsweise auf Sinclair Island, einer kleinen, der namibischen Küste vorgelagerten Insel, Brillenpinguine brüten. Diese Insel ist von Pelzrobben völlig bedeckt, so dicht, daß man sich kaum fortbewegen kann, ohne auf sie zu treten. Dennoch brüten hier etwa 5 Pinguinpaare unverdrossen. Falls die Pelzrobben Jagd auf sie machen würden, gäbe es keinen einzigen Pinguin mehr in der Umgebung von Sinclair Island.

Die wenigen Pelzrobben, die Pinguine jagen, bewerkstelligen dies an Land durch schlichtes »Umrennen«. Ich habe diese Jagdform mehrere Male beobachtet, und es war jedesmal ein nervenaufreibendes Schauspiel. Im Wasser scheinen Pelzrobben die Pinguine nur dann fangen zu können, wenn sie die Vögel bis zur völligen Erschöpfung getrieben haben. Zu Beginn der Verfolgung haben die etwas langsameren, dafür aber wesentlich wendigeren Pinguine noch eine

recht gute Chance. Leider reicht die Ausdauer der Pinguine offenbar nicht so lange wie die der Robben, und so gibt es für den Ausgang der Verfolgungsjagd im allgemeinen drei Möglichkeiten: Entweder schafft es der Pinguin, sich durch einen geschickten Sprung an Land in Sicherheit zu bringen, oder er ist in der Lage, geschickt zu manövrieren und so viele verwirrende Haken zu schlagen, daß er nach ein paar Minuten außer Reichweite der Robbe gerät, und diese ihn im aufgewühlten Wasser aus den Augen verliert.

Dauert die Jagd jedoch länger, ist der Pinguin bald derart erschöpft, daß er auftauchen muß. Er liegt dann schwer atmend, beinahe regungslos an der Wasseroberfläche, nur um einen Moment später von unten gepackt und als Trophäe von der Pelzrobbe in der Luft hin- und hergeschwenkt zu werden.

Auf Crozet hat unser Kollege Klemens Pütz auch beobachtet, wie Pelzrobben sich, ähnlich dem oben beschriebenen Seeleopard, vor einer Landungsstelle auf die Lauer legen. Die ankommenden Macaronipinguine werden nach kurzer Jagd gefangen, wenn sie beim ersten Versuch, aus dem Wasser herauszuspringen, keinen Halt auf den Felsen finden und wieder

(Rechts) Der gefährlichste Pinguinräuber in der Antarktis ist der Seeleopard. Er liegt meistens ruhig auf dem Meeresboden in der Nähe eines »Pinguinlandeplatzes« und wartet, daß ihm ein unachtsames Tier fast ins Maul schwimmt. Dann faßt er erbarmungslos zu...

(Rechts außen) Pelzrobben, auch Seebären genannt, gehören vor allem in Südafrika zu den Hauptfeinden der Pinguine im Meer. Wie die Seeleoparden auch, enthäuten sie ihre Beute vor dem Fressen durch »Herausschütteln«.

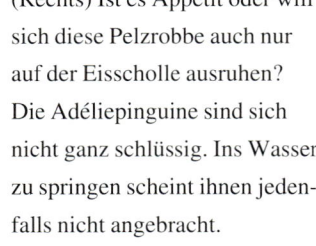

(Rechts) Ist es Appetit oder will sich diese Pelzrobbe auch nur auf der Eisscholle ausruhen? Die Adéliepinguine sind sich nicht ganz schlüssig. Ins Wasser zu springen scheint ihnen jedenfalls nicht angebracht.

(Links) Ob Orcas, auch Schwertwale genannt, tatsächlich Jagd auf Pinguine machen, konnte noch nicht eindeutig belegt werden. Fest steht jedoch, daß Pinguine vor ihnen großen Respekt haben.

ins Wasser zurückfallen. Das nennt man natürliche Selektion. Pelzrobben sind bei weitem nicht so geschickt im Zerlegen von Pinguinen wie Seeleoparden, und obwohl die Methoden, das brutale Herausschütteln, sich kaum unterscheiden, brauchen sie dafür mit 10-15 Minuten erheblich länger.

Wale und Haie

Ich habe schon öfter Bilder von Orcas (Schwertwalen) gesehen, die Jagd auf Pinguine machten. In diesem Zusammenhang wäre der Name »Killerwal« für diese Räuber wirklich angebracht. Ich selbst habe aber zum Glück nie erlebt, daß ein Schwertwal einen Pinguin erbeutet hätte, obwohl ich sie häufiger in unmittelbarer Nähe zusammen schwimmen sah. Es gibt Geschichten über Schwertwale, die Eisschollen zum Umstürzen brachten, so daß die darauf sitzenden Pinguine ins Wasser fielen und gefressen wurden. Ich kenne niemanden, der dies mit eigenen Augen gesehen hätte. Allerdings gibt es Augenzeugenberichte, wie Schwertwale diese Taktik bei Menschen angewendet haben. Ein Hubschrauber beendete zum Glück diesen Versuch.

Vermutlich sind die meisten Pinguine für Schwertwale jedoch eine armselige Beute. Sogar die größten Arten, die Kaiser- und Königspinguine, wiegen im Schnitt nur 30 – 15 kg und sind daher kaum mehr als ein kleiner Happen für einen ausgewachsenen, immerhin 8 m langen Orca. Im übrigen sind die Schwertwale den Pinguinen in puncto Geschwindigkeit zwar überlegen – zuverlässige Berichte sprechen von 40 Kilometern pro Stunde bei Orcas –, was jedoch die Wendigkeit angeht, so sind ihnen die kleinen Pinguine um Längen voraus.

Dennoch gibt es glaubwürdige Berichte darüber, wie Schwertwale versuchen, Pinguine zu fangen, indem sie sie in Seetangwälder treiben. Dort können die Pinguine ihre größere Wendigkeit nicht mehr ausnützen, weil sie zwischen dem Tang kaum mehr vorankommen. Sind die Pinguine im Tang verstrickt und eingekesselt, nutzen die Wale ihre enorme Körpermasse und brechen in den Kessel ein, um nach den Vögeln zu schnappen. Klemens

Pütz konnte tatsächlich Schwertwale beobachten, die diese raffinierte Taktik mehrere Male bei Königspinguinen einsetzten. Allerdings war er nie direkt Zeuge, wie dabei ein Pinguin gefressen wurde. Vermutlich ging alles viel zu schnell. Ein Schwertwal braucht schließlich nur einmal zu schlucken, um einen Königspinguin zu fressen.

Eines ist sicherlich richtig: Pinguine betrachten Schwertwale als potentielle Feinde. Dies konnte eindeutig bei einem Versuch in Südafrika belegt werden, wo Tonbandaufnahmen von Orcarufen unter Wasser abgespielt wurden, um Pinguine zu vertreiben. Im Zuge einer Hafenerweiterung waren in einem bestimmten Areal Unter-Wasser-Sprengungen nötig geworden. Wie die Forscher berichteten, verschwanden alle Pinguine blitzartig, sobald die Orcarufe einsetzten, und brachten sich so zur Freude aller in Sicherheit. Dies ist um so erstaunlicher, wenn man weiß, daß Schwertwale vor der südafrikanischen Küste nur äußerst selten gesichtet werden, und die Pinguine daher kaum Erfahrungen mit ihnen haben dürften.

Haie sind vermutlich eine ziemlich häufige Todesursache für diejenigen Pinguinarten, die in haiverseuchten Gewässern leben, also für Galápagos-, Humboldt-, Brillen-, Magellan- und Zwergpinguine. Besonders stark dürften die Galápagos- und die Brillenpinguine betroffen sein, da ihre Lebensräume, die Galápagosinseln im Pazifik und die Küsten Südafrikas, geradezu berüchtigt für ihre Haivorkommen sind. Es gibt wenige authentische Augenzeugenberichte über Kämpfe zwischen Pinguinen und Haien, da diese sich wahrscheinlich tief unter der Wasseroberfläche abspielen. Ein befreundeter Taucher wurde tatsächlich einmal Zeuge, wie ein Brillenpinguin, der sich nichtsahnend an der Wasseroberfläche sonnte, brutal von einem aus der Tiefe auftauchenden weißen Hai gepackt und verschlungen wurde. Von einem Haifischjäger erfuhr ich, daß er einmal im Magen eines riesigen weißen Hais die Überreste von 3 Brillenpinguinen gefunden hatte.

Auf Marcus Island, 150 km nördlich von Kapstadt, beobachtete ich einmal einen auf dem Bauch liegenden verwundeten Pinguin mit einer großen sichelförmigen Wunde am Körper, die zweifelsfrei auf einen Haifischbiß zurückzuführen war. In Südafrika sieht man darüber hinaus häufiger Pinguine ohne Füße. Obwohl diese Tiere vermutlich nicht mehr brüten können (siehe Kapitel 5), sind sie dennoch meistens recht munter. Ob ihre Füße den Zähnen eines Hais, einer Pelzrobbe oder eines anderen Räubers zum Opfer gefallen sind, ist natürlich schwer zu sagen.

Es existieren darüber hinaus diverse Berichte über recht ungewöhnliche Feinde, darunter Tintenfische und Brydewale. Letztgenannter ist ein immerhin 13 m langer Bartenwal, der im Maul siebartige Platten, Barten genannt, besitzt, die ihm das Aufnehmen kleinster Organismen aus dem Wasser ermöglichen. Das bedeutet, daß der Brydewal im Gegensatz zu dem mit hervorragenden Beißwerkzeugen ausgestatteten Schwertwal kleinste Fischlarven und Krebstierchen frißt, nicht aber große Tiere wie Robben oder Delphine. Ein Exemplar eines Brydewals wurde mit mehreren Pinguinen im Magen angespült an einem Strand in Südafrika gefunden.

Es ist mehr als unwahrscheinlich, daß der Wal aktiv Jagd auf die Pinguine gemacht hatte, dazu würde die Schwimmgeschwindigkeit dieses Kolosses bei weitem nicht ausreichen. Viel wahrscheinlicher ist, daß der Wal sein großes Maul aufsperrte, um einen Schwarm kleiner Fische aus dem Wasser zu sieben. Dabei verschluckte er wohl eher zufällig einige Pinguine, die intensiv darin vertieft waren, in dem gleichen Schwarm zu fischen. Vermutlich haben nicht nur die Pinguine diesen Zwischenfall bereut, sondern auch der planktonfressende Wal, dem ihre Verdauung einige Probleme bereitet haben muß. Es ist also zumindest im Bereich des Möglichen, daß Bartenwale potentielle Pinguinfeinde sein können.

Feinde aus der Luft

Abgesehen von den vielen Feinden, mit denen die Pinguine sich im Meer auseinandersetzen müssen, gibt es leider noch eine große Anzahl anderer Tiere, die eine Vorliebe für sie hegen. Sie können Pinguine allerdings meist nur dann erbeuten, wenn sich diese zum Brüten an Land begeben. Zu diesen Landraubtieren zählen verschiedene Raubvögel, Säugetiere und Reptilien.

Nachdem sich alle bedient haben, traut sich ein Scheidenschnabel an die Reste eines Pinguins oder eines Kükens. Vielleicht haben die Großen ja einen kleinen Happen übersehen.

Riesensturmvogel

Die Fähigkeit zu fliegen erlaubt einem Jäger, sein Opfer, den Pinguin, bis auf die entfernteste Brutinsel im Ozean zu verfolgen. Der Riesensturmvogel ist ein sehr gefräßiger Pinguinräuber an Land. Seine Merkmale sind eine Flügelspannweite von 2 m, eine dunkelbraune bis weiße Färbung sowie ein großer, scharfer und gefährlicher Schnabel, den er zum Schlagen der Beute und zum Reißen von Fleisch einsetzt. Ähnlich wie der Albatros, mit dem er verwandt ist, kann auch der Riesensturmvogel mit unbeschreiblicher Eleganz und beinahe schwerelos über dem Wasser segelfliegen. Auf seiner Nahrungssuche legt er oft Tausende von Kilometern zurück, segelt dabei meist ohne einen Flügelschlag von Wellenkamm zu Wellenkamm, und nutzt die oft stürmischen Winde der Südozeane als Auftrieb.

An Land allerdings bewegen sich Riesensturmvögel ungeschickt hüpfend und erinnern mit ihrer buckligen Haltung und den halbausgebreiteten Schwingen eher an armselige Lämmergeier. Selten sieht man Riesensturmvögel Pinguine auf See jagen. Im Hochsommer jedoch, wenn die jungen Adéliepinguine zum ersten Mal in großen Scharen ins Wasser springen, sind sie auch im Meer zur Stelle. Dann lernen die gerade flügge gewordenen Küken ihr neues Element kennen, ihren zukünftigen Lebensraum, und paddeln anfangs noch etwas panisch an der Wasseroberfläche herum. Ich habe Riesensturmvögel beobachtet, die ein paar Meter vor der Küste hin- und herflogen, ein Pinguinküken aus der Gruppe isolierten, um dann aus der Luft herabzustoßen und mit der vollen Wucht ihres Aufpralls der Beute das Genick zu brechen. Eine andere Taktik ist, die Küken vom Wasser aus anzugreifen. Dabei kreisen mehrere Riesensturmvögel ein Küken ein und hacken ihm immer wieder mit dem spitzen Schnabel in den Hinterkopf, bis es stirbt. Vor allem einzelne Küken, die den Anschluß verloren haben oder aus Versehen ins Wasser gefallen sind, werden so erlegt.

Während der Brutperiode verbringen Riesensturmvögel oft Stunden damit, über den Pinguinkolonien hin- und herzufliegen in der Hoffnung, kranke oder verlassene Küken oder verwundete Erwachsene aufzuspüren. Normalerweise ist es für einen gesunden, erfahrenen, ausgewachsenen Pinguin kein Problem, einen Riesensturmvogel in Schach zu halten. Ist ein Pinguin aber zum Beispiel von einem Seeleoparden verletzt worden, so wird er bald von einer Gruppe von Vögeln umringt, die in einigem

Den ganzen Winter hindurch stehen die Königspinguinküken alleine in der Kolonie und warten auf die Rückkehr ihrer Eltern und die Wiederaufnahme der Futterlieferungen. Dabei verlieren sie drei Viertel ihres Körpergewichts. Patroullierende Riesensturmvögel (links) nutzen jede Gelegenheit, um ein geschwächtes Küken zu isolieren und es zu fressen.

Abstand darauf warten, bis er ihrer Meinung nach zu schwach ist, um erfolgreich Widerstand leisten zu können. Sie nähern sich dann dem armen Opfer von hinten, um außer Reichweite seines Schnabels zu bleiben, und beginnen, bestehende Wunden zu vergrößern und die Eingeweide zu fressen. Zum Glück sind die Pinguine nach kürzester Zeit so schwach, daß sie nicht mehr allzuviel davon merken. Auch hier ist die Natur erbarmungslos.

Riesensturmvögel bevorzugen allerdings Pinguinküken als Beute. Dies ist vor allem in winterlichen Königspinguinkolonien der Fall. Dort müssen nämlich die 3 Monate alten Pinguinküken allein das Winterhalbjahr überstehen. Ihre Eltern sind dann fast ständig auf See und können aufgrund des Nahrungsmangels nur kurz und in unregelmäßigen Abständen zum Füttern in die Kolonie kommen. In dieser Zeit verlieren die Küken etwa drei Viertel ihres Körpergewichts und sind dementsprechend schwach. Aus diesem Grund sind Königspinguinkolonien

125

im Winter äußerst lukrative Jagdreviere für Riesensturmvögel.

Auf Marion Island, im südlichen Indischen Ozean, beobachtete ich einmal Riesensturmvögel, die wiederholt im Sturzflug auf Gruppen von eng aneinandergeschmiegten, hungernden Königspinguinküken herabstießen. Bei jedem Überflug berührten sie dabei fast die in Panik hierhin und dorthin flüchtenden Küken am Kopf. Nach mehreren Angriffen kamen einzelne schwächere Küken nicht mehr mit, und standen auf einmal schutzlos da. Allein, ohne die Deckung der anderen Küken waren sie den Jägern ausgeliefert. Die Meute der hungrigen Riesensturmvögel machte mit ihnen kurzen Prozeß.

Skuas

In vielen Fernsehfilmen über Pinguine wird zu Recht über Skuas berichtet, Vögel, die an große braune Möwen erinnern und daher auch Raubmöwen genannt werden. Fast alle subantarktischen Pinguinkolonien werden regelmäßig von diesen meisterhaften Fliegern und sehr erfolgreichen Jägern durchstreift. Die Skuas fressen zwar keine ausgewachsenen Pinguine, es sei denn kranke und verwundete Tiere. Stattdessen haben sie eine Vorliebe für Eier und Küken in jedem Entwicklungsstadium.

Skuas verbringen Stunden damit, in den Pinguinkolonien nach verlassenen Eiern oder vernachlässigten Küken Ausschau zu halten. Haben sie ein Opfer erspäht, so stürzen sie aus der Luft herab, landen nur kurz in der Kolonie, schnappen ihre Beute und transportieren sie im Schnabel zu einem günstigen Freßplatz. Kein Wunder, daß jede Skua in Pinguinkolonien »Persona non grata« ist, und daß die Pinguine herannahende Skuas mit geöffnetem Schnabel und gestreckten Hals wütend angreifen. Meist ist es für die Skua jedoch ein leichtes, die Flügel auszubreiten und sich vom Wind in die Luft heben zu lassen.

Doch Skuas sind schlau wie der Fuchs und nutzen die Angriffe der Pinguine aus, um Beute zu machen. Dabei gehen sie zu zweit vor: eine Skua fliegt wiederholt über einen brütenden Pinguin, und zwar fast bis in Reichweite seines Schnabels. Der Pinguin hackt natürlich nach ihr und beugt sich dabei aus dem Nest. Da die Skua nicht locker läßt, wird der Pinguin immer wütender. Nach einer Weile ist er so entnervt, daß er versucht, die Skua zu packen. Dazu beugt er sich noch weiter aus dem Nest oder rennt ihr sogar ein paar Schritte hinterher. Ein gefährlicher Fehler, denn in diesem Augenblick stürzt sich die zweite Skua von hinten auf das ungeschützte Ei oder Küken und zieht es dem Pinguin buchstäblich unter dem Hintern weg. Nach einem kurzen Flug wird die Beute unter den beiden Jägern brüderlich aufgeteilt oder an die Skua-Küken verfüttert.

Doch auch für Raubmöwen birgt das Leben seine Gefahren. Pinguine können vielleicht nicht fliegen, sind aber dennoch keine zu unterschätzenden Gegner. Ich beobachtete einmal eine Skua, die innerhalb einer Adéliepinguinkolonie regelrecht gefangen war. Etwa 5 Pinguine setzten ihr schwer zu. Der Hauptangreifer biß die Raubmöwe in den Hals und schlug dann mit seinen linealartigen Flügeln heftig auf ihren Kopf ein. Die Pinguinflügel sind mit einer extrem kräftigen Muskulatur ausgestattet. Ein Flügelhieb eines erbosten Pinguins ist äußerst schmerzhaft. Ist ein Pinguin erst einmal richtig in Fahrt, kann er leicht bis zu 10 Schläge pro Sekunde austeilen. Und der Pinguin, den ich beobachtete, hatte eine jahrelang aufgestaute Wut zu entladen.

Die Schläge hagelten nur etwa 5 Sekunden auf die Skua ein. Als der Pinguin seinen Würgegriff lockerte, kippte die Skua mit verdrehten Augen auf die Seite und rollte dann elegant auf den Rücken, wobei die Füße in den Himmel zeigten. Diese Position nehmen Skuas nur unter sehr außergewöhnlichen Bedingungen ein. Währenddessen kehrten die Pinguine der Raubmöwe den Rücken und kümmerten sich wieder um ihre Angelegenheiten. Der »K.O.« dauerte 2 Minuten. Schließlich drehte sich die Skua langsam wieder um. Ihre Augen waren glasig. Sie schaffte gerade noch einen verzweifelten Start, um sich in Sicherheit zu bringen, bevor die Pinguine merkten, daß ihr Gegner noch am Leben war. Schlimm erging es den Raubmöven des Pinguinariums in San Diego, Kalifornien:

Sie wurden von den Pinguinen regelrecht ausgerottet.

Angesichts der so stark verflochtenen Lebensweisen von Skuas und Pinguinen muß man sich die Frage stellen, wie die Raubmöwen sich außerhalb der Brutsaison ernähren. Denn dann sind die Pinguine nicht in großen Kolonien konzentriert, sondern verbringen die Tage auf See. Nun, Skuas sind erfolgreiche Opportunisten. Ein besonderer Trick hilft ihnen, immer ein warmes Essen zu bekommen. Reden wir nicht drum herum: es ist Piraterie, also schwerer Raub. Eine Raubmöwe fliegt über das Meer und sucht sich irgendeinen Seevogel aus, der gerade gefressen hat. Dann beginnt sie, den armen Vogel unablässig zu ärgern, attackiert und bedroht ihn, und zwingt ihn unter allen möglichen und unmöglichen Flugmanövern auszuweichen und die Flucht zu suchen. Das Opfer hat aber einen entscheidenden Nachteil: Es ist vollgefressen und daher ist die Flächenbelastung seiner Flügel zu groß. Es kann nicht so gut fliegen, wie es

erforderlich wäre, um der Bedrohung zu entkommen. Mit etwas Glück versucht sich der gestreßte Vogel zu erleichtern und würgt die gerade aufgenommene Nahrung hoch, um sie auszuspucken. Darauf hat die Skua nur gewartet: Bevor der angewärmte und angedaute Bissen noch die Wasseroberfläche erreicht hat, wird er von der Skua bereits im Sturzflug gefressen. Solche Flugmenüs sind zwar nicht jedermanns Geschmack, erleichtern den Raubmöwen den strapaziösen Fischfang aber ungemein.

Scheidenschnabel

Der Scheidenschnabel muß mit Einschränkungen in die Liste der Pinguinfeinde aufgenommen werden. Diese Vögel erinnern mich immer an kleine, heimtückische Hühner. Sie haben in etwa die Größe von Zwerghühnern und viele ähnliche Verhaltensweisen, wie zum Beispiel die Abscheu vor Wasser und Höhenangst. Scheidenschnäbel haben ein weißes Gefieder und, wie der Name vermuten läßt, einen außer-

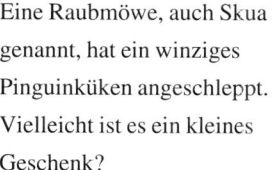

Eine Raubmöwe, auch Skua genannt, hat ein winziges Pinguinküken angeschleppt. Vielleicht ist es ein kleines Geschenk?

gewöhnlichen Schnabel, an der Spitze schwarz und zur Wurzel hin in eine Reihe häßlicher rosa-gelber Hautfalten übergehend. Scheidenschnäbel sind bei weitem nicht so kräftig wie Riesensturmvögel oder Skuas. Meist begnügen sie sich mit Abfällen oder Aas. Ab und zu knabbern sie auch gerne an einem verwundeten Pinguin, allerdings nur dann, wenn das Opfer zur Gegenwehr zu schwach ist und keine Verletzungsgefahr besteht.

Scheidenschnäbel picken auch gerne Löcher in unbewachte Eier und schlürfen den Inhalt dann genüßlich aus. Leider, beziehungsweise zum Glück, sind Scheidenschnäbel lächerliche Raubtiere, und so brauchen sie recht lange, um ein Loch in ein Ei zu hacken. Sie erbeuten daher fast ausschließlich verlassene Gelege. Dagegen sind sie sehr gut in der Lage, Nahrung von fütternden Pinguinen zu stehlen.

Sie schleichen sich zu Fuß an ein Nest, in dem ein Alttier gerade angekommen ist, um die Küken zu füttern. Dann warten sie, außer Reichweite, den Moment ab, in dem das Alttier den Schnabel öffnet, um für das Küken Nahrung hochzuwürgen. Das Küken steht dabei unter dem Elterntier, bereit, seinen Schnabel in dessen Schlund zu stecken, um die Nahrung aufzunehmen. Unmittelbar vor der Futterübergabe flattert der Scheidenschnabel auf, um fast auf dem Kopf des fütternden Pinguins zu landen.

Der erschrickt sich dabei so, daß er die Fütterung sofort abbricht. Allerdings ist sein Schnabel noch voll des Nahrungsbreis, von dem ein Teil nicht mehr schnell genug heruntergeschluckt werden kann: er kleckert. Warmer Krill fällt dabei auf den Boden. Im Nu stürzt sich der Scheidenschnabel darauf wie auf eine warme Semmel.

Die Hauptrolle von Scheidenschnäbeln in einer Pinguinkolonie ist die von Abfallverwertern. Und wenn es nicht genügend Abfall gibt, dann sorgen sie eben selber für mehr. Dies ist zwar vielleicht kein sehr vornehmer Beruf, aber dennoch eine wichtige Aufgabe in einem funktionierenden Ökosystem.

Davon abgesehen können Scheidenschnäbel auch nerven: Die Schwarzgesicht-Scheidenschnäbel auf der Insel Crozet haben sich vorgenommen, Pinguinforscher in den Wahnsinn zu treiben. Wenn man sich die Handschuhe auszieht, um auf dem Notizblock etwas festzuhalten, und dabei die Handschuhe einen Augenblick lang unbeaufsichtigt auf dem Boden liegen läßt, sind sie wie von Geisterhand verschwunden. Man legt also den Bleistift und den Notizblock auf einen Stein, um die Hand-

(Links) Dominikanermöwen können zu einer wahren Plage für den Wissenschaftler werden, der Pinguine in einer Brutkolonie untersucht. Sobald aufgeschreckte Pinguine ihr Nest verlassen, sind sie zur Stelle, um Eier oder Küken zu rauben.

(Unten) Riesensturmvögel sind mit den Albatrossen eng verwandt und gehören ebenfalls zu den Röhrennasen. Wenn Pinguinküken sich zum ersten Mal auf das Meer wagen, gibt es für diese Raubvögel einen Festschmaus.

Auch Scheidenschnäbel werden in der Nähe von Pinguinnestern (hier Eselspinguine) nicht gern gesehen. Sie klauen Eier, töten geschwächte Küken oder flattern den Eltern bei der Fütterung vor den Schnabel. Die heruntergefallene Babynahrung ist ihr Leibgericht.

schuhe zu finden. Sie liegen nur ein kleines Stück weit weg in einer Pfütze aus Pinguinkot. Will man dann, nach dem Reinigen der Handschuhe, den Notizblock und den Bleistift wieder einsammeln, sind diese verschwunden. Man findet sie erst nach langem Suchen in einer Felsspalte. Eine gutgemeinte Aussprache mit dem lieben Kollegen endet in einem kleinen Streit. Kurz darauf fehlt das farbige Klebeband. Der Kollege scheidet diesmal als Übeltäter aus, ebenso die in einiger Entfernung mit Nachbarschaftsstreitigkeiten beschäftigten Königspinguine. Es kommt also nur noch dieser kleine weiße Vogel in Frage, der einem auf Schritt und Tritt die ganze Zeit schon gefolgt ist.

Möwen

In fast allen Pinguinkolonien leben auch Möwen. Als Feinde der Pinguine sind sie irgendwo zwi-

schen Skuas und Scheidenschnäbeln angesiedelt. Eine Möwe muß schon besonders mutig (oder besonders blöd) sein, um sich an einen ausgewachsenen Pinguin zu wagen oder ihn beim Brüten zu stören, in der Hoffnung dabei ein Ei zu ergattern. Möwen sind allgegenwärtig und ständig dabei, die Kolonie nach unbeaufsichtigten Küken oder Eiern abzusuchen, die sie sich im Sturzflug schnappen können. Sie können zu einer wahren Plage für den Wissenschaftler werden, der Pinguine in einer Brutkolonie untersucht. Manchmal verläßt ein nervöser Pinguin vor dem herannahenden Wissenschaftler schon mal sein Nest und entfernt sich dabei ein paar Schritte. Wenn er dann einige Zeit später schüchtern zurückkehrt, kann es bereits zu spät sein. Sein Gelege ist dann den Räubern zum Opfer gefallen. Als Wissenschaftler kann man die Situation nur dadurch retten, daß man die Eier oder Küken mit Nestmaterial bedeckt, um sie vor der Entdeckung aus der Luft zu tarnen.

Landraubtiere

Es gibt eine ganze Reihe von Landsäugetieren, die eine Vorliebe für Pinguine haben. Viele von ihnen, zum Beispiel Ratten, Katzen oder Hunde, wurden erst durch Menschen eingeschleppt und sollen in Kapitel 7 näher erwähnt werden. 4 Pinguinarten, der Brillen-, Magellan-, Humboldt- und Zwergpinguin, brüten auch auf dem Festland und werden daher von vielen der gefährlichsten Landraubtiere bedroht. Zweifellos brüten alle anderen Pinguinarten genau aus diesem Grunde ausschließlich auf abgelegenen Inseln beziehungsweise in der Antarktis.

Auf dem Festland stehen Brillenpinguine einer geradezu exotischen Vielfalt an Jägern gegenüber. Eine Kolonie dieser Vögel östlich von Kapstadt wurde zum Beispiel von einem Leoparden stark dezimiert. Eine andere Kolonie befand sich in stiller Abgeschiedenheit auf Marcus Island, 150 km nördlich von Kapstadt. Eines Tages kamen Menschen und bauten eine Brücke, um die Insel mit dem Festland zu verbinden. Seither werden die Pinguine von Mungos, Füchsen, Raubkatzen und einer ziemlich bösartigen Schlangenart belästigt. Vermutlich scheitern einige von ihnen an der Wehrhaftigkeit der ausgewachsenen Pinguine, aber Eier und Küken fallen ihnen mit Sicherheit zum Opfer.

Vor ihrer Vertreibung durch den Menschen teilten sich Löwen, Hyänen und vielleicht sogar Geparden den Lebensraum auf dem Festland mit Pinguinen. Viele der Vögel werden von ihnen erbeutet worden sein. Welch ein Unterschied zu den Eisbär-Pinguin-Assoziationen auf so vielen Cartoons! Aus denselben Gründen muß man auch annehmen, daß Zwergpinguine unter anderem von Dingos (Wildhunde) und Tasmanischen Teufeln (die Beuteltiervariante unserer Hunde) verspeist werden, und daß Eier und Küken des Magellanpinguins regelmäßig entzückten Gürteltieren zum Opfer fallen.

Parasiten

Parasiten können zwar nicht mit den klassischen Räubern in einen Topf geworfen werden, zählen aber zweifellos zu den Feinden der Pinguine. Sie ernähren sich von ihren Opfern wie Raubtiere auch und sollten deshalb erwähnt werden. Glücklicherweise werden Pinguine im Vergleich zu anderen Seevögeln erstaunlich wenig von Parasiten befallen. Ein guter Freund von mir, von Beruf Parasitologe, verbrachte viele unbefriedigende Stunden damit, in den Innereien von Pinguinen nach Schmarotzern zu suchen. Schließlich tauchte er triumphierend aus seinem Labor auf und zeigte mir einen Mikroskop-Objektträger, auf dem sich ein winziger, trauriger, plattgedrückter Wurm befand. Wie sich später leider herausstellte, war dieser Wurm bereits bei seiner Entdeckung tot gewesen und stammte von einem Fisch, den der Pinguin gefressen hatte. Es gibt aber auch Fälle, in denen Pinguine an Wurminfektionen des Verdauungstraktes eingingen. Allerdings scheint es, daß nur geschwächte Tiere solchen Infektionen zum Opfer fallen.

Pinguine können äußerlich von verschiedenen Parasiten befallen werden, einige Arten ausgesprochen stark. In Peru und Chile können Zecken und Flöhe Wissenschaftlern, die mit Pinguinen arbeiten, höchst lästig werden. Für die Pinguine jedoch muß es die reinste Hölle sein. Viele dieser Parasiten sind allgemeine Seevogel-Schmarotzer: Wen sie beißen, scheint ihnen völlig egal zu sein. Das wurde mir schlagartig bewußt, nachdem ich nur ungefähr 20 Sekunden lang in den Bau eines Magellanpinguins auf Feuerland (Chile) gespäht hatte. Ich erhielt genau 129 Flohbisse und wurde von dem Juckreiz fast verrückt.

Zecken sind nicht so athletisch wie Flöhe, dafür aber um so hinterlistiger. Genau wie Flöhe bleiben auch die meisten Zecken, die Seevögel befallen, im Nest sitzen und klettern nur auf den Pinguin, um sich eine warme Mahlzeit zu holen. Sie brauchen ziemlich viel Zeit, um sich durch das Nistmaterial durchzuarbeiten und bis zum Pinguin vorzudringen. Dann müssen sie noch die für sie interessanten Stellen finden: die Mundwinkel und den Beinansatz, also die Stellen, wo die Haut besonders dünn und die Blutversorgung besonders gut ist. Haben sie dies geschafft, so können sie endlich ihren Rüssel ausfahren und sich eine ordentliche Portion Blut holen.

Unterbricht der Pinguin diesen Ablauf an irgendeiner Stelle dadurch, daß er in See zu stechen droht, müssen die Zecken ihren ganzen mühsamen Aufstieg abbrechen und sich für einen Absprung bereitmachen. Und genau das tun sie auch. Da Zecken sich solche Fehlinvestitionen nicht häufiger leisten können, reduzieren sie das Risiko, indem sie hauptsächlich nachts beißen. Das sollte man sich als Pinguinforscher gut merken, vor allem in Gebieten, die zeckenverseucht sind. Ein gründliches Abreiben unter der Dusche vor dem Schlafengehen wird mit einem zufriedenen und frischen Erwachen am nächsten Morgen belohnt. Sollte man sich dazu nicht die Zeit nehmen, muß man die nächsten Tage in einem von Stichen übersäten Körper verbringen.

Zeckenstiche können jedoch nicht nur unangenehm sein, sondern in seltenen Fällen auch höchst gefährlich werden, wenn die Zecken Überträger von Vogelviren sind, die auch Menschen infizieren können. Für einen Vogel bedeutet so eine Zecken-Viruserkrankung kaum mehr als leichte Kopfschmerzen. Beim Menschen jedoch können hohes Fieber und verschiedene Nebenwirkungen als Folge auftreten. Wissenschaftler konnten bestätigen, daß sogar Pinguine, die auf isoliert liegenden subantarktischen Inseln leben, von verschiedenen, grippeähnlichen Viren angesteckt werden können. Ir-

gendwie empfinde ich etwas Genugtuung bei diesem Gedanken. Es kann nämlich ganz schön deprimierend sein, mit tränenden Augen und verstopfter Nase im Freiland an Pinguinen zu arbeiten, die das ganze Jahr in diesen kalten, regnerischen und sturmgepeitschten Regionen leben und dabei immer fit und munter aussehen. Zum Schluß sollte noch erwähnt werden, daß Pinguine auch für Malaria anfällig sind. Dabei handelt es sich um einen Parasiten, der das Blut befällt. Allerdings unterscheidet sich dieser Schmarotzer von der Malariaart, die den Menschen in warmen Sumpfgebieten so schwer zu schaffen macht. Das Wort Malaria heißt übrigens »schlechte Luft« und ist italienisch. Die Krankheit wurde in Europa erst vor 50 Jahren ausgerottet. Die Vogelmalaria befällt nur Vögel und ist auf ihre Blutzellen spezialisiert. Sie wird ebenfalls durch Moskitos übertragen.

Einer der Hauptfeinde und -räuber von Pinguinen wurde hier nicht erwähnt. Heute können wir es uns kaum noch vorstellen, aber vor noch nicht allzulanger Zeit wanderten Pinguine zu Tausenden in große Trankessel, um zu Öl zerkocht zu werden. Richtig, die Rede ist von uns Menschen. Wie unsere Beziehungen zu den Pinguinen angefangen haben, wurde im ersten Kapitel dieses Buches beschrieben. Was daraus wurde und wie es weiter geht, davon handelt der folgende Abschnitt.

Eisbären und Pinguine zusammen auf ein Foto zu bekommen, ist höchstens im Tierpark möglich. Der Fuchs auf diesem Bild ist dagegen nicht gestellt. Für patagonische Magellanpinguine kann er zur ernsten Bedrohung werden.

BORIS CULIK

VON MENSCHEN UND PINGUINEN

Die ersten Seefahrer betrachteten sie als Nahrung und waren so damit beschäftigt, sie für den Kochtopf vorzubereiten, daß sie nicht einmal Zeit hatten, ihnen einen Namen zu geben. Danach kamen die Robben- und Pinguinjäger, die die Tiere im industriellen Maßstab zu Tausenden und Abertausenden abschlachteten. Sie nannten es »verwerten«. Überdies veränderten sie durch eingeschleppte Tiere den Lebensraum der Pinguine. Bis heute ist die Beziehung zwischen Menschen und Pinguinen durch das biblische Gebot »Macht euch die Erde untertan« geprägt. In unserer Zeit werden Pinguine durch die Schiffahrt, die Ölverschmutzung, die Fischerei, den Bau und Betrieb von Antarktisstationen und durch allerlei Störungen während der Jungenaufzucht bedroht.

Pinguinöl

Öl wurde den Pinguinen schon zum Verhängnis, als die meisten Schiffe noch unter Segeln fuhren. Allerdings wurden die Pinguine damals nicht durch Verschmutzung bedroht, sondern durch verhinderte Robbenfänger, die sie als leichte, tranreiche Beute betrachteten. Als Beispiel für das Schicksal der Pinguine auf vielen antarktischen und subantarktischen Inseln sollen uns die Geschehnisse auf der Macquarie-Insel, südlich von Australien, dienen.

Die Macquarie-Insel wurde im Jahre 1810 entdeckt. In den ersten 18 Monaten nach ihrer Entdeckung wurden 120 000 Pelzrobben geschlagen, deren Felle hauptsächlich nach Europa exportiert wurden. 10 Jahre später war die Robbenpopulation derart dezimiert, daß in 12 Monaten nur ganze 4 Robben erlegt werden konn-

ten. Als die Robbenjagd unrentabel wurde, wandten sich die Jäger den See-Elefanten zu. Aus ihnen gewannen sie das Tranöl, das in der Seil- und Garnmanufaktur Verwendung fand. Doch bald waren auch alle See-Elefanten dezimiert, und die Jäger begannen, sich für Pinguine zu interessieren. Ende des letzten Jahrhunderts wurde bereits mehr Öl aus Pinguinen gewonnen als aus den fetten Robben.

Pinguinöl war zwar nicht so wertvoll wie See-Elefantenöl, der Vorteil lag jedoch darin, daß die Ölindustrie sich auf ein paar riesige, leicht erreichbare Pinguinkolonien stützen konnte. In der auf Macquarie befindlichen Lusitania-Bucht, auf Hurd Point und The Nuggets wurden große Kessel errichtet, die ausschließlich der »Pinguinverwertung« dienten. Bereits 1894 war jedoch die Königspinguinkolonie in der

(Rechts) Auf dem riesigen antarktischen Kontinent sind nur 2-5% der Oberfläche eisfrei. Diese klimatisch günstigen Gebiete nutzen Pinguine und andere Seevögel zum Brüten. Leider hegt auch der Mensch eine Vorliebe für solche Orte, da sie guten Baugrund für Antarktisstationen abgeben (hier Cape Hallett). Ob dabei das Miteinander mit den Tieren immer harmonisch ist, muß bezweifelt werden.

(Unten) Magellanpinguine auf der Valdéz-Halbinsel beim Fototermin. Wie man sieht, nehmen die Tiere solche Störungen, abseits ihrer Nester, nicht übel.

Lusitania-Bucht so dezimiert, daß ihre Ausbeutung unrentabel wurde.

Die Ölindustrie konzentrierte sich nun auf die Verwertung der kleineren Haubenpinguine bei The Nuggets. Sie wurden über eine Hühnerleiter einfach in die Kesselöffnung getrieben. Obwohl schon fast ausgerottet, wurden auch See-Elefanten geschlagen, wann immer sich die Möglichkeit ergab. Noch im Jahre 1905 wurden die alten Kessel erneuert und erweitert, so daß bis zu 2000 Pinguine gleichzeitig eingekocht werden konnten. Pro Vogel ergab das ungefähr einen halben Liter Öl. Das Ende des Pinguinschlachtens oder, wie man offiziell sagen würde, der »kommerziellen Ausbeutung« kam erst 1919.

Die endemischen (nur dort vorkommenden) Pelzrobben der Macquarie-Insel, Art unbekannt, haben sich vermutlich nie wieder von der Ausrottung erholt. Die See-Elefanten hingegen hatten mehr Glück: Bereits 1950 gab es wieder 110 000 Stück auf Macquarie. Das gleiche gilt für die Königspinguine. Im Jahre 1980 wurden 218 000 gezählt, Tendenz steigend. Am dramatischsten war die Erholung der Haubenpinguinbestände. Von ihnen gibt es heute auf Macquarie 850 000 Brutpaare, also über 1,5 Millionen Tiere! Mit ihren großen und kleinen Kolonien haben sie alle erreichbaren Landstriche bis in Höhen von 200 m über dem Meeresspiegel erobert.

Andere Pinguinprodukte

Der Bestand der Brillenpinguine Südafrikas nahm allein zwischen 1956 und 1978, unter anderem durch Überfischung ihrer Nahrungsgrundlagen, um über 50% ab. Doch bereits in früheren Jahren wurden diese Tiere stark ausgebeutet. Bereits 1897 belief sich die Anzahl der Eier, die in verschiedenen Brutkolonien zum Verzehr eingesammelt wurde, auf 700 000 Stück. Für das Jahr 1925 ergab die Statistik allein für die Dassen-Insel eine Anzahl von 500 000 Eiern. Demzufolge müßte damals mindestens eine halbe Million Brillenpinguine dort genistet haben (250000 Brutpaare, und doppelt

soviele Eier). Heute sind es nur noch etwa 10 000. Auch heute noch werden die schmackhaften Pinguineier nicht verschmäht, weder in Südafrika noch in Südamerika.

Doch auch der Fantasie der heutigen Industrie sind offenbar keine Grenzen gesetzt: Erst vor 10 Jahren, 1982, schlug die Hinode Pinguin S.A., eine südamerikanische Firma, vor, jährlich 48 000 Magellanpinguine zu töten. Aus der Haut wollte man Handschuhe und andere Luxus-Lederartikel herstellen und das Fleisch als Delikatesse verkaufen. Zum Glück war der Absatzmarkt für beides in Südamerika und im Ausland wohl nicht besonders gut, und die Firma ging pleite.

Eine ganz besondere Delikatesse in südamerikanischen Restaurants ist die Centolla, ein Krebs, der im Süden des Kontinents gefischt wird. Der Appetit an dem schmackhaften Schalentier ist mir gründlich vergangen, nachdem ich erfuhr, daß die Fischer ihre Reusen mit Ködern bestücken, die kurz zuvor noch muntere

Noch zu Beginn unseres Jahrhunderts wurden Pinguine – nach der Ausrottung der See-Elefanten und Pelzrobben – wegen ihres Öls zu Tausenden eingekocht. Die dafür verwendeten Kessel stehen heute noch auf einigen subantarktischen Inseln und in Patagonien herum.

Pinguine waren. Sie knüppeln die armen Tiere am Strand oder an ihren Brutplätzen einfach nieder und versenken sie mitsamt der Reusen im Meer. Billiger geht's nicht. Zum Glück haben sie in Horst George, dem deutschen Konsul in Punta Arenas, jetzt einen entschlossenen Gegner gefunden. Mit Ausrüstung aus Ex-DDR-Beständen hat er eine kleine Gruppe Naturschützer unterstützt, die jetzt zur Brutzeit in den wichtigsten Kolonien Wache schieben.

Auf Brutinseln eingeschleppte Tiere

Nicht nur, daß die Robbenschläger und Pinguinjäger diesen Tieren beinahe zum Verhängnis wurden, sie hinterließen auch noch verschiedene, mehr oder weniger unangenehme Souvenirs. Um ihren Speiseplan aufzubessern, hatten sie zum Beispiel um das Jahr 1870 europäische Kaninchen auf die Macquarie-Insel gebracht. Deren Bevölkerung erreichte 1978 die stolze Zahl von 150 000 Tieren. Seitdem im Jahre 1978 die Macquarie-Insel von Australien als Naturreservat ausgewiesen wurde, werden Kaninchen von der Parkverwaltung mit dem Myxomatosevirus biologisch bekämpft. Ihre Zahl ist bis heute auf 20 000 zurückgegangen. Das Ergebnis war eine schnelle Neuverteilung und Erholung der Vegetation. Als Nebeneffekt gingen auch die Populationen von Skuas, Kat-

zen und Wekas zurück, die sich zum Großteil von den Kaninchen ernährten.

Wildkatzen gibt es auf Macquarie seit 1820. Ihre Population hat eine Stärke von 250 bis 500 Tieren. Die katastrophalen Auswirkungen der Katzen auf viele dort heimische Vögel, wie zum Beispiel Sturmvögel und Sturmschwalben, konnte inzwischen mehrfach belegt werden. Eine Untersuchung nennt eine Zahl von 60 000 zerstörten Gelegen pro Jahr. Auf der Marion-Insel sieht man noch allerorten die von den Katzen übriggelassenen Flügel der Seevögel. Wieviele Pinguinküken ihnen zum Opfer fallen bzw. gefallen sind, ist unbekannt. Seit 1983 hat die Katzenbekämpfung und -ausrottung die höchste Priorität auf der Insel.

Die allgegenwärtige Hausmaus sowie die norwegische Schiffsratte hat es ebenfalls bereits im letzten Jahrhundert auf Macquarie verschlagen. Sie kamen als »blinde Passagiere«, denen man, auch auf den Schiffen, wohl mit Hilfe der soeben beschriebenen Katzen Herr werden wollte. Obwohl beide Nager hauptsächlich pflanzliche Nahrung zu sich nehmen, gibt es auch Beweise dafür, daß zumindest Ratten zuweilen Nester ausnehmen.

Wekas sind flugunfähige Vögel, Rallen, deren Heimat eigentlich Neuseeland ist. Sie waren dort auch gut aufgehoben, bis einige Seeleute sie wegen ihres guten Geschmacks nach Macquarie verschleppten. Vermutlich waren sie hauptverantwortlich für das Aussterben der auf Macquarie endemischen Rallen und, man höre und staune, Papageien. Auch die Wekas stehen seit 1983 auf der vorrangigen Abschußliste der Parkverwaltung. Wieviele Pinguineier oder -küken ihnen zum Opfer fallen, ist unbekannt. Im Prinzip gehören sie jedoch, wie die Ratte und die Wildkatze auch, zu potentiellen Pinguinfeinden.

Als ob das nicht genügte, wurden auf Macquarie noch folgende eingeschleppte Tiere gesichtet: Finken, Stare, Wild- und Hausenten, Gänse und Hühner. Ermutigend ist, daß bisher Pferde, Esel, Schweine, Kühe, Ziegen, Schafe und Hunde vollständig von der Insel entfernt werden konnten.

Hunde, insbesondere Schlittenhunde (auch Hus-

Im Gegensatz zu den komplett ausgerotteten Pelzrobben auf der Macquarie-Insel haben sich die Populationen der See-Elefanten und Pinguine nach dem Zusammenbruch der Ölindustrie seit 1919 wieder erholt.

kies oder Eskimohunde genannt) spielten eine große Rolle bei der Eroberung des weißen Kontinents. Amundsen erreichte mit ihrer Hilfe den Südpol und schaffte auch wieder den Weg zurück, im Gegensatz zu Scott, der auf Islandponies gesetzt hatte. Aus Tradition und Sentimentalität gibt es bis heute Nachfahren der Huskies und Schlittenhunde-Gespanne auf australischen, argentinischen und anderen Antarktisstationen. Nach der Unterzeichnung des Madrider Protokolls müssen die Hunde bis 1994 aus der Antarktis entfernt werden: Immer wieder war es vorgekommen, daß sich einzelne Hunde auf die Jagd in Pinguinkolonien begaben, um ihren Speisezettel aufzubessern.

Auf den Kerguélen jedoch, einer einsamen Inselgruppe im Südindischen Ozean, am Rande der Antarktis, hat sich ein Husky ein neues Tätigkeitsfeld erschlossen: Er macht Jagd auf Katzen und Kaninchen. Der französischen Mannschaft der Station wurde der kranke Hund von einem russischen Fischtrawler übergeben. Sie päppelten ihn liebevoll wieder auf und müssen dabei eine glückliche Hand gehabt haben, denn der Hund interessiert sich nicht für Pinguine. Seine bestgehaßten Feinde sind Katzen, Kaninchen und Autos. Sein Rekord sind bisher 20 Katzen an einem Tag. Leider hatte er im letzten Jahr einen Unfall mit einem Auto, als er versuchte, es zu erlegen. Seither humpelt er beim Gehen, doch wenn er Kaninchen jagt, ist er genauso schnell wie früher.

Auch auf anderen Inseln versuchen die Franzo-

sen, die eingeschleppten Tiere wieder loszuwerden. Auf der Amsterdam-Insel, ebenfalls im Südindischen Ozean, erreichten die Kühe 1980 einen Bestand von 1600 Tieren. Pro Hektar gab es auf der kleinen Insel mehr Kühe als auf einem Bauernhof. Ein Kuhjäger wurde angeheuert, der seither jedes Jahr im Sommer auf die Pirsch geht. Mittlerweile laufen erste Gespräche, um Jäger auch auf die Rentiere anzusetzen, die auf den Kerguélen-Inseln ihr Unwesen treiben. Sie wurden erst 1950 auf einer der Inseln ausgesetzt. Man hatte nicht bedacht, daß Rentiere großartige Schwimmer sind. Sie haben inzwischen das gesamte Archipel erobert.

Die eingeschleppten Tiere sind dafür verantwortlich, daß sich das Antlitz der einsamen Inseln in den Südozeanen dramatisch verändert hat. Pflanzenfresser haben durch ihre Ernährungs- und Lebensweise die Vegetation und durch Nest- und Tunnelbau den Boden der Inseln verändert. Sie haben Brutkolonien der Pinguine und Seevögel zertrampelt und damit zur

(Oben) Auf der argentinischen Antarktisstation Esperanza leben jeweils für die Dauer eines Jahres bis zu 15 Familien. Es gibt eine Schule, ein Krankenhaus und ein Gemeindehaus. Im Hintergrund erkennt man, auf die einzelnen Hügel verstreut, die Adéliepinguinkolonien.

(Links) Eingeschleppte Tiere machen Pinguinen und Seevögeln auf den abgelegensten Brutinseln auch heute noch schwer zu schaffen. Millionen von Mäusen haben zum Beispiel die Vegetation und den Untergrund stark zum Nachteil der Pinguine verändert.

(Rechts) Auf Esperanza und einer ganzen Reihe anderer Antarktisstationen wurden bis vor kurzem Schlittenhunde gehalten. Die Tiere hatten keine Hemmungen, ihren Speisezettel bei Gelegenheit mit Pinguinen aufzubessern. Seit Sommer 1993 werden sie, aufgrund der neuen Schutzbestimmungen, in ihre Ursprungsländer zurückgebracht.

Bedrohung der Vögel indirekt beigetragen. Die eingeschleppten Räuber sind direkt vorgegangen und haben Gelege geplündert, und somit den Bruterfolg ganzer Arten verringert oder sogar zunichte gemacht. Wie man sieht, sind diese Vermächtnisse früherer Seefahrer, Jäger und Forscher bis heute nicht beseitigt. Übrigens geht die weltweite Verschleppung von Pflanzen und Tieren auch in unserer Zeit noch weiter: Die Verursacher der alljährlichen Algenpest im Mittelmeer zum Beispiel stammen aus fernöstlichen Gewässern und sind mit Ballastwasser an Bord von Schiffen bis vor die Côte d'Azur gelangt.

Antarktisstationen

Seit der Unterzeichnung des Antarktisvertrages 1959 wird die Antarktis ausschließlich zu friedlichen Zwecken und zur wissenschaftlichen Forschung genutzt. Inzwischen zählt der Antarktisvertrag 39 Mitgliedsstaaten, die auch in Zeiten des »Kalten Krieges« dort friedlich zusammengearbeitet haben und sich ohne Rücksicht auf Politik, Religion, Hautfarbe und Nationalität in beispielhafter Weise gegenseitig geholfen und unterstützt haben. In dieser Hinsicht ist die Antarktisforschung bis heute ein einzigartiges Modell für friedliche und effektive Kooperation unter den Völkern geblieben. Sie hat viel dazu beigetragen, den Wissensstand über diesen einzigartigen Kontinent mit seinen speziellen Tiergemeinschaften zu verbessern. Dennoch muß auch hier umgedacht und müssen Umweltschutzprinzipien angewandt werden, um zu vermeiden, daß die Antarktis »zerforscht« wird.

Der Kontinent Antarktika und die ihm vorgelagerten Inseln sind fast vollständig mit Eis bedeckt. Die wenigen eisfreien Flächen dienen den Robben und Seevögeln, also besonders den Pinguinen, als Brutgebiete. Hier werden die Nester gebaut, die Eier gelegt und die Jungen aufgezogen. Leider sind es aber genau diese eisfreien Gebiete, die auch für den Menschen attraktiv sind: Hier errichtet er seine Antarktisstationen.

In der Antarktis gibt es etwa 70 Stationen, von denen 45 das ganze Jahr über besetzt sind. Die meisten befinden sich auf eisfreien Gebieten, deren gesamte Oberfläche in der Antarktis nur 2–5% ausmacht. Sie sollen, wie die Brutgebiete der Pinguine auch, von See aus leicht erreichbar sein und günstige mikroklimatische Bedingungen aufweisen. Bei der Errichtung dieser Stationen wurde selten an negative Effekte gedacht, so daß von ihnen vielfache Gefahren für die Umwelt ausgehen. Durch den Bau von Gebäuden, Straßen und Landebahnen, den Einsatz von Landfahrzeugen, Flugzeugen und Hubschraubern und das Auftreten großer Zahlen von Menschen, auch Touristen, werden die Tiere zusätzlichem Streß ausgesetzt und empfindlich gestört. Ihre Umwelt wird durch die Erzeugung von Energie und Wärme bzw. den dabei entstehenden Emissionen von Gasen, Abwärme, Staub und Lärm belastet, und durch versehentliches Ausschütten von Öl und anderen flüssigen Giftstoffen verschmutzt. Da die menschlichen Aktivitäten von Jahr zu Jahr zunehmen, machen sich diese Störungen immer stärker bemerkbar.

Laut Greenpeace ist der Meeresboden in der Nähe der amerikanischen Station McMurdo mit PCBs (siehe unten) und Schweröl so stark verschmutzt, daß ein Taucher ihn als »fast schon brennbar« bezeichnete. Von den 1200 Bewohnern der Station fließen 27 Millionen Liter ungeklärtes Abwasser alljährlich in den McMurdo-Sund. Auf den Stationen der King-George-Insel, Teniente Marsh (Chile), Große Mauer (China) oder Bellinghausen (GUS) landeten bis vor kurzem Ölfässer, Kunststoffe, Batterien, Schrott und organische Abfälle einfach hinter dem nächsten Hügel, wo sie von Zeit zu Zeit abgefackelt wurden: eine Entsorgung wie im Mittelalter.

Obwohl sich die Vertragsstaaten der Antarktis regelmäßig gegenseitig inspizieren, sind solche Verstöße gegen die Umweltschutzbestimmungen bisher als Kavaliersdelikte großzügig übersehen worden. Erst die schonungslose Aufklärungsarbeit von Naturschützern und der Druck der informierten Öffentlichkeit haben inzwischen bewirkt, daß die amerikanische und die argentinische Regierung Mittel zur Verfügung gestellt haben, um im Bereich ihrer Stationen aufzuräumen. Da zum Beispiel die amerikanische Regierung hierfür allein 10 Millionen US-Dollar zur Verfügung gestellt hat, kann man sich das Ausmaß der notwendigen Aufräumarbeiten bzw. der Verschmutzung vorstellen. Seit der Unterzeichnung des Madrider Protokolls im Jahre 1990 muß Müll nunmehr ins Ursprungsland zurückgebracht werden. Eine Reinigung der Abwässer und ein Rücktransport der entstehenden Rückstände werden ebenfalls angestrebt.

Noch scheint das antarktische Ökosystem die Angriffe durch den Menschen gut zu verkraften. Der bereits entstandene Schaden ist begrenzt und kleinräumig, und zur Zeit werden die Umweltsünden vergangener Jahre beseitigt. Dennoch muß die Frage erlaubt sein, ob es aus Gründen der internationalen Politik (bzw. der Mitgliedschaft im Club der Antarktisnatio-

nen) wirklich notwendig ist, daß in unmittelbarer Nähe der Station Teniente Marsh (Chile) in der Maxwell-Bucht auf der King-George-Insel noch 4 weitere Stationen ganzjährig betrieben werden, sowie zusätzlich 3 Stationen im Umkreis von 30 km. Längst ist doch klar, daß die Antarktis kein Rohstoff-»Supermarkt« ist, und erst 1990 wurde von allen Unterzeichnerstaaten des Antarktisvertrages beschlossen, Prospektion und Förderung von Rohstoffen für die nächsten 50 Jahre zu unterlassen.

Wesentlich sinnvoller schiene es, wissenschaftliche Einrichtungen verschiedener Staaten zusammenzufassen und jeweils einer bereits bestehenden Basis anzugliedern, als jedesmal die gesamte Infrastruktur einer Station zu Lasten der Umwelt neu aufzubauen. Dies wäre nicht nur ökonomisch sinnvoll, sondern käme vor allem auch den Pinguinen zugute. Und ein Staat, der Antarktisforschung auf diese Weise nach-

Müllhalden gehören bis heute zu den Schattenseiten jeder Antarktisstation. Erfreulich, daß auch hier die Arbeit der Umweltschutzorganisationen Früchte getragen hat. Seit 1993 muß neu entstandener Müll wieder mitgenommen werden. Die alten Müllhalden sollen unter großem finanziellen Aufwand ebenfalls bald verschwinden.

weisen kann, sollte auch als Vertragsmitglied zugelassen werden.

Schiffe und Öl

Bisher haben die meisten Staaten, die Antarktisforschung betreiben, mindestens ein Schiff dabei verloren. Allein in den letzten 13 Jahren waren mindestens 17 Schiffe zum Teil mehrmals in Unfälle verwickelt. 6 Schiffe sanken. Unter anderem waren folgende Verluste zu beklagen: Im Packeis in der Nähe von McMurdo sank die deutsche »Gotland« und bei Macquarie verloren die Australier die »Nella Dan«. Im Bereich der Antarktischen Halbinsel hatte die peruanische »Humboldt« Grundberührung und konnte gerade noch gerettet werden, und ähnlich erging es der britischen »Endurance« usw... Bei all diesen Unglücken traten große Mengen Öl aus und verschmutzten die See. Das folgenschwerste Unglück ereignete sich jedoch, als die argentinische »Bahía Paraíso« im Januar 1989 vor der amerikanischen Forschungsstation Palmer sank.
Die »Bahía Paraíso« war ein Versorgungs- und Hospitalschiff, das die Argentinier erst 1982 erworben hatten. Es wurde auch im Falklandkrieg zur Versorgung der Verwundeten eingesetzt. Anstatt ausschließlich Versorgungsgüter und Personal zu den argentinischen Stationen zu fahren, hatten sich findige Admiräle überlegt, daß man mit dem Schiff auch Geld verdienen könnte. Die Wissenschaftler wurden kurzerhand aus den Kabinen ausquartiert und mußten ab 1986 die Reise in die Antarktis im Frachtraum, zusammen mit über 100 Seekadetten, antreten. Die Kabinen hingegen wurden devisenstarken Touristen zur Verfügung gestellt. Anstatt nun direkt von Ushuaia (Feuerland) zu argentinischen Antarktisstationen und wieder zurück zu fahren, wurde für die Touristen eine attraktive Reiseroute abgeklappert. Wenn dann zum Beispiel Esperanza auf dem Programm stand, verband man den Aufenthalt dort mit der Versorgung der Station per Hubschrauber.
Im Januar 1989 bedeutete dies, daß die »Bahía Paraíso« nicht nur 81 Touristen und 200 Mann

Besatzung an Bord hatte, sondern auch rund tausend Tonnen leichtes und schweres Heizöl, Versorgungsgüter und 2 Hubschrauber. Nachdem die Touristen am 28. Januar die amerikanische Station Palmer besichtigt hatten und das letzte Landungsboot wieder an Deck war, gab der Kapitän Kurs und Geschwindigkeit an, und übergab an den 1. Offizier. Nach Augenzeugenberichten fuhr die 200 m lange »Bahía Paraíso« nicht den schiffbaren Umweg um die der Station vorgelagerte Insel, sondern versuchte offensichtlich eine auf den Seekarten mit »felsiger Grund« bezeichnete Abkürzung zu nehmen. Das war ihr schon bei einem früheren Besuch gelungen. Dieses Mal rammte das Schiff jedoch eine Felsnadel und riß sich dabei bei voller Fahrt den Bauch auf.
Der Maschinenraum stand sofort unter Wasser. Die Maschinen, Hilfsmaschinen und Generatoren fielen aus, es gab keinen Strom, um die Pumpen zu betreiben: Das Schiff sank. Glücklicherweise konnte sich die Mannschaft retten. Es dauerte einige Zeit, ehe man sich an die Passagiere erinnerte. Doch dann wurden auch sie gerettet und auf der Station Palmer in Sicherheit gebracht. Das Schiff war umgeben von einem Ölteppich: Die Tanks waren geborsten. Dieselöl, leichtes und schweres Heizöl zur Versor-

Es sieht zwar nicht schön aus, aber die Pinguine scheinen die Nähe der alten Behausung nicht zu meiden. Vielleicht bietet sie ihnen sogar Schutz vor eisigen Winden.

(Seite 140/141) Die bisher schwerste Umweltkatastrophe in der Antarktis: Am 28. Januar 1989 lief das argentinische Touristen- und Forschungsschiff »Bahía Paraíso« vor der US-Station Palmer bei ruhiger See und bestem Wetter wegen eines Navigationsfehlers auf Grund. Rund 1 Million Liter Öl flossen aus dem sinkenden Schiff und verschmutzten die Strände der angrenzenden Brutinseln.

gung des Schiffs und der Stationen Esperanza, Jubany, Marambio und Belgrano breiteten sich an der Wasseroberfläche aus. Die im Vergleich zu Rohöl leicht flüchtigen Raffinate vergifteten Luft und Wasser. Meerestiere und Pflanzen und die in der Umgebung der Palmer-Station brütenden Pinguine und anderen Seevögel waren die Leidtragenden. Viele von ihnen gingen durch das Öl zugrunde.

Im Gegensatz zu fliegenden Vögeln haben Pinguine auf See überhaupt keine Chance, dem Öl auszuweichen. Öl wirkt sich in zweifacher Weise auf Seevögel aus: Zum einen werden die Tiere durch aufgenommenes Öl vergiftet. Dies geschieht natürlich auch mit Raubmöwen, die verölte Pinguine fressen oder an ihre Küken verfüttern. Zum anderen ist das verölte Gefieder nicht mehr wasserdicht. Die auf Palmer mit Öl in Berührung gekommenen Pinguine versuchten, das Zeug durch Putzen wieder zu entfernen. Sie hatten dabei keinen Erfolg und vergifteten sich auch noch damit. Dem zusammengeklebten Gefieder fehlte die isolierende Luftschicht. Das Wasser war ihnen nun zum Schwimmen zu kalt. Sie standen also am Strand herum, irgendwie hoffend, daß es von selber

besser würde. Vermutlich gingen sie früher oder später, vom Hunger getrieben, doch ins Wasser. Der Preis dafür war hoch: Ihr ungeordnetes Gefieder bewirkte, daß sie beim Schwimmen 50% mehr Energie aufbieten mußten, um den erhöhten Wasserwiderstand auszugleichen. Darüber hinaus verloren sie mehr Wärme als sie erzeugen konnten. Viele Pinguine starben auf See, ohne je von irgendwelchen Menschen am Strand aufgefunden zu werden.

Die genaue Zahl der Opfer ist daher, wie bei allen Ölunfällen, unbekannt. Leider sind auch anderenorts bei der Betankung der Stationen regelmäßige kleine Ölunfälle an der Tagesordnung. Dies geschieht meist einmal jährlich im Sommer, also mitten während der Brutzeit der Pinguine.

Das Wrack der »Bahía Paraíso« liegt immer noch vor Palmer und verliert nach wie vor kleinere Ölmengen. Eine Bergung des Schiffes, im Prinzip Aufgabe Argentiniens, sollte 1993 mit Hilfe holländischer Experten erfolgen. Einziger Trost ist, daß die Brutkolonien offenbar keinen langfristigen Schaden davongetragen haben: Ihre Individuenzahlen blieben unverändert, auch wenn einzelne Pinguine immer noch der

Auf der King-George-Insel, 200 km vom antarktischen Kontinent entfernt, ist jeden Sommer Hochbetrieb. Der Flugplatz wird von Flugzeugen vieler Nationen genutzt, und die Schiffe in der Maxwell-Bucht versorgen die dort angesiedelten Stationen Chinas, Chiles, Rußlands, Uruguays und Koreas.

schleichenden Ölpest zum Opfer fallen mögen. Auch an den Stränden sind erstaunlicherweise keine Rückstände des Ölteppichs mehr zu erkennen. Vermutlich werden dünnflüssige Mineralöle auch in der Antarktis schneller abgebaut als bisher vermutet.

Der Ölunfall der »Bahía Paraíso« ist zum Glück bisher in der Antarktis einzigartig. Anderswo sind solche Unfälle beinahe an der Tagesordnung. Vor der Südküste Argentiniens, dem Brutgebiet des Magellanpinguins, wird ohne Rücksicht auf die Umwelt Öl gefördert. Jahr für Jahr werden dort unzählige verölte Pinguine angeschwemmt. Sie sind das Opfer größerer und kleinerer »Zwischenfälle« auf den Förderinseln. Vor den Küsten Südafrikas ist das Bild auch nicht besser. Schiffsunfälle wie der des Tankers »Castillo de Bellever« westlich von Saldanha Bay 1983 und andere, sowie die tägliche Verschmutzung durch das Ablassen von verunreinigten Bilgen- und Ballastwasser durch vorbeifahrende Schiffe bedeuteten schon für viele Brillenpinguine das Todesurteil.

Einige der verölten Brillenpinguine haben jedoch jedes Jahr Glück: Sie werden von Mitarbeitern des SANCCOB (South African National Council for the Conservation of Birds) in einem Rehabilitationszentrum mühsam gereinigt

und wieder aufgepäppelt. Ähnliche Zentren werden übrigens auch in Australien und Neuseeland betrieben, wo die ganz normale Schifffahrt ebenfalls das Wohlergehen der Pinguine sehr negativ beeinflußt. Dies trifft leider auch für andere Verkehrsmittel zu, wie der nachfolgende Zeitungsartikel von Hendrik Bebber, Südwestpresse, beweist:

Flugzeuge

»Port Stanley (27.2.1987). Am anderen Ende der Welt, wo sich Seehund und Albatros Gute Nacht sagen, haben sich britische Soldaten ein seltsames Spiel ausgedacht. Die Piloten der Royal Air Force auf den Falklandinseln bekämpfen ihre Langeweile mit Pinguin-Umwerfen. Und das geht so: An der Küste stehen riesige Pinguinkolonien, die für jede Abwechslung dankbar sind. Sie starren gebannt auf die Flugzeuge, die den Ufersaum entlangdonnern. Erst fliegen die Piloten nach rechts, und die Pinguine schauen nach rechts, dann wieder nach links und die Pinguine schauen nach links. Nach einigem Hin- und Her schwenken die Flugzeuge aufs Meer hinaus und fliegen dann

Leider kommt es bei den jährlichen Öllieferungen immer wieder zu kleineren Unfällen. Ölfässer platzen beim Entladen auf, Schläuche reißen ab und Ventile schließen nicht dicht (unten). Die Leidtragenden sind nicht zuletzt die Pinguine, die aus ihrer Perspektive im Wasser Öllachen nicht erkennen können. Ist ihr Gefieder erst einmal verschmutzt (links), ist ihre Überlebenschance gleich Null.

400 Flügen 3 Tage lang ununterbrochen vom Schiff zur Station und wieder zurück. Es war furchtbar, der Lärm war unerträglich. Da wir unserer normalen Forschungsarbeit nicht mehr nachgehen konnten, beschlossen wir kurzerhand, die Auswirkungen dieses Luftterrors auf die 250000 Adéliepinguine in der Umgebung von Esperanza zu untersuchen.

Einige Pinguine bebrüteten noch ihre Eier, alle anderen hatten schon kleine Küken. Bei den meisten war die Bindung an das Nest stärker als die Angst vor dem Hubschrauber. Sie blieben sitzen. Doch wie quantifiziert man Angst? Wir nahmen den Puls der Pinguine mit Hilfe von EKG-Meßgeräten. Wenn ein Pinguin ruhig auf dem Nest saß, betrug seine Herzschlagrate um die 85 Schläge pro Minute. Bei Störung durch einen Artgenossen, der aufgeregt durch die Kolonie auf den brütenden Pinguin zulief, stieg der Puls auf 118 Schläge pro Minute. Die Annäherung des Hubschraubers bewirkte jedoch beinahe eine Verdoppelung des Ruheherzschlags: Bis zu 150 Schläge pro Minute konnten wir an den ansonsten äußerlich ruhigen Tieren messen.

Bei Pinguinen, die mit vollem Magen zur Kolonie zurückkehren wollten, verhielt es sich ganz anders. Sie flohen panikartig vor dem herannahenden Hubschrauber und rannten oder rutschten auf ihren Bäuchen über Schnee- und Geröllfelder. Nach kurzer Zeit war auf den Hauptverkehrswegen, zwischen Kolonie und Meer, kaum ein Pinguin mehr anzutreffen.

Wie wirkte sich dieser Streß auf die Tiere aus? Die Pinguine, die am Rande der Kolonie brüteten, und nur nach einer Seite vom Rest der Kolonie »geschützt« waren, verloren oft als erste die Nerven. Sie entfernten sich vom Nest, wenn die Furcht zu groß wurde, und gaben so die Eier oder Küken schutzlos den allgegenwärtigen Skuas preis. Über kurz oder lang verloren sie die Brut. Sie hatten erst ein Jahr später wieder die Chance, Küken aufzuziehen. Bei den anderen Pinguinen wirkte sich das Ausbleiben der Ablösung negativ aus: Die Küken wurden nicht gefüttert, und der bei ihnen sitzende Pinguin konnte nicht ins Meer, um Nahrung aufzunehmen. Im schlimmsten Fall wurde das Nest mit dem Gelege aufgegeben. Die direkte Konse-

Wenn Flugzeuge oder Hubschrauber über sie hinwegdonnern, geben Pinguine Fersengeld. Erst wenn die Störung vorüber ist, was bei Versorgungsflügen Tage dauern kann, wagen sie sich wieder zum Nest zurück.

direkt über die Pinguine ins Land. Die neugierigen Vögel verrenken dabei den Hals so weit nach hinten, bis sie das Gleichgewicht verlieren und auf den Rücken fallen. Wer von den Piloten am meisten Pinguine umgeschmissen hat, ist Sieger. Nun aber hat der Kommandant das alberne Spiel untersagt.«

Leider werden auch heute noch regelmäßig Pinguinkolonien überflogen, obwohl dies auch in der Antarktis gegen Umweltschutzbestimmungen verstößt. Pinguine reagieren auf solche Störungen unterschiedlich, je nach dem in welcher Phase des Brutzyklus sie sich befinden.

Den Heiligabend 1987 verbrachten wir auf Esperanza. Ausgerechnet an diesem Tag tauchte das Versorgungsschiff, die »Bahía Paraíso«, auf. Zwei Jahre später, die »Bahía Paraíso« war mittlerweile gesunken, hatten wir auf Esperanza das gleiche Glück mit dem argentinischen Eisbrecher »Almirante Irizar«. Jeweils kurz nach der Ankunft der Schiffe starteten die ersten Helikopterflüge, mit den 6,5 Tonnen schweren »Super Pumas«. Diese Hubschrauber sind viermal so schwer wie die Maschinen der deutschen Polizei oder des ADAC und machen dementsprechend viel Lärm. Sie flogen alles, vom Baumaterial bis zum Dieselöl, in über

quenz war eine Abnahme der Brutpopulation und des Bruterfolgs der Kolonie. Auf Cape Royds, der südlichsten Adéliepinguinkolonie der Welt, wurde die starke Abnahme der Brutpopulation Anfang der 60er Jahre auf die ständigen Störungen durch Hubschrauber zurückgeführt, die an schönen Tagen im Tiefflug über die Kolonien donnerten. Die Kolonie erholte sich erst wieder, als solche Überflüge verboten wurden.

Im Januar, gegen Ende der Brutsaison, wurde die Station ein zweites Mal versorgt. Nun befanden sich die Küken in großen Kindergärten und nur vereinzelt standen einige »Erwachsene« herum. Als der Hubschrauber nahte, flohen die erwachsenen Pinguine panikartig, und die Küken rannten hinterher. Sie stürzten sich über Felsbrocken und spitze Steine, und am Ende hatten mehrere von ihnen blutige Füße. Ein paar von ihnen hatten sich auch Beine oder Flügel gebrochen. Sie wurden zur leichten Beute für die Raubmöwen.

Wir nutzten nun jede Möglichkeit, die Auswirkungen menschlicher Störungen auf Pinguine zu untersuchen. Wir installierten am Rande einer Pinguin-»Autobahn«, einem Hauptverkehrsweg zwischen Kolonien und Meer, eine automatische Videokamera, die ohne Unterbrechung, Tag und Nacht, pro Sekunde 4 Bilder aufnahm. Dann legten wir uns auf die Lauer und brauchten nur auf die nächste Störung zu warten. Mehrere Flugzeugtypen überflogen die Station und die angrenzenden Kolonien während unseres Aufenthalts. Außer dem großen Helikopter besuchten uns auch eine 75 Tonnen schwere, 4-motorige »Herkules« und die nur 5 Tonnen leichte, 2-motorige »Twin Otter«.

Sobald sich die kleine »Twin Otter« auf weniger als 1 km der Pinguin-»Autobahn« näherte, nahmen die ersten Vögel reißaus. Als das Flugzeug auf 600 m herangekommen war, floh bereits die Hälfte der Pinguine. Die große »Herkules« schien die Pinguine mehr und nachhaltiger zu beeindrucken. Bei einem Abstand von 1000 m floh bereits die Hälfte der Tiere, und bei 600 m stoben alle Pinguine panikartig davon. Sie beruhigten sich erst wieder, als die Maschine schon über 2 km weit weg war. Die

Werte für den Hubschrauber lagen zwischen denen der beiden Flugzeugtypen.

Es war deutlich, daß die Angst der Pinguine vor einem Flugobjekt von dessen Größe abhängt, und daß ein Abstand von mindestens 2 km von den Piloten eingehalten werden müßte, um die Pinguine nicht zu stören. Da sich viele Antarktisstationen in unmittelbarer Nähe zu Pinguinkolonien befinden, wird diese Forderung in absehbarer Zeit wohl nicht durchzusetzen sein. Doch die Auswirkungen des Flugbetriebs auf Pinguine können noch sehr viel schlimmer ausfallen.

Leider gibt es trotz der bestehenden Umweltschutzvorschriften im Antarktisvertrag immer wieder Verstöße dagegen. Noch gibt es keine Behörde, die die Einhaltung der Schutzbestimmungen überwacht. Ein markantes Beispiel für Vertragsverletzungen ist der 1983 begonnene Bau einer Landebahn in der Nähe der französischen Station Dumont d'Urville in Adélieland, Antarktika. Der Ort für diese Station wurde Ende der 50er Jahre ausgerechnet wegen seines Reichtums an Pflanzen und Tieren ausgesucht. Erst im Nachhinein stellten sich große Schwierigkeiten bei der Versorgung der Station ein. Die Eisbedingungen ermöglichen Schiffen nur im Januar und Februar einen Zugang, und das bedeutet, daß man entweder nur in diesen beiden Monaten dort forschen kann oder aber ein ganzes Jahr auf der Station verbringen muß. Mit Hilfe der Landebahn sollte eine ganzjährige, wetterunabhängige Versorgung aus der Luft ermöglicht werden.

Die Franzosen sind dabei nicht gerade zimperlich vorgegangen. Durch Sprengungen und Baumaßnahmen wurden 20 Adéliepinguine getötet, 1500 Eier zerstört und größere Brutgebiete von Adéliepinguinen vernichtet. Wagenladungen voll Pinguinen wurden von ihren Brutgebieten entfernt, um woanders wieder ausgesetzt zu werden. Leider ist die Umgebung größtenteils eisbedeckt, und daher als Ersatz-Brutgebiet ungeeignet. Darüber hinaus versperrt die Landebahn einer Kaiserpinguinkolonie den Weg zum Meer. Seit Inbetriebnahme der Station ist ihre Zahl ohnehin von 12 000 auf 7000 Individuen zurückgegangen.

(Seite 146/147) Königspinguine am Ende der Brutsaison. Noch scheint ihre Welt in Ordnung. Doch bereits heute fischen moderne Fangschiffe rund um ihre Brutinseln alljährlich mehrere hunderttausend Tonnen Leuchtsardinen weg. Wie lange kann das gutgehen?

Umweltverschmutzung

Daß im Bereich von Antarktisstationen Müllprobleme aufgetreten sind, daß Öl beim Betanken der Stationen ins Meer floß, daß Abwässer, mit allerlei »Produkten« angereichert, ungefiltert in antarktische Gewässer geleitet wurden, daß... aber darüber wurde hier ja schon berichtet. Sprachlos ist man spätestens dann, wenn man in der Examensarbeit von Barbara Hinz folgenden Satz liest: »Wie zu erwarten, kann in Pinguin-Fettproben das Abbauprodukt des DDT zusammen mit dem HCB als Hauptvertreter nachgewiesen werden.« Das bis dahin weltweit eingesetzte Insektengift DDT ist seit 1974, das Pflanzenschutzmittel HCB seit 1981 wegen seiner umweltvergiftenden Eigenschaften in Deutschland verboten. Sie schreibt weiter: »Das Vorhandensein dieser Verbindungen in den arktischen Pinguinen deutet darauf hin, daß auf der südlichen Erdhalbkugel mit diesen beiden persistenten Mitteln sorgloser umgegangen wird.« Mit anderen Worten: Auch die »unberührte« Antarktis ist von den Produkten unserer Chemie nicht verschont geblieben.

Polychlorierte Biphenyle, kurz PCBs genannt, sind ein weiteres Beispiel. Bis 1970 wurden auf der Erde eine Million Tonnen dieser Stoffe produziert. Sie sind sehr schwer abbaubar und reichern sich über die Nahrungskette in allen Tieren, vor allem im Fettgewebe, an. Auch in der Antarktis, fernab aller Industrieproduktion, konnten PCBs in Pinguinen nachgewiesen werden. Auch wenn die Konzentrationen in Pinguinen im Vergleich zu Alken der Nordhalbkugel niedrig waren, so belegen die Werte doch, daß Umweltgifte über kurz oder lang auf der ganzen Erde verteilt werden.

Eine gute Nachricht stellen da die Ergebnisse von Barbara Sommer dar. Sie untersuchte verschiedene Gewebeproben von Zügel-, Esels- und Adéliepinguinen auf ihren Gehalt an den Schwermetallen Blei, Cadmium und Quecksilber. Diese finden unter anderem in Akkus und Batterien Verwendung. Ihr Fazit: »...es lassen sich in bezug auf die untersuchten Schwermetalle keine Hinweise auf eine anthropogene Verschmutzung erkennen, die sich in einer Belastung der untersuchten Pinguine ausdrückt.«

Fischerei

Wieviel Energie benötigen Pinguine zum Leben? Wie kann man dies in die benötigte Nahrungsmenge umrechnen? Woher beziehen sie ihre Nahrung? All das sind Fragen, die uns in den letzten Jahren sehr beschäftigt haben. Für den Adéliepinguin scheinen wir zumindest in der Lage zu sein, diese Fragen einigermaßen zu beantworten. Wir untersuchten die Auswirkungen des Wetters, also der Sonneneinstrahlung, der Temperatur, der Windgeschwindigkeit und so weiter auf die Tiere. Wir wollten wissen, wieviel Zeit und Energie sie für Liegen, Stehen, Laufen, Kämpfen, Putzen, Schwimmen, Tauchen usw. benötigen. Wir untersuchten den Energiebedarf der heranwachsenden Küken und die Frage, wieviel Energie erforderlich ist, um eiskalten Krill (Wassertemperatur) auf 39°C (Körpertemperatur) zu erhitzen. In mehreren Antarktisexpeditionen konnten wir die erforderlichen Daten hierfür sammeln.

Das Ergebnis unserer Berechnungen: Ein Adéliepinguin-Brutpaar benötigt vom 1. November bis zum 7. Februar, also für die Dauer der Jungenaufzucht, 180 kg Krill. Die Brut erhält in dieser Zeitspanne davon in etwa 30 kg. Umgerechnet auf die 250000 Adéliepinguine in der Nähe der argentinischen Station Esperanza bedeutet dies in jedem Südsommer eine Menge von 20000 Tonnen Krill. Diese Menge wird im Umkreis von 25 – 100 km von den Adéliepinguinen abgefischt. Für den Bereich der Antarktischen Halbinsel haben wir für alle dort gezählten 322000 Adéliepinguin-Brutpaare einen Gesamtverbrauch pro Sommer von 56000 Tonnen Krill errechnet.

Man könnte aufgrund dieser Zahlen meinen, daß Adéliepinguine die Hauptvertilger der Leuchtgarnele Krill sind. Weit gefehlt. Auch hier haben wir ihnen wieder einmal den Rang abgelaufen: Die Fischerei zieht Jahr für Jahr 70000 Tonnen Krill aus dem Seegebiet rund um die Antarktische Halbinsel, mit einem Rekord-

fang 1982 von über 105 000 Tonnen. Anders ausgedrückt fischt der Mensch allein bereits halb soviel Krill aus diesen Gewässern, wie alle Robben und alle Seevögel zusammen. Unser amerikanischer Kollege Wayne Trivelpiece hat bereits den Rückgang der Adéliepinguinpopulation auf der King-George-Insel auf die Krillfischerei zurückgeführt.

Auch wenn der Rückgang der Pinguinzahlen heute vielleicht noch nicht dramatisch ist, müssen **vor** einer weiteren Ausbeutung der antarktischen Gewässer mögliche Auswirkungen genau untersucht werden. Ein Schritt in die richtige Richtung ist die Begrenzung der jährlichen Krillfischerei. Warum die Kommission zum Schutz des antarktischen Ökosystems, CCAMLR, dafür ausgerechnet ein Limit von 1,5 Millionen Tonnen pro Jahr, und das nur für den Südatlantik, ausgesprochen hat, ist uns unverständlich. Derzeit beträgt nämlich der gesamte Krillfang im Südatlantik, Südindik und Südpazifik, also rund um die Antarktis, »nur« 400 000 Tonnen. Will man das Ökosystem oder die Interessen der Fischerei schützen?

Schließlich sind die wichtigsten kommerziell genutzten Fischarten bereits seit 1969 überfischt: Marmorbarsch, Antarktiskabeljau und Eisfisch. Bei der Hauptnahrung der Königspinguine, den Myctophiden, ist es ähnlich. Diese kleinen Fische werden zu Fischmehl und -öl verarbeitet und im gleichen Umfang wie Krill gefischt. Die Fangzahlen haben sich in der Saison 1990/91 gegenüber früher verdreifacht.

Eine direkte Bedrohung stellt die Fischerei auch für all jene Pinguinarten dar, die in Südamerika, Südafrika und Australien leben. Zum Beispiel nahm die Anzahl der Brillenpinguine Südafrikas zwischen 1956 und 1978 um die Hälfte ab. Schuld waren die Überfischung der süd- und südwestafrikanischen Sardinenbestände, im Meer treibende Netze und der Hafenausbau sowie das dabei eingesetzte Dynamit. Die Pinguinpopulationen auf den Possession- und Dassen-Inseln waren dabei besonders stark betroffen. Obwohl Brillenpinguine auch sehr gut in Gefangeschaft brüten und zur Zeit nicht vom Aussterben bedroht sind, hängt ihr Überle-

(Links) Die im Bereich der Antarktischen Halbinsel brütenden Adéliepinguine fressen jeden Sommer 56000 Tonnen Krill. Der Mensch holt aus diesem Seegebiet fast das Doppelte. Darf er das, ohne dabei das Ökosystem zu gefährden? (Unten) Eine verlassene Walfangstation auf Südgeorgien. Die großen Wale haben wir bereits vor 30 Jahren ausgerottet. Was haben wir daraus gelernt?

ben in der freien Natur von der guten Verfügbarkeit an Hochseefischen ab.

Walfang

Bis heute wird unter Antarktisbiologen diskutiert, ob die Ausrottung der Wale nicht zumindest für die Pinguine auch ihre guten Seiten gehabt haben könnte. Die großen Bartenwale waren möglicherweise vor ihrer Dezimierung die Hauptkonkurrenten aller krill- oder fischfres

senden Räuber im Bereich der Antarktis. Bei vielen von diesen Räubern, Pelzrobben, Königspinguinen und anderen Arten, haben sich die Bevölkerungszahlen in den letzten 4 Jahrzehnten stark erhöht. Ein gutes Beispiel hierfür ist der Zügelpinguin, der hauptsächlich im Bereich der Antarktischen Halbinsel brütet. In mehreren Kolonien wurde ein Anstieg der Population um 6 – 10% pro Jahr festgestellt, und bei einigen von ihnen stieg der Bestand in den letzten 20 Jahren sogar um das 5-fache. Darüber hinaus haben Zügelpinguine ihr Verbreitungs

gebiet nach Süden hin entlang der Westküste der Antarktischen Halbinsel ausgedehnt. Dieser Bereich war bisher vom engverwandten Adéliepinguin dominiert worden.

Die von vielen Antarktisforschern anerkannte Hypothese besagt, daß durch die Ausrottung der Wale ein Überangebot an Krill zur Verfügung stand, welches zu einer Bevölkerungsexplosion bei anderen krillfressenden Arten führte. Mittlerweile wird diese Hypothese jedoch schon wieder bezweifelt, denn Adéliepinguine haben sich in demselben Zeitraum nicht so stark vermehrt wie Zügelpinguine, obwohl auch sie hauptsächlich Krill fressen.

Amerikanische Biologen haben stattdessen mit Hilfe von meteorologischen Aufzeichnungen nachzuweisen versucht, daß eine Abnahme der Anzahl kalter Jahre einen Rückgang der winterlichen Eisbedeckung zur Folge hatte. Somit wäre allein besseres Wetter für die Bevölkerungsexplosion der Zügelpinguine, die den Winter auf See verbringen, verantwortlich gewesen. Die Schuld für dieses Phänomen geben sie jedoch auch wieder uns allen: Die mutmaßliche Erwärmung der Südhalbkugel ist eine Auswirkung des Treibhauseffekts...

Whisky on the rocks, Treibhauseffekt und Ozonloch

In der Antarktis haben wir schon so manchen Whisky getrunken. Wir waren jedesmal zur Weihnachtszeit dort und haben Geburtstage, Sylvester und so manches erfolgreiches Forschungsergebnis gefeiert. Auf Eis schmeckt Whisky natürlich am besten, und wenn der Wind gut stand, brauchte man das Eis nur am Strand einzusammeln. Die Eisbrocken wurden kurzerhand kleingehackt, um sie auf die passende Größe für unsere Gläser zu bringen. Eis besteht übrigens immer aus Süßwasser, auch wenn es im salzigen Meer angetrieben wird.

Nachdem das Eis eine kurze Zeit im Whiskyglas schwamm, konnte man es tauen hören. Es war das leise Knistern explodierender Gasbläschen, die seit der Entstehung des Eises dort ein-

geschlossen waren. Die Luft war damals auf dem Gletscher von Schneeflocken eingefangen worden und konnte auch dann nicht entweichen, als sich der Schnee unter dem hohen Druck des Neuschnees zu Eis verdichtete. Das Eis wurde immer weiter von neuem Eis überlagert und floß millimeterweise ins Meer ab. Die Gasbläschen, die nun in unseren Gläsern aufplatzten, enthielten Luft, die vielleicht vor Jahrtausenden, lange vor der industriellen Revolution, dort eingeschlossen worden war!

Die tiefgefrorenen Luftproben solcher Bläschen geben heute Wissenschaftlern Aufschluß darüber, wie die Luft früher zusammengesetzt war. Damit konnten sie rekonstruieren, wie der Mensch die Atmosphäre verändert hat, seit er das Feuer gebraucht. Anfangs war die Zunahme des Kohlendioxyds noch minimal, Feuer wurde ja auch nur zum Heizen und Kochen angezündet. Doch mit der Rodung, der Brandrodung ganzer Landstriche durch unsere Vorfahren nahmen die Werte bereits deutlicher zu. Der schnellste Anstieg erfolgte seit der Erfindung der Dampfmaschine, als Feuer zur Krafterzeugung eingesetzt wurde.

Kohlendioxyd dient den Pflanzen als Grundbaustein für das Wachstum. Es wird von ihnen unter Verwendung des Sonnenlichts als Energiequelle eingefangen und in den Zellen verar-

Möglicherweise hat die Ausrottung der Bartenwale und das damit verbundene Überangebot an Krill zur beobachteten Bevölkerungsexplosion bei einigen Pinguinarten geführt. Vermutlich sind jedoch noch andere Ursachen hierfür verantwortlich, wie zum Beispiel der Treibhauseffekt und der Rückgang der Eisbedeckung auf den Meeren.

Normalerweise werden Vögel an den Füßen beringt. Bei Pinguinen wird der Flügel bevorzugt, da die Ringe nicht über die Gelenke rutschen können und leichter abzulesen sind. Doch auch dabei gibt es Probleme: Der Energiebedarf beringter Pinguine erhöht sich und verschlechtert dadurch ihren Jagderfolg, die Federn nutzen sich ab und es bilden sich Scheuerstellen.

beitet. Das Öl und die Kohle, die wir heute verbrennen, sind die Überbleibsel früherer Wälder und Tiere; und das bei ihrer Verbrennung freiwerdende Kohlendioxyd stammt aus der Atmosphäre unserer Erde. Wir setzen es heute nur viel zu schnell wieder frei. Die Kohlendioxydzunahme in der Atmosphäre bewirkt eine bessere Wärmeisolierung der Erde: Die Wärme der Sonneneinstrahlung kann nun nicht mehr so gut abgeleitet werden. Die Erde erwärmt sich.

Die Folgen dieser Erwärmung sind, nach Meinung einiger Zeitgenossen, heute bereits überall zu spüren. Befürchtet wird ein Anstieg der Meere, weil sich das erwärmte Wasser ausdehnt und mehr Platz beansprucht. Das Abschmelzen der Eiskappen an den Polen wird ebenfalls befürchtet. Schon heute kann man auf der ganzen Welt das Zurückweichen der Gletscher beobachten. Das dabei entstehende Schmelzwasser wird ebenfalls einen Anstieg des Meeresspiegels bewirken. Das Klima auf der Welt wird sich verändern, befürchten viele. Dies wird nicht ohne Konsequenzen bleiben. Weder für uns, noch für die Tierwelt und schon gar nicht für die Pinguine.

In den Gasbläschen, die in unserem Whisky knisterten, fehlt eine Stoffgruppe, die inzwischen weltberühmt geworden ist: FCKW. Diese Chemikalien werden im großem Maßstab hergestellt, verbraucht und freigesetzt. Sie dienen zum Aufschäumen von Plastik, als Treibgas in Spraydosen und als Kühlmittel im Kühlschrank und in Klimaanlagen. Bisher konnte ihnen keine schädigende Wirkung auf Pflanzen oder Tiere nachgewiesen werden. Das stimmt nur zum Teil.

FCKWs (Fluor-Chlor-Kohlenwasserstoffe) entfalten ihre schädigende Wirkung erst bei minus 80°C. Dann aber gründlich. Diese Temperaturen werden in der oberen Atmosphäre an den Polen erreicht, wenn im Winter die Sonne fehlt, um die Luft aufzuheizen. Bei diesen Temperaturen »knacken« FCKWs ein für unser aller Überleben auf der Erdoberfläche extrem wichtiges, aber instabiles Molekül: das Ozon.

Ozon besteht aus 3 Sauerstoffatomen und hat in der oberen Atmosphäre die Aufgabe eines UV-Filters. Ohne Ozon würden die harten UV-

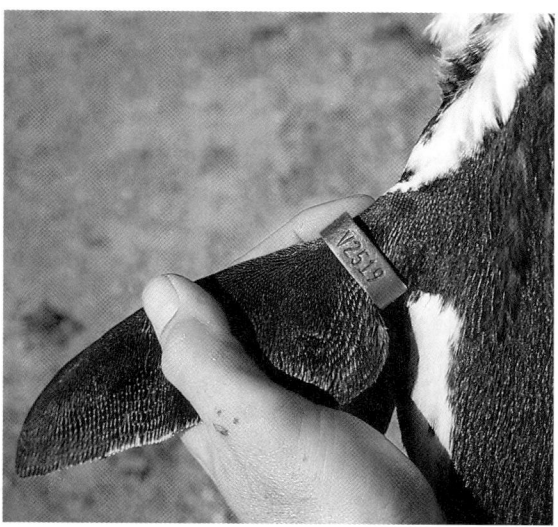

Strahlen auf der Erde alles versengen: Pflanzenblätter, Haut, Planktonorganismen im Meer usw... Jedes Jahr im Winter dünnt sich, aufgrund der Verschmutzung durch FCKWs, die Ozonschicht über Arktis und Antarktis aus. Das Fehlen des lebenswichtigen Filters spielt erst dann eine Rolle, wenn der Frühling wieder kommt: Dann können die Sonnenstrahlen beinahe ungefiltert die Erdoberfläche erreichen.

In Australien und Neuseeland macht sich das Ausdünnen der Ozonschicht bereits bemerkbar: Dort haben die Menschen die höchste Hautkrebsrate auf der Welt. Auf Feuerland in Südamerika ist bei Schafen und Ziegen eine Zunahme von Augentrübungen festgestellt worden. Auch Schäfer leiden dort bereits unter einer Zunahme der Augenkrankheiten.

Wissenschaftler meinen, im Bereich der Antarktis bereits eine Abnahme der Planktonorganismen festgestellt zu haben. Sie sind dort das erste Glied in der Nahrungskette, an deren Ende neben Robben und Walen auch die Pinguine stehen.

Wissenschaftler

Obwohl sie äußerlich ruhig scheinen, regen sich Adéliepinguine furchtbar auf, wenn sie während des Brütens durch Menschen gestört werden. Dies belegen Messungen der Herzschlagrate. Wenn sich ein Wissenschaftler einem brütenden Adéliepinguin nähert, steigt dessen Puls um 50% an. Wird der Pinguin auch noch gefangen, in einen Sack gesteckt und gewogen, erhöht sich sein Puls auf das Dreifache. Er ist dann stark gestreßt.

Untersuchungen an zwei Adéliepinguinkolonien haben ergeben, daß tägliche Besuche durch Wissenschaftler mit Messungen an den Pinguinen und ihren Eiern den Bruterfolg der untersuchten Kolonie im Vergleich zur benachbarten, ungestörten Kolonie herabsetzten. Flügelmarken, zur Identifizierung einzelner Pinguine ähnlich eingesetzt wie Fußringe an fliegenden Vögeln, führen zu einer weiteren Verschlechterung des Zustands der Tiere. Pinguine sind perfekte Strömungskörper, und Fremdkörper an ihren Flügeln haben die gleiche Wirkung wie an einem Schiffspropeller. Sie behindern die Tiere beim Schwimmen, schneiden ein, nutzen das Gefieder ab, führen zu Wunden und

(Oben) Nachdem sie während der Überfahrt an Bord auf den Landgang vorbereitet wurden, verhalten sich diese Touristen am Rande einer Eselspinguinkolonie vorbildlich.

(Links) Auch bei Schneesturm unvermeidlich: Der mit einem Fahrtenschreiber versehene Pinguin wird zum Labor getragen. Sein Herz schlägt dabei mit über 200 Schlägen pro Minute dreimal so schnell wie normal. Jetzt kommt es darauf an, das Tier so schonend wie möglich von seinem Rucksack zu befreien und es wieder zum Nest zurückzubringen.

können, wenn sich der Flügel während der Mauser stark verdickt, zu dessen Absterben führen. Wir lehnen daher Flügelmarken ab.

In diesem Zusammenhang müssen wir uns als Pinguinforscher immer wieder fragen, ob wir die richtigen Methoden anwenden, uns genügend Gedanken um das Wohlergehen der Tiere gemacht haben und ob wir nicht gerade einen Versuch wiederholen, der anderswo schon einmal durchgeführt wurde. Kontrollen hierzu gibt es bereits. So müssen wir schon jetzt unsere Vorhaben gegenüber unabhängigen Wissenschaftlern **vor** der Durchführung begründen und unsere Methoden und Ergebnisse im Nachhinein offen der Diskussion und Kritik unserer Fachkollegen und der Öffentlichkeit stellen.

Massentourismus

Über die Auswirkungen des Tourismus auf antarktische Pinguine läßt sich streiten. In den letzten 36 Jahren sind zwar insgesamt erst 45 000 Besucher auf dem Kontinent am Südpol gewesen. Doch allein für die Saison 92/93 wurden in Deutschland 38 Schiffsreisen mit 6600 Passagieren angeboten, Tendenz stei-

Der deutsche Forschungseisbrecher Polarstern hat ausreichend Maschinenkraft, um beinahe alle Ziele in der Antarktis anzusteuern. An Bord wird nur Wissenschaft betrieben, doch es gibt ähnlich gut ausgerüstete Schiffe, die ausschließlich dem Tourismus dienen.

gend. Dazu kommt noch eine unbekannte Zahl von Crewmitgliedern, Stationspersonal sowie offizielle Besucher der Region, wie Wissenschaftler, Armeeangehörige, Politiker und Journalisten. Sie alle konzentrieren sich auf einige Brutkolonien auf der Antarktischen Halbinsel, die mittlerweile so häufig besucht werden, daß von einer Beeinträchtigung der Tiere auszugehen ist. Die Langzeitfolgen von Störungen durch den Touristikbetrieb werden zur Zeit von Dr. Bernard Stonehouse, vom Scott Polar Research Institute in Cambridge, England, untersucht.

Auf den meisten Schiffen werden die Touristen gut betreut. Sie werden bereits auf der Anreise von Experten mit der faszinierenden Tierwelt, aber auch den Problemen Antarktikas vertraut gemacht und kommen nicht unvorbereitet zum ersten Mal an Land. Sie sind dem Stationspersonal der verschiedenen Antarktisstationen im allgemeinen willkommen, bringen sie doch eine erfreuliche Abwechslung in die Abgeschiedenheit. Außerdem tragen sie durch den Kauf von Souvenirs oft auch zur Lohnaufbesserung bei.

Allerdings geht der Trend in der Touristikindustrie zu immer größeren Schiffen mit immer mehr Passagieren. Die in der Antarktis seit Jahrzehnten operierenden »Lindblad Explorer« (jetzt »Society Explorer«) oder »World Discoverer« waren komfortable kleine Schiffe mit einer Kapazität von rund 60 Passagieren. Sie werden jetzt abgelöst von »Riesen« wie der »Frontier Spirit« oder der »Columbus Caravelle« mit über 250 Fahrgästen an Bord und dementsprechend mehr Personal. Das Ergebnis ist eine unpersönliche Atmosphäre, ein Massenbetrieb an Land, weniger Erlebnisse für den Einzelnen und massivere Störungen für die Tierwelt.

Dazu kommen noch einige potentielle »schwarze Schafe« wie der russische Eisbrecher »Kapitan Klepnikov«, der mit 30000 PS in der Antarktis überall hinfahren kann und mit Hilfe seiner beiden Hubschrauber ein außergewöhnliches Erlebnis verspricht. Und das nicht nur für die Touristen. Oder einige Unternehmer, die in der Antarktis die Errichtung eines Hotels planen, mit einer Landebahn für Flugzeuge und natürlich in der Nähe der fotogenen Pinguinkolonien. Siehe Dumont d'Urville.

Ob diese Unternehmer mit ihrem Massentourismus Erfolg haben, hängt letztlich von uns als Forscher und von Ihnen als Tourist ab. Sie möchten doch Pinguine in der freien Natur erleben, stimmt's? Warum auch nicht, wir haben sie ja auch überall besucht. Dieses Buch beweist es. Das Kapitel, das Sie gerade gelesen haben, sollte Sie auch nicht davon abhalten. Aber vielleicht überdenken Sie ja jetzt doch einiges?

Außerhalb der Antarktis könnte Ihr Ziel in Südamerika Puerto Madryn, die Valdez-Halbinsel und Punta Tombo heißen. Beide Orte liegen in Argentinien und sind die Heimat der Magellanpinguine. Doch auch in Chile oder Peru gibt es Pinguine sowie auf den von Ecuador verwalteten Galápagosinseln. Sie können Brillenpinguine in Südafrika zum Beispiel in Lambert's Bay, 200 km nördlich von Kapstadt vor die Kamera bekommen. In der Nähe von Melbourne gibt es sogar das ganze Jahr über eine »Pinguin Parade« auf der Phillipp-Insel. Dort müssen Sie zwar Eintritt bezahlen, dafür ist aber alles bestens organisiert (s. S. 65).

Daß Lärm von Stationen und Fluggeräten Pinguine (hier ein Zügelpinguin) stört und ihren Bruterfolg beeinträchtigt, ist bekannt. Wie sich der Tourismus langfristig auf die Tiere auswirkt, wird derzeit noch untersucht. Helfen Sie mit, diese Auswirkungen so gering wie möglich zu halten!

Verhaltensregeln im Umgang mit Pinguinen

Auf alle Fälle möchten wir Ihnen ein paar Verhaltensregeln mitgeben, um Ihnen zu helfen, sich von den Massentouristen zu unterscheiden:

1. Halten Sie zu nistenden Pinguinen Abstand. Bereits eine Annäherung unter 30 m bewirkt eine Pulserhöhung. Sinkt die Distanz unter 1 m bewirkt das bei nistenden Pinguinen die Flucht. Größere Pinguinküken in Kindergärten fliehen bereits, wenn Sie sich auf unter 6 m annähern. Beobachten Sie die Reaktion der Tiere, wenn Sie näherkommen, und halten Sie an, wenn Sie erkennen, daß sich die Tiere fürchten.
2. Halten Sie auch zu laufenden Pinguinen Abstand. Diese Tiere kommen von See oder wollen zum Meer. Wenn sie gestört werden, verzögert das die Ablösung am Nest und die Küken müssen hungern.
3. Unterlassen Sie auch in größerer Entfernung plötzliche, ausladende Bewegungen, die von den Pinguinen als schnelle Annäherung interpretiert werden könnten. Die Tiere werden dadurch erschreckt.
4. Nähern Sie sich möglichst geduckt oder in der Hocke an: Sie wirken dadurch nicht so bedrohlich. Legen Sie dabei Pausen ein.

Vergessen Sie dabei bitte nie, daß Sie in der Nähe von Brutkolonien ein potentieller Störenfried oder Feind für die Tiere sind. Fliegende Vögel würden, wenn Sie sich derart annäherten, bereits die Flucht ergreifen.

Des weiteren haben sich folgende **Grundregeln** für Besucher der Antarktis bewährt:

1. Hinterlassen Sie keine Fußabdrücke auf empfindlichen Moosen, Flechten oder Gräsern.
2. Werfen Sie keine Abfälle über Bord oder auf den Boden.
3. Nehmen Sie keine Gegenstände als Souvenir mit, sondern hinterlassen Sie alles so, wie Sie es vorgefunden haben.
4. Nehmen Sie Rücksicht auf Schutzgebiete und wissenschaftliche Forschung.
5. Brechen Sie nicht in die Privatsphäre von Robben, Pinguinen, Meeresvögeln oder Forschern ein:
 – Beginnen Sie bei einer vorsichtigen Annäherung mit einem Mindestabstand von 30 m.
 – Vergessen Sie nicht: Tiere haben Vorfahrt!
 – Laufen Sie nicht durch Brutkolonien, sondern bleiben Sie am Rand.
 – Weichen Sie im Zweifelsfall zurück.
 – Berühren Sie nie die Tiere.

Wenn Sie auf gute Fotos mit Pinguinen aus sind, müssen Sie sich Zeit lassen, sich langsam annähern und schnelle, ausladende Bewegungen vermeiden. Dann nehmen die Vögel bald keine Notiz mehr von Ihnen.

Adéliepinguin 2, 8, 9, 12,
  13, 16, 17f., 25, 29f., 41, 44,
  46, **50**, 66, 74f., 81, 86, 88f.,
  91, 98, 100f., 110, 112, 114,
  118, 120, 124, 126, 148f.,
  151, 153
Albatros 14, 15, 124, 128
Alter 47, 52
Anchovis 15
Alk 12, 18
Antarktis 9, 13f., 20, 32, 47,
  74, 81, 155
Antarktisstation 25, 132,
  136, **138**, 142f.
Appetit 89
Art 46f., 66
Auge 34, 35, 57

Balzverhalten **102**
Bartenwal 123, 151
Beutefang 74
Bounty 60
Brillenpinguin 9, 12, 14, 15,
  46, **56**, 66, 68, 70, 74ff., 78f.,
  82, 84, 86, 98, 100, 102,
  106f., 110, 120, 122, 130,
  134, 144, 150
Brutbegrenzung 111
Brutfleck 105

Daunen 28, 29, 114
Dickschnabelpinguin **62**, 67
Dominikanermöwe 44, 119,
  128

Ei 30, 32, 46, 59, 94, 99,
  102, 126, 128ff., 134, 145,
  148
Eingeschleppte Tiere 135
Eis 23, 25, 31, 44, 81, 107,
  120, 152
Eisbär 6, 15, 130f.
Eisbrecher 24, 92, 155
El Niño 56
Energie 40, 42, 83, 88, 90f.,
  110, 119, 143, 149, 153
Entdeckung 6
Ente 9, 68
Entwicklungsgeschichte 14
Eselspinguin 13f., 19, 26,
  30, 39, 46, **52f.**, 65, 67, 74,
  79, 86, 88, 90, 94, 96, 100,
  105, 112, 117, 119, 129, 154
Esperanza 2
Expedition 13, 20ff., 92, 102

Fahrtenschreiber 30, 42,
  78f., 82, 84, 86, 90, 154
Farbe 35, 106
Färbung 18, 36, 37, 47, 74f.,
  78
Fasten 32, 106, 114f.
Feder 14, 26, 28, 30, 42, 54,
  86, 94, 114, 153

Feinde 117
Felsenpinguin 13, **59f.**, 67,
  74, 100
Fett 12, 28f., 32, 47, 91, 103,
  115
Fisch 34, 41, 43, 74f., 84f.,
  88, 148, 151
Fischerei 56, 70, **149f.**
Fjordland 44, 63
Fliegen 14, 16, 29, 42, 90, 94
Floh 130
Flügel 29, 68, 154
Flügelmarken 153f.
Flugzeug 20, 21, 143, **144f.**
Form 12
Fossile Pinguine 15
Frack 8, 18, 50
Fuchs 131
Fütterung 111, 128

Galápagospinguin 10, 18,
  38, 41, 44, **55f.**, 66, 74, 98,
  100, 122
Gans 9
Gattung 46
Gelbaugenpinguin 52, **53**,
  67, 74
Goldschopfpinguin
  (s. Macaronipinguin)
Größe 16
Guano 55

Haie **122**
Haubenpinguin **58**, 60, 66,
  74, 134
Herzschlagrate 38, 40, 145,
  153f., 157
Hubschrauber 142, 145
Humboldtpinguin 10, 12, 35,
  46, **54f.**, 66, 74, 86, 98ff.,
  122, 130
Hund 130, 136f.

Jagdverhalten 78

Kaiserpinguin 8, 12, 13,
  14, 16ff., 29, 31, 44f., **47**,
  66, 74, 79, 81f., 94, 96, 99,
  102f., 106f., 114, 122, 148,
  158
Kälte 28, 31
Katze 130, 135
Knochen 16
Köder 134
Königspinguin 13, 18, 34,
  47f., 66, 74, 81, 83f., 89, 96,
  100, 102, 105, 114, 122, 125,
  132, 148, 150
Kormorane 55, 70, 85
Körperpflege 86
Krill 40f., 74, 91, 106, **117f.**,
  128, 149f.
Kronenpinguin **60**, 67

Küken 30, 32, 46f., 52, 82f.,
  91, 94, 96, **106f.**, 125f.,
  128ff., 145, 148

Laufen 94
Leopard 130
Licht 35
Luftsäcke 16f., 38f.
Lunge 38f.

Macaronipinguin 13, 20, **57**,
  60, 66, 74, 98, 111, 120
Magellanpinguin 7, 10, 12,
  46, 52, **54**, 67, 74, 86,
  98, 100, 122, 130,
  132, 156
Magen 74, 84f., 89, 91, 96,
  107, 110f.
Malaria 131
Maus 136
Mauser **114**
Motor 42
Möwe **129f.**
Müll 139

Namen 12ff., 46ff., 66
Nahrung 70f., 84f., 88f., 91,
  107, 110f., 128, 149
Nest 50, 98, 99f., 111., 128,
  132, 145, 153
Niere 32

Öl 26, 28, 30, 88, **132f.**,
  138, **142f.**
Ölunfall 143
Ozonloch **152**

Paarung 102, 105
Parasit **130**
Pelzrobbe 36, 70, 119f.,
  134f.
Pinguinkampf 98f.
Pinguinkolonie 96
Pinguinprodukt 134
Pinguinsprache 96
Plüschpinguin 6, 46
Putzen 94, 118
Ratte 9, 130, 135
Räuber 20, 78, **117f.**
Raubmöwe 126f., 143, 148
Riesenalk 9, 12, 15
Riesensturmvogel 119, 124,
  128
Robbe 38, 42, 74
Rodeln 94

Salz 32
Sauerstoff 27, 38, 40, 93
Scheidenschnabel 123, **127f.**
Schiff 24, 32, 92, **142**, 148,
  156

Schnabel 12, 30, 35, 43, 84,
  96, 99, 105, 129,
Schopfpinguin 19, 44, 63,
  74, 88, 96, 106, 111
Schwan 16, 17
Schwarm 76
Schwertwal 120, 122
Schwimmkanal 82, 90f.
Schwimmen 74, 88, 89, 90
Schwimmgeschwindigkeit
  81, 93
See-Elefant 134f.
Seeleopard 20, 75, 89, 117,
  120, 124
Sehen 34, 36
Skuas 119, **126f.**
Snares-Dickschnabelpinguin
  60, **63**, 67
Sonar 35
Spannweite 68
Steinchen 100f.
Stromlinienform 41f.
Strömungswiderstand 88
Sturmschwalbe 119

Tauchen 17f., 20, 29, 34f.,
  38, 76, 78, 92f., 114
Taucherkrankheit 38
Tauchtiefe 34, 38, 78f., 88
Temperatur 29, 29, 30, 31,
  84f., 106
Territorium 47
Tourismus 10, 12, 58, 65,
  138, 142, **154f.**
Treibhauseffekt **152**
Tropen 9
Trottellummen 11

Umwelt 138, 158
Umweltverschmutzung **149**

Verhalten 68
Verhaltensregeln **157**
Virus 131

Wale 38, 74, **122**, 151
Walfang **151f.**
Wärmedämmung 27, 31, 54,
  105
Wasserhaushalt 32
Weißflügelpinguin 46, **63**
Winter 47, 50f., 63, 110
Wissenschaftler **153f.**

Zecke 130
Zügelpinguin 4, 11, 13, 19,
  30, 32, 38, 46, **51**, 67, 74, 88,
  96, 98, 100, 106, 151
Zwergpinguin 10, 16, 39,
  43f., 46, **63f.**, 67, 74, 81,
  100, 102f., 122, 130

(Rechts) Der Kaiserpinguin war lange durch die Unnahbarkeit seiner Umwelt vor dem Menschen geschützt. Heute sind wir für sein Überleben mit verantwortlich.

Bildnachweis:

Bannasch: 30, 42, 90 o, 93, 154 u
Culik: 6, 21, 24, 44, 65 l, 135
Downes: 65 r
Grace/Greenpeace: 144 o
Howard: 18/19
Isselbächer: 14 ul, 61, 77 u, 102, 177
Kils: 40 ul
McCullough: 10
McLean: 62
Miskelly: 60 ur
Moon: 52 r
Perez/Greenpeace: 144 u
Peters: 4, 9, 11 u, 17, 28, 29 o, 31, 80 o, 105, 111, 112, 128 r, 139, 142, 143, 150, 156
Pott: 11 o, 36 o, 57, 59, 83, 91, 101 or, 101 u, 115, 120, 146/147, 154/155
Pütz: 48/49, 84, 85

Reinhard: 7, 14 or, 22/23, 32, 33, 45, 46, 51, 60 ol, 60 ul, 80 u, 94, 96 l, 101 ol, 104, 107, 108/109, 121 or, 133, 137, 140/141, 150/151, 152, 159
Reins: 27, 29 u, 52 l, 64, 75, 79, 82, 87 o, 90 u, 92, 95, 96 r, 100, 121 ol, 132, 155 u
Scholten: 55
Wilson: 12/13, 15, 25, 37, 43, 68, 69, 70, 71, 76 u, 77 o, 86, 123, 124/125, 131, 134, 136 u, 145, 153, 157
Wothe: 2/3, 26, 35, 36 u, 39 o, 40 or, 41, 53, 56, 60 or, 72/73, 76 o, 87 u, 89, 97, 99, 103, 113, 116, 121 u, 124 o, 127, 128 l, 129, 136/137

Foto S. 8 aus: Belgica-Expedition Antarktis, 1897 - 1899. Band 1, 1904
Zeichnungen der Pinguine: R. Wilson
Verbreitungskarten: M.-P. Wilson
Grafiken S. 39 und S. 78: Vierthaler & Braun, München, nach Vorlagen der Autoren
Grafik im Vorsatz: M. Chappel

Die Natur als Reiseziel

»Reiseführer Natur« – Informationen und Impressionen für reiselustige Naturfreunde

»Endlich, kann man nur sagen! Es gibt endlich gute Reiseführer für Leute, die vor allem die Natur des Gastlandes erkunden wollen. Vorbei sind die Zeiten, in denen man sich aus mehreren Büchern alle notwendigen Informationen über Nationalparks, Tiere, Pflanzen, Wander- und Beobachtungsmöglichkeiten selber zusammentragen mußte...
Ein Herz für Tiere

»...attraktiv und übersichtlich gestaltet, zudem kenntnisreich, nie aber langweilend verfaßt, daß man als Leser Lust bekommt, den Safarihut von der Garderobe zu nehmen und loszuziehen...«
Frankfurter Allgemeine Zeitung

Brigitte Fugger/
Wolfgang Bittmann
Australien
239 Seiten, 192 Farbfotos, 77 s/w-Fotos, 34 Karten, 4 Übersichtskarten

Bernhard Gall/
Martin Wikelski
Brasilien, Venezuela
240 Seiten, 220 Farbfotos, 80 s/w-Fotos, ca. 35 Karten und Grafiken

Wolfgang Bittmann/
Brigitte Fugger
Galapagos
160 Seiten, 110 Farbfotos, 44 s/w-Fotos, 6 Zeichnungen, 26 Karten, 1 Übersichtskarte

Johannes Kautzky
Griechenland – Festland und Küste
239 Seiten, 210 Farbfotos, 93 s/w-Fotos, 33 Karten, 1 Übersichtskarte

Gertrud Neumann-Denzau/
Helmut Denzau
Indien
240 Seiten, 210 Farbfotos, 58 s/w-Fotos, 38 Karten, 1 Übersichtskarte

Winfried Wisniewski
Island
159 Seiten, 122 Farbfotos, 45 s/w-Fotos, 1 Zeichnung, 18 Karten, 3 Übersichtskarten

Hans-Heiner Bergmann/
Wiltraud Engländer
Kanarische Inseln
160 Seiten, 131 Farbfotos, 54 s/w-Fotos, 23 Karten, 1 Übersichtskarte

Eberhard und Klaudia Homann
Malaysia
199 Seiten, 165 Farbfotos, 60 s/w-Fotos, 33 Karten, 1 Übersichtskarte

Matthias Schellhorn
Neuseeland
200 Seiten, ca. 150 Farbfotos, ca. 70 s/w-Fotos, ca. 25 Karten und Zeichnungen

Horst und Wally Hagen
Ostafrika
245 Seiten, 171 Farbfotos, 73 s/w-Fotos, 28 Karten, 1 Übersichtskarte

Roberto Cabo
Spanien
239 Seiten, 205 Farbfotos, 59 s/w-Fotos, 32 Karten, 1 Übersichtskarte

Eckart Pott/Werner Küpker
Südliches Skandinavien
239 Seiten, 195 Farbfotos, 104 s/w-Fotos, 27 Karten, 2 Grafiken, 1 Übersichtskarte

Aygün und Max Kasparek
Türkei
239 Seiten, 165 Farbfotos, 61 s/w-Fotos, 33 Karten, 4 Übersichtskarten

Wolfgang Bittmann/
Brigitte Fugger
USA
240 Seiten, 209 Farbfotos, 80 s/w-Fotos, 1 Zeichnungen, 31 Karten, 2 Übersichtskarten

In Vorbereitung:

Schottland mit Wales und England • Nördliches Skandinavien • Balearen • Südafrika • Inseln im Indischen Ozean • Nepal mit Sikkim und Bhutan • Südliches Frankreich

In unserem Verlagsprogramm finden Sie Bücher zu folgenden Sachgebieten:
Garten und Zimmerpflanzen • Natur • Heimtiere • Angeln • Jagd • Reise • Sport und Fitneß • Wandern, Bergsteigen, Alpinismus • Pferde und Reiten • Auto und Motorrad • Gesundheit, Wohlbefinden, Medizin • Essen und Trinken

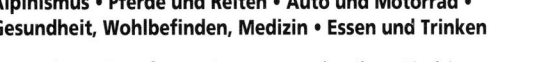

Wünschen Sie Informationen, so schreiben Sie bitte an:
BLV Verlagsgesellschaft mbH • Postfach 40 03 20 • 80703 München
Telefon 089/127 05-0 • Telefax 089/127 05-547

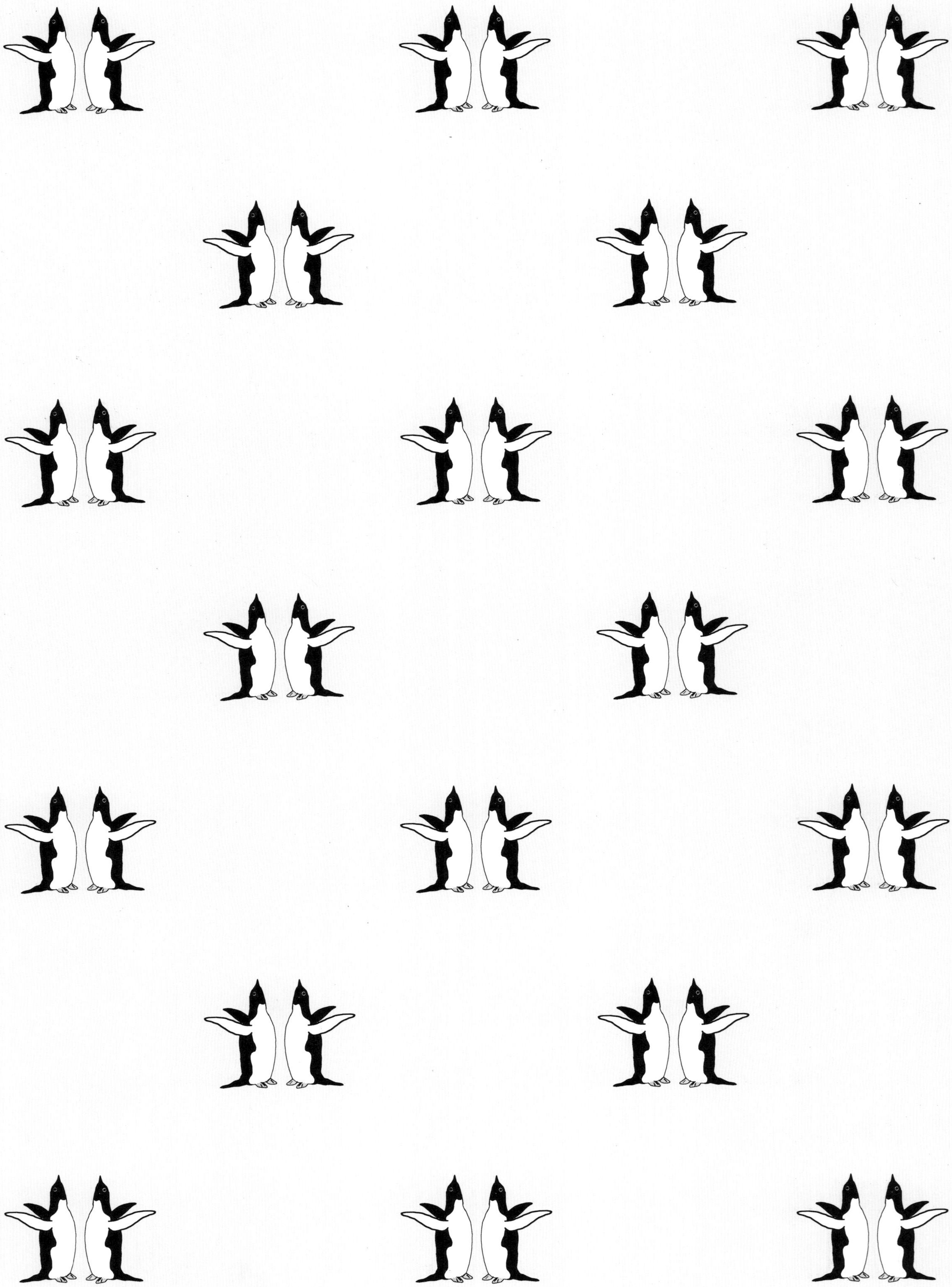